AISHENGJIAOYU DE ZHONGGUOHUA YANJIU
-YI YUNNANDUOMINZUDIQU AISHENGXUEXIAOJIANSHE WEILI

李炳泽 著

爱生教育的中国化研究

——以云南多民族地区爱生学校建设为例

民族出版社

图书在版编目（CIP）数据

爱生教育的中国化研究：以云南多民族地区爱生学校建设为例／李炳泽著．—北京：民族出版社，2014．8

ISBN 978－7－105－13374－1

Ⅰ．①爱… Ⅱ．①李… Ⅲ．①民族地区—中小学—学校管理—研究—云南省 ②民族地区—中小学—师德—研究—云南省
Ⅳ．①G637 ②G635．16

中国版本图书馆CIP数据核字（2014）第197364号

爱生教育的中国化研究：以云南多民族地区爱生学校建设为例

责任编辑：张海燕
出版发行：民族出版社
网　　址：www．e56．com．cn
地　　址：北京市东城区和平里北街14号
邮政编码：100013
印　　刷：北京佳顺印务有限公司
版　　次：2014年8月第1版　2014年8月第1次印刷
开　　本：640毫米×960毫米　1/16
印　　张：19．25
字　　数：225千字
定　　价：50．00元
书　　号：ISBN 978－7－105－13374－1/G·1913（汉926）

（投稿热线：010－58130446　发行部电话：010－64211734）

序

人类社会活动无非是以人为主体，将资源（包括自然资源、人文资源和人力资源）转化为财富（包括物质财富、精神财富），实现人的自由、全面发展和价值最大化的过程而已。教育是发展人的生命、生存、生活，实现人的价值，引领人类文明进步的社会活动过程。教育的主体和客体都是人，教育的出发点、全过程及终极目标都是为了人，都是为了实现人的价值。教育引领人类思维方式、生产方式、生活方式和社会管理方式的转变，促进人类文明进步。

教育使人们认识、调整、完善人与自己、人与人、人与社会、人与自然的关系，使之和谐，并不断提升人类、宇宙和自然的关系价值。这样的思考我们会得出一个结论：教育价值高于一切价值。经济价值、政治价值、文化价值等都是人创造的价值，教育创造了人的价值。一切有劳动印记的客体，都是人的主体价值的外化。基于和超越各种流派的教育思想，提出、研究和实践价值主义教育思想，是具有现实和深远的意义的教育命题。

教育的根本价值是教真育爱，教真理，学真理，认识真理，实践真理，捍卫真理；培养爱心，爱自己，爱他人，爱团体，爱家庭，爱民族，爱国家，爱人类，爱自然。教育的终极价值是使人成其为人，使人成为有价值的人，使人成为幸福的人。教育培养人的兴趣、理性、意志力、创造力和责任力。教育培养民主、自由、平等、正义、法治、和谐的人类共同价值。

爱生学校是“权利为本”、“儿童中心”的学校，爱生学校的管理强调以人为本，从能够保证不分民族、语言、文化背景、政治与经济地位的全体儿童参与学校生活以及学校管理的全纳视角；从以儿童为中心、所学知识和技能与儿童实际生存和生活需要密切相关的有效教学视角；从使儿童的身心和情感得到保护的卫生、安全、健康的学校环境建设的视角；从保证性别意识，倡导性别平等的教育、教学环境的视角；从保证儿童、家长和社区参与，形成家校伙伴关系的视角，关注学校管理，关注学校的发展。爱生学校建设中国化研究，爱生教育在教育管理活动中的实践，是践行价值主义教育思想和生命教育、生存教育和生活教育的具体体现。爱生教育渗透到课程教育、体验教育、评价教育，渗透到家庭教育、学校教育、社会教育等教育活动过程中，形成教育的价值合力，实现教育价值最大化，应该是教育的共同价值追求。

在教育部与联合国儿基会2006—2010年“爱生学校”项目教育合作周期中，云南省是西部十个项目实验省之一。在项目实践过程中，云南省教育厅相关行政部门、项目县教育局领导和项目学校的全体师生，以他们的热情、智慧和责任感，不断丰富、完善着“爱生学校”理念，并创造性地进行了许多大胆和丰富多彩的本土实践，使项目地区的教育观念在不断更新的同时，教育视野不断拓宽，教育质量稳步提升，教育管理水平也得到有效提高。

尤其难能可贵的是，本书作者在参与整个项目的过程中，始终怀着对教育事业的崇敬之心和强烈的责任感，投入到项目的实验过程中，为此克服了时间、精力、工作等方面的重重困难，为国际教育理念本土化的借鉴、移植、创新树立了新的标杆。

我们坚信，我们不可能做后无来者的事情，但完全可以做前无古人的事情。我们的追求不是见众人未见，而是众人已见，但众人未思，更未行。站在前人肩膀上眺望教育的明天，教育的明天会更美好。拥抱教育美好的明天，需要思想者和行动者们的共同努力。

罗崇敏

（国家督学，云南省人民政府参事，原云南省教育厅厅长）

前　言

爱生学校（Child-Friendly School，简写为CFS）是20世纪90年代后期联合国儿童基金会与东南亚一些国家开展基础教育合作过程中所推行的实验项目。爱生学校项目在泰国、菲律宾等国家取得了可喜的成果，切实促进了儿童权利在学校的落实，推动了孩子们获得较高质量的学习和身心健康发展。中国教育部—联合国“爱生学校的学校管理”项目2006—2010周期在西部10省区为期5年的实施，确实改变了校长的学校管理思维，儿童权利意识已深入到学校管理的方方面面；不断成长起来的爱生学校校长和老师、学生共同创建了一个个充满快乐、安全健康、参与和谐的校园；《中国爱生学校标准》的应用，为爱生学校建设提供了方向引领和行为导向，这些在实践中所积累的智慧和有效经验为本书的研究奠定了坚实基础。

本书以爱生学校建设中国化为中心，以中国特色社会主义理论体系为指导，较系统地研究和论述了爱生学校建设中国化的由来、发展、指导思想及中国特色社会主义爱生教育科学发展的基本特征，并以云南多民族地区为个案进行分析，展现了爱生学校建设的四个维度：全纳与平等、有效的教与学、安全与健康、参与与和谐。从理论与实践的结合上，深入、系统地论证了中国特色社会主义爱生教育的公平正义、教学质量、校园环境、民主管理。

爱生学校是“权利为本”、“儿童中心”的学校，爱生学校的管理强调以人为本，从“爱生”的视角关注学校的管理及发展。爱生学校建设中国化研究，对提升中国基础教育的学校办学水平、提高教育教学质量、全面实施素质教育及促进学生的全面发展都有重要的理论与实践意义。首先，“全纳与平等”是中国特色社会主义爱生教育的基本原则。对于学校管理者，“儿童视角”、“性别视角”的强化与提升，将使他们能够从保证不分民族、语言、文化背景、社会政治与经济地位的全体儿童参与学校生活以及学校管理的全纳视角管理学校。其次，“有效的教与学”是中国特色社会主义爱生教育的基本要求。以儿童为中心，从所学知识和技能与儿童实际生存和生活需要密切相关的有效教学视角，关注学校教育教学质量。第三，“安全与健康”是中国特色社会主义爱生教育的基本保障。从使儿童身心和情感得到保护的卫生、安全、健康的学校环境建设的视角，重视学校安全教育。第四，“参与与和谐”是中国特色社会主义爱生教育的基本方式。以保证儿童、家长和社区的参与为目的，形成家校的伙伴关系，改进学校的管理和政策，提升校长的领导力。通过研究，形成一套中国特色爱生学校建设规划与实施的具体方法与模式，使研究成果具有可移植与推广价值。

本书力求的创新点主要有：

一是在研究内容上，较系统地研究和论述了爱生学校建设中国化的由来与发展，爱生学校建设中国化的指导思想，中国特色社会主义爱生教育科学发展的基本特征，中国特色社会主义爱生教育的云南个案分析。特别是以中国特色社会主义理论为指导，以爱生学校建设中国化为基础，完善了爱生学校建设的四个维度：全纳与平等、有效的教与学、安全与健康、参与与和谐。

二是在研究方法上，坚持理论联系实际的根本原则，将理论研究与社会调查研究相结合，理论分析与实证材料相结合，爱生学校的一般要求与云南经验模式相结合；通过文献研究法和比较研究法、定性与定量研究方法广泛掌握国内外爱生学校建设管理的成功经验，了解相关课题的研究现状及最新成果；运用问卷调查、座谈访谈、实地考察等信息交流方法，了解目前爱生学校在我国实施的基本情况；通过实践与理论的结合，对现有学校的管理理念、价值取向、管理体制、运行机制等提出大胆设想和创新，提出创建公平有质量的学校管理发展策略，并总结一些具有实际应用价值、操作性强的研究成果，充实爱生学校建设发展经验，力求研究成果具有理论创新和实践推广价值。

三是在主要观点上，阐述了中国特色社会主义爱生教育的指导思想，即以发展为第一要义指导爱生教育，以人为本、为核心立场指导爱生教育，以全面协调可持续为基本要求指导爱生教育，以统筹兼顾为根本方法指导爱生教育；论述了中国特色社会主义爱生教育的内涵，即“全纳与平等”是中国特色社会主义爱生教育的基本原则，“有效的教与学”是中国特色社会主义爱生教育的基本要求，“安全与健康”是中国特色社会主义爱生教育的基本保障，“参与与和谐”是中国特色社会主义爱生教育的基本方式。

目 录

绪 论

一、爱生学校建设中国化

（一）爱生学校项目在中国推广

爱生学校是20世纪90年代后期联合国儿童基金会[①]与东南亚一些国家开展基础教育合作过程中所推行的实验项目“Towards Child-Friendly Learning Environment”，该项目的主题直译为“面向学生友好的学习环境”，该主题的背后具有庞大而坚实的权威理论基础，如《儿童权利公约》、《世界全民教育宣言》、《教育：财富蕴藏其中》，这些权威的国际公约都一直肯定和强调尊重和维护学生主体性的核心精神；同时该项目借鉴国际上具有一定权威的测量量表和相对前沿的项目的实施方式。爱生学校项目在泰国、菲律宾等国家取得了可喜的成果，切实促进了儿童权利在学

① 联合国儿童基金会（旧称联合国国际儿童紧急救援基金会，United Nations International Children's Emergency Fund，简称UNICEF）是联合国一个专门机构，于1946年12月11日在联合国大会上成立，总部设于美国纽约，对发展中国家的母亲和孩子进行长期的人道主义和发展援助。联合国儿童基金会驻中国办事处与其政府合作伙伴共同致力于改善最弱势儿童的生活。每个孩子都拥有生存、发展、受保护和参与家庭和社会事务的权利。联合国儿童基金会与众多合作伙伴一起，帮助中国儿童实现这些权利。

校的落实，有利于儿童获得高质量的学习和身心健康发展。

项目以儿童的四项基本权利为出发点和落脚点，从儿童权利本身衍生出了鼓励学校及社区全方位共同参与、自我评价与外部评价等项目实施方法，既提高了各方参与项目的积极性，又保证了项目的实际效果。该项目召集学校校长、学校中层、教师代表、学生代表以及社区代表、当地政府代表等参与到学校改革方案的制定过程中，通过丰富、生动的呈现方式使得参与者充分意识到儿童权利的现实性及重要性，同时通过基于学校具体情况的自我评估，以及借鉴来自于教育发达国家的学校评估标准来确定学校当前面临的改革任务，同时，在过程性指标和结果性指标的引领下，参与者全员投入到具体的学校改革中，使得学校改革能够营造和维护出“爱生的学校环境”。

爱生学校项目在2001—2005中国教育部与联合国儿童基金会合作周期中，西部有10省4000多所学校参加，通过该项目的实施，许多学校在树立以人为本的办学理念、全纳教育、提高教学质量和建设和谐校园等方面都取得一定进步。尤其是教育部人事司与联合国儿童基金会合作的“学校发展规划（SDP）”项目的实施，在为学校管理注入新的管理理念的同时，更多的帮助校长应用系统的科学方法提升对学校发展的规划能力，使西部的学校走上了新的发展平台，教育部人事司结合项目实施所编写的《学校发展规划》一书，成为校长专业发展的重要指导性读物。

在2006—2010周期，教育部与联合国儿童基金会开展了“爱生学校与学习者质量”项目合作框架，包含“学生学习能力与互动式教学、教师支持体系、爱生学校的学校管理、爱生学校的远程教育支持”项目合作。爱生学校的学校管理项目通过五年的实施，确实提升了校长有效管理学校和实施素质教育的能力，尤其是“儿童权利”、“民主管理”意识得到大大增强。结合项目经验所编印的《爱生学校的学校管理》一书也得到广泛认可，并在全国校长培训中得以应用。在项目推进过程中，为了让每一所项目学校的校长、教师、学生、家长和社区成员都关心爱生学校建设，都参与到爱生学校建设中来，把每一所学校确实办成“爱生学校”，教育部基础教育司通过国内外专家的辛苦工作制定了《中国爱生学校标准》。该标准结合中国国情和项目地区学校的实际，确定了标准的四个维度，即全纳与平等、有效的教与学、安全与健康、参与与和谐。四个维度基本涵盖了办好爱生学校的方方面面。通过标准的实施使每一所学校的学生得到更好的发展，使每一所学校办得更好。目前，《中国爱生学校标准》正在西部省区实验的基础上向包括北京海淀、沈阳、河北、山东济南、甘肃等中部及东部发达省区推广。

（二）爱生学校建设有利于推进我国基础教育改革，有利于解决我国基础教育的现实问题

自20世纪80年代末开始，我国基础教育提出了“素质教育”，并实施了新课程改革，其核心是关心儿童的成长，重视教育过程本身的价值，关注儿童当下生活的幸福，建构儿童健康、全面的素质，还儿童一个快乐的童年。新世纪、新阶段，我国在“科学发展观”的指导下，一方面坚持“以人为本”，促进社会、经济、文化、环境等相互协调的可持续发展；另一方面正努力构建社会主义和谐社会。在教育领域，中国政府一方面推动义务教育均衡发展，促进教育公平；另一方面全面推进素质教育，全面提高教育质量。爱生学校是为所有儿童提供有质量的教育，确保每一个儿童得到全面发展，这与中国基础教育的改革目标相一致，与我国政府落实科学发展观，坚持以人为本、构建和谐社会，建设社会主义新农村的发展是一致的。

但是，由于受“应试教育”的影响，中国的“受教育者”在学校教育中并不都是一种快乐的体验，主要表现如下：

其一，一些基本权益受到侵犯、基本需求得不到保障。中国的教育总是希望孩子去做这做那，一项一项地履行自己的义务，却几乎从没人告诉过他们可以享有哪些权利。学校生活中没完没了的排名次、铺天盖地的作业以及某些老师的专制，对家长唯唯诺诺、对老师敢怒不敢言、对在社会上受到的侵犯忍气吞声，这就是我们大部分学生的现实写照。

其二，巨大的学习压力导致学生人格发展的扭曲。在学校生活中，儿童因面临巨大压力导致出现较强烈的焦虑心态。在儿童的日常生活中，与学习有关的压力是他们面临的主要压力，且这种压力呈现逐渐增长的趋势。巨大的学习压力扭曲了儿童的学业动机和人格发展，导致儿童认知需求缺乏，竞争需求强烈，人际关系不良，使儿童失去快乐，童年过于短暂；而且对于应对能力不足的儿童来说，沉重的学业和发展压力容易使他们对未来产生不可预知的疑惑恐惧，致使儿童厌学，厌恶生活，甚至采用极端手段来逃避压力。

其三，学校生活受到控制，缺乏自主与生活乐趣。在工具主义教育理论指导下，在现实中学校的教育过程被理解为一种技术控制下的实施过程，课堂被看成操作的车间、作坊，通过这种完美技术的运用试图来控制儿童的学习空间，进而达到提高整个教育工作的效率。它通过对教师的行为方式的技术设计来控制学生的活动，学生实质上受到双重的控制：一是知识的控制，二是教师的控制，而教师在课堂中的举手投足也受到事前设定好的教学大纲和教案的控制。最终的结果使得教育变成了一架高效运转的机器，每一个人都是这架机器上的零部件和螺丝钉。涉及儿童教育的各种力量很少站在儿童自身幸福的立场来思考教育设计和实施。

教育中存在的诸多现实问题，促使我们不得不反思：当时代在不断发展，社会在一天天进步，人性在一天天张扬的时候，我们的基础教育在某些方面却走上了畸形的道路，有的方面甚至出现了倒退，我们究竟需要什么样的教育？我们究竟需要培养什么样的人才？我们的教育把学生当成了什么？是否我们的学生每天就只能被限制在一个冰冷的混凝土建筑物里，像一群鸭子一样被填喂枯燥乏味的应试知识？我们要的就是一个个善于应对考试的应试机器？我们留给了学生多大的独立思考的空间？我们宽容了学生具有丰富性的个性化思维吗？我们给了学生多少自主选择学习的权利？我们有意识引导过学生从大自然和社会中学习对自己生活有用的知识吗？为什么对学校管理中儿童基本处于“失语”状态却默然视之……

爱生学校理念有利于解决我国教育存在的现实问题，对提升中国教育的学校办学水平、提高教育质量、全面实施素质教育，有重要的理论与实践意义。首先，“全纳与平等”是中国特色社会主义爱生教育的基本原则。在学校管理者意识中，“儿童视角”、“性别视角”的强化与提升，将使他们能够从保证不分民族、语言、文化背景、社会政治和经济地位的全体儿童参与学校生活以及学校管理的全纳视角管理学校。其次，“有效的教与学”

是中国特色社会主义爱生教育的基本要求。从以儿童为中心，关注所学知识和技能与儿童实际生存和生活需要密切相关的有效教学视角关注学校教学质量。第三，“安全与健康”是中国特色社会主义爱生教育的基本保障。从使儿童身心和情感得到保护的卫生、安全、健康的学校环境建设的视角重视学校安全教育。第四，“参与与和谐”是中国特色社会主义爱生教育的基本方式。以保证儿童、家长和社区的参与为目的，形成家校伙伴关系的视角，改进学校的政策、管理，提升校长的领导力。

（三）推进爱生学校建设中国化研究

《国家中长期教育改革和发展规划纲要（2010—2020 年）》明确把促进公平作为国家基本教育政策，把提高质量作为教育改革发展的核心任务，提出“教育公平是社会公平的重要基础。教育公平的关键是机会公平，基本要求是保障公民依法享有受教育的权利，重点是促进义务教育均衡发展和扶持困难群体，根本措施是合理配置教育资源，向农村地区、边远贫困地区和民族地区倾斜，加快缩小教育差距。教育公平的主要责任在政府，全社会要共同促进教育公平”。“树立科学的质量观，把促进人的全面发展、适应社会需要作为衡量教育质量的根本标准。树立以提高质量为核心的教育发展观，注重教育内涵发展，鼓励学校办出特色、办出水平，出名师，育英才。建立以提高教育质量为导向的管理制度和工作机制，把教育资源配置和学校工作重点集中到强化教学环节、提高教育质量上来。制定教育质量国家标准，建立健全教育质量保障体系。加强教师队伍建设，提高教师整体素质。”由此可见，让每个孩子“上得起学”是党和政府的庄严承诺。就公平而言，在教育起点上，每一个适龄儿童都了解自己的教育权利，且无论个人状况和家庭背景等主、客观条件如何，均有平等入学接受教育的机会；在教育过程中，学校应尊重学生的差异性和多样性，在性别平等的教育教学环境里，无论学生的背景和能力如何，都能够在教育教学中得到平等对待，能够获得未来发展中所需要的基本的知识、态度与技能。就教育质量而言，强调儿童在学校中接受的教育不仅是有效的掌握知识，也强调知识的掌握与儿童的经验相适应，在安全、健康的环境中，通过参与学校生活，使其在态度价值、社会情感、知识技能诸方面得到全面而又有个性的发展，形成具有民主参与意识的现代公民。

原教育部陈小娅副部长在《人民教育》（2007 年 10 月）上的一篇题为《培养新时代的教育家》的讲话中特别指出：校长更有可能成为新时代的教育家；校长不仅要管理学校，还要关心学校的发展；不仅心中装着学生，还要关心教师；不仅关注国内教育发展，还要关注国际教育发展动态。通过努力，要让越来越多的校长，成为教育家。由于学校管理在提高教育质量的过程中作用是巨大的，主导学校管理的校长，必须为教学的改善和学生质量的提高提供主导性的管理支撑。中国基础教育发展面临诸多现实问题和矛盾，迫切需要改进和创新学校管理。中国基础教育，迫切需要关注国际教育发展动态，引进新的学校管理理念。中国特色社会主义教育改革和发展的方向和趋势，是“以人为本”、“以学生为本”，从学生为本的角度，关注思考教育的学校管理。联合国的爱生学校建设项目，是国际教育发展中的先进文明成果，从中国特色社会主义教育发展的实际出发，充分学习、借鉴联合国爱生学校的学校管理理念与方法，通过“去粗取精、去伪存真”地总结、消化、吸收，使国际教育发展先进经验和成果

"洋为中用"，为中国特色社会主义爱生教育建设服务，这是中国特色社会主义教育发展的一个重要课题。

本书以中国特色社会主义体系为指导，以爱生学校建设中国化为基础，重新阐释了爱生学校建设的四个维度。本研究基于爱生学校理念基础上，以尊重儿童权利为中心，以儿童视角为出发点，结合学校的具体实际，自下而上地通过系列的技术方法为学校发展提供支持，是学校办学的行动指南，是实现学校管理目标的重要组成部分，是明确学校发展、进而执行规划、推动学校不断前进的重要手段。本研究将以爱生学校的四个维度及维度下的相关标准为基点，从建设规划的制定、实施、检测、评估方面，依据学校的现实状况，注重"内在发展"、"自下而上"、"可持续发展"战略，重视学校发展中潜在的各种机遇与威胁，不断进行自然、人力、社会资源的开发和利用，形成上级主管部门、社区、学校管理者、教师、家长、媒体、学生等代表广泛参与的民主管理机制，真正将儿童权利纳入学校发展政策中，为中国爱生学校终极目标的实现探寻有效的途径，为项目推广提供可移植与借鉴的经验。通过爱生学校建设，校长的领导力得以提升，确保师生、家庭、地方的民主参与学校管理相结合，使学校成为一个和谐的学习社区。

爱生学校是"权利为本"、"儿童中心"的学校，爱生学校的管理强调从"爱生学校"的视角关注学校管理，关注学校发展规划的制定。以儿童权利为基础的爱生学校建设，不仅是对素质教育理论的丰富与完善，也为以保障儿童权利为本的教育质量模式提供了有力理论依据。首先，爱生学校所倡导的全纳与平等不仅与中国政府实行的九年义务教育制度高度吻合，还将从实践的层面不断丰富"全纳教育"、"公平教育"理论，使《中华人民共和国义务教育法》（简称《义务教育法》）得到真正的贯彻和落实；其次，爱生学校的管理强调"接受质量好的教育是每个儿童的权利"，力争在教育平等和教育质量两个方面的辩证结合上，对建立全纳优质的教育模式进行有益的探索；第三，爱生学校倡导的"参与与和谐"将通过校长对学校管理的规范和引导使教师和全体学生有效参与到学校管理中来，使学生关于自身发展的需求和意愿能在学校管理中得到充分表达，这些将使学校管理者在学校管理中由"成人视角"转变到"儿童视角"，民主管理意识得到不断增强。

爱生学校建设中国化研究，对提升学校办学水平、提高教育质量、全面实施素质教育，有重要的理论与实践意义。首先，"全纳与平等"是中国特色社会主义爱生教育的基本原则。在学校管理者意识中，"儿童视角"、"性别视角"的强化与提升，将使他们能够从保证不分民族、语言、文化背景、社会政治、经济地位的全体儿童参与学校生活以及学校管理的全纳视角管理学校。其次，"有效的教与学"是中国特色社会主义爱生教育的基本要求。从以儿童为中心，关注所学知识和技能与儿童实际生存和生活需要密切相关的有效教学视角关注学校教学质量。第三，"安全与健康"是中国特色社会主义爱生教育的基本保障。从使儿童身心和情感得到保护的卫生、安全、健康的学校环境建设的视角重视学校安全教育。第四，"参与与和谐"是中国特色社会主义爱生教育的基本方式。从保证儿童、家长和社区的参与，形成家校伙伴关系的视角，改进学校的政策、管理，提升校长的领导力。通过研究，形成一套爱生学校建设规划与实施的具体方法与模式，使研究成果具有可移植与推广价值。

二、国内外研究现状综述

（一）关于爱生学校的由来

据联合国儿童基金会《爱生学校评估》（2006 年）介绍，20 世纪 90 年代后期联合国儿童基金会等国际组织与东南亚一些国家开展了基础教育合作项目，项目的名称是“面向爱生的学习环境（Towards Child-Friendly Learning Environments）”，项目取得了比较好的成效。国际教育界对此予以了充分的关注，并于 2000 年 8 月在泰国举办了专题国际研讨会。当时，我国教育部也派人参与研讨。由此，“爱生学校”的概念和思想引入国内，并把最初强调学校是“儿童友好的环境”（Child Friendly Environment）逐步变成了“儿童友好的学校”（Childfriendly School），简称为“爱生学校”。[①]

在 2001—2005 年联合国儿童基金会与我国教育部合作开展基础教育项目的过程中，“爱生学校”在内蒙古、重庆和广西三地启动“爱生学校”试点，成为了“贫困地区基础教育和早期关爱”项目的一个方面。为了促进中国普及初等教育，基于以往的合作，联合国儿童基金会与我国教育部在 2006—2010 年间合作开展的一项教育项目是“爱生学校和学习者质量”。项目总目标是，开发出全面提高义务教育质量的方法，实施性别敏感、儿童为中心和参与方法为主的学校策略，促进形成有助于儿童全面发展的

① 朱益明：《有效的教与学：爱生学校的核心》，载《基础教育改革动态》，2009（5）。

方法，提高学生素质、学校管理、教师素质，教师支持体系和远程学习。①

该合作项目在2006—2007年间，通过专家研讨、实践调查、国际会议等多种形式，已经开发出了《中国爱生学校标准》，旨在使认识和建设爱生学校有可以参考的依据。这个标准包括了四个维度，在每个维度下再细化出各自的领域，进而罗列出对应的指标。这四个维度分别是：全纳与平等；有效的教与学；安全与健康；参与与和谐。当前，爱生学校项目正围绕以上四个维度，在西部10个项目省、20个项目县部分学校中，有组织地开展实验和试点。实践表明，这些试点学校通过参与项目活动和学校自主探究，都在一定程度上改变了学校原有的面貌，取得了一些成果。②

（二）关于爱生学校的理念

据联合国儿童基金会的《爱生学校评估》（2006年），李诚涛和温金贵的《谈“爱生、爱教、育人”的教育理念》③、傅淳的《爱生学校与〈儿童权利公约〉——以学生为本尊重与保护学生权利的教育理念与实践》④ 等文可总结出：爱生学校是将儿童权利的理念应用于课堂实践和学校管理的一种手段。爱生学校的框架自1997年在泰国首先被确立之后，一直处在不断发展之中。

① 朱益明：《有效的教与学：爱生学校的核心》，载《基础教育改革动态》，2009（5）。

② 同①。

③ 李诚涛、温金贵：《谈“爱生、爱教、育人”的教育理念》，载《卫生职业教育》，2004（18）。

④ 傅淳：《爱生学校与〈儿童权利公约〉——以学生为本尊重与保护学生权利的教育理念与实践》，载《学术探索》，2002（3）。

目前，这个框架已经发展成为纲领性指导意见，由以下五个方面（维度）组成：一是全纳性，寻求并推动所有儿童，特别是那些具有不同民族、文化、语言、社会经济及能力等背景的儿童积极参与；二是学习的有效性及对儿童生活及生产知识和技能需要的相关性；三是儿童情绪、心理及身体的健康、安全及保护；四是在创造平等环境和培养能力的过程中尊重性别；五是鼓励学生、家庭和社区积极参与学校政策、管理的各个方面，并为儿童提供支持。原则上，联合国儿童基金会实施的所有爱生学校项目都把这五个维度的内容视为爱生学校成功的必要、相互促进的条件。学校要做到爱生，就要强调所有这些要素；如果在每一个方面都能够做到爱生，那么这种能力会由于在其他方面采取的行动而得到强化。

在对爱生学校的五个维度理解的基础上，爱生学校的建设需要我们从以下几个方面入手。

第一，学校要培养儿童合作和积极学习的态度，培养他们宽容、关心、创造和自尊的品质。《儿童权利公约》要求教育必须为儿童参加未来自由社会的生活做准备。在这个社会中，理解、和平、宽容、性别平等和友谊是基本精神。儿童精神健康的前提是具有被认同感。如果因为肤色、宗教信仰、身体残疾而被排斥，对儿童自我价值感的形成是个致命打击。为了保证儿童自我价值感的形成，需要对学校教育的以下方面进行考察：一是学校对男孩和女孩的态度是否一样？他们是否有平等的学习机会？二是学校对来自不同民族、宗教背景和社会关系阶层的孩子的态度是否一样？他们是否有平等的学习机会？三是孩子所用的教材是否过时？其内容是否有民族、性别歧视？有没有对孩子进行相互尊重的教育？

第二，提供合作性、参与性的学习环境。所有孩子都有从教育中获益的权利。一种教育制度如果将大部分人归入失败者的行列和小部分人脱颖而出成为精英，这种教育就不是爱生教育。竞争性的学校教育以大部分人的牺牲来鼓励小部分人的进步，而合作性的学习环境旨在促进所有人的成功，促进学生之间、学生与教师之间的交流。为了保证学校是合作性的、参与性的环境，需要思考以下问题：一是学校是否有鼓励学生表达自己对学校生活和学习看法的机制？二是学校是否鼓励学生通过结对子或小组活动的方式完成学习目标和解决问题？三是学校是否鼓励学生对所学内容提问，从中发现更多的知识，更好地理解教材？

第三，没有体罚。体罚是不允许的，体罚会带来短期的效果，但从长远来看，它会培养学生的攻击性和反叛性。为了保证没有体罚，学校要思考：有没有制度禁止教师采用体罚？教师是否支持制定一些非攻击性的纪律？

第四，不允许欺凌弱小。学校要思考：学校有没有什么制度反对欺凌弱小？如果出现了这种情况，教师是否会干预？孩子们是否知道不可以欺侮人？是否知道如果受到欺辱，可以向教师寻求帮助？学校有没有生—生之间、师—生之间适宜行为的引导？

第五，学校是一个能获得支持和受教育的环境。每个孩子都有情感上沮丧的时候，他们需要关爱。学校应当关心孩子，帮助他们度过困难时期。并且鼓励学生之间互相关心。因此需要考虑：当孩子遇到困难时，是否有值得信赖、可以帮助他渡过难关的人？当孩子情绪不佳，或有特殊需要时，教师的行为是否可以起到支持性行为的示范作用？教师们是否鼓励孩子互相关心？教师和学生是否热心帮助同学?

第六，教师与学生的现实生活一致。教师要尊重儿童的生活经验，并将此作为学校教育的起点，因此需要考虑：学校的课程是否与教育目标一致，也与儿童的学习需要一致？儿童是否有机会提出一些对社区生活有益的活动方案?

第七，学校能帮助孩子、家长和教师建立学校和家庭生活间的联系。孩子的母语如果不是学校教学所用语言，但在当地使用普遍，那么他在学校（比如做游戏的时候）是否可以使用自己的母语（方言)?

第八，学校不但重视孩子的学业成绩，还重视发展孩子的创造力。学校需要关注：作息时间中是否安排娱乐？有没有专人负责这件事？如果有孩子不愿意参加学校规定的娱乐活动有没有什么安静之处可以让他独处？是不是每个孩子都有能够培养创造力、不需要考试的学习活动，如音乐、戏剧等?

第九，学校促进孩子的自尊和自信。学习应该是赋予孩子能力的过程，通过学习了解自己的优点，知道如何克服缺点。当孩子学不好时，他们需要支持和鼓励。如果他们经常被告知自己是个失败者，这会消磨他们对成功的渴望，认定自己是个失败者，从而不愿努力做得更好。学校需要思考：其一，在给孩子建设性的学习建议时，是否经常对他们的学业表现做一些否定性的评价？其二，学校是否努力避免对孩子的学业成绩做公开排序？其三，需要进行小组活动时，教师是否会采取一些分组策略，帮助孩子们分组，以避免某些孩子不被任何小组接受?

（三）关于爱生学校以人为本的原则

教育部陈小娅副部长在总结我国实施爱生学校经验时指出：

“爱生学校目标与我国基础教育改革目标一致，与中国政府落实科学发展观、构建和谐社会，建设社会主义新农村的发展目标是一致的。”爱生学校所提倡“以学生发展为本”，注重“儿童视角”与《国家中长期教育改革和发展规划纲要（2010—2020年)》强调的坚持以人为本的精神是一致的。我国在“科学发展观”的指导下，一方面坚持“以人为本”，促进社会、经济、文化、环境等相互协调的可持续发展；另一方面正努力建构和谐社会。在教育领域，中国政府一方面推进义务教育的均衡发展，促进教育公平；另一方面全面推进素质教育，全面提高教育质量。国家将工作重点放在办好每一所学校和关注每一个孩子的健康成长上。中国爱生学项目的终极目标是全体学生的全面发展和个人潜能的充分发挥。

傅淳在《爱生学校与〈儿童权利公约〉——以学生为本尊重与保护学生权利的教育理念与实践》，李诚涛、温金贵在《谈“爱生、爱教、育人”的教育理念》等文中都提到：“爱生学校”项目的实施旨在推进项目地区学校创造一个以学生为本，处处表现热爱学生的学校环境。爱生学校要求校长和教师要清楚理解儿童权利，树立“学生为本”的教育观念，面向全体学生，特别关注处于不利地位的儿童。通过团队、小组及各种形式，鼓励儿童参与教学过程，根据每个学生个体的差异，采用不同的施教方式，使每个学生都在原有的知识和能力水平上得到提高。

在爱生学校的创设中十分关注儿童权利的行使。爱生学校实施的法律依据之一是《儿童权利公约》。这一公约中的第 28、29 条专门谈及教育。第 28 条规定：人人都有平等享受教育的权利；第 29 条强调：学校教育的宗旨是帮助儿童最充分地发展其“个性、才智和身心能力”。

此外，《儿童权利公约》中的第 2、3、6、12 条的意义尤为重要，联合国儿童权利委员会将这 4 条定为儿童权利的“基本原则”。

原则一，“免受一切歧视”（第 2 条）。这是关于权利的平等享受问题，强调不因儿童或其父母的背景而受到任何歧视。所有儿童，无论男童、女童、残疾儿童、孤儿、流浪儿童、移民儿童或少数民族儿童，在学校教育中均享受同等权利。

原则二，“儿童的最大利益”（第 3 条）。凡涉及儿童的一切决定或行为，均应以儿童的最大利益为首要考虑。因此，我们或许要提出如下问题：学校教材、教具是否充足？学校课程安排是否符合儿童的最大利益？学校是否能提供真正的生活技能教育，包括对当地及全球现象的理解？教学方法是否适合儿童？

原则三，“生命权。生存与发展”（第 6 条）。这里，“发展”一词不仅指身体上的发育，而且指智力、情感、认知能力、社会及文化方面的发展。因此，学校应积极鼓励儿童在个性、智力及能力诸方面均得到充分发展，应确保学前教育机构及学校能够促进儿童从营养权到娱乐权的充分享受。

原则四，“尊重儿童的意见”（第 12 条）。儿童有权对影响儿童的一切事项自由发表自己的意见。儿童有权让其声音得到倾听，让其意见得到认真对待。在这一方面，学校应切实提倡民主及参与的思想，学生则应参与课程结构、教案的制定以及教学管理方面的工作。

基于以上分析，爱生学校的管理应从如下的几个方面入手：

第一，学校对儿童来说是一个重要的个体环境和社会环境，应该是一个能保证儿童生理、心理和情感安全的场所。爱生学校是一个师生在生理、心理和情感上感到安全的地方。爱生学校有明确的、为师生所共同认可的规范，这些规范反对各种形式的歧视，强调相互尊重，并被付诸实践。当有人违反时，要被强制执行规范的要求。

第二，爱生学校管理中教师是保证有效的、全纳的课堂教学的最重要因素。爱生学校同样也是教师学校，它给教师提供支持和鼓励，让他们成为自我激励、有能力的、自信的人。一个有能力的教师能让课堂变得生动，而一个能力差的教师则可能破坏课堂本身的活力；一个关心儿童的教师能促进儿童自我意识的形成，而一个不关心儿童，或是任意批评儿童的教师则可能伤害儿童的自尊。教师是爱生学校中的关键因素。爱生学校实际上也就是促进教师与学生之间高质量人际交流的场所。通过相互理解、关心，实现一方促进另一方的学习。因此，爱生学校是一所能真正体现师生关爱的学校。

第三，学校管理尤其是校长的工作作风，是爱生学校中能否形成师生关爱氛围的关键。师生关爱氛围的形成不是一朝一夕的事情，需要学校在管理中鼓励教师开展持续的行动研究，采取一些具体的措施有效地促进教师教学行为的改变。

第四，爱生学校的管理者要树立儿童是天生的学习者的理念，但他们的学习能力很容易受到破坏。爱生学校通过提供能促进学习的、以学生为中心的学校文化、教学活动和课程，促进儿童能力的提高。

联合国儿童基金会为了能使这种权利得以保障而首创“爱生学校”，进而提出了爱生学校如何管理以及一些对特长素质的要求，这对于改进我国的学校管理具有重要的现实意义及理论价值。

（四）关于爱生学校的管理

教育部人事司的《爱生学校与学校管理》[①]、王世忠的《学校管理概论》[②] 和毛亚庆的《爱生学校的校长应具有的素质》[③]、朱益明的《有效的教与学：爱生学校的核心》等文中都有这样的观点：我国的教育长期以来运行在一种以强调政府的控制作用为基础的行政约束的制度环境中。这种制度安排导致了我国教育管理体制呈现出这样一些特征：

第一，集权。国家及教育主管部门集举办权、办学权、管理权于一身，自上而下作出决策并进行管理，学校没有自主办学的权利和独立作出决策的权利。

第二，封闭。学校只需听从政府和教育主管部门，无需了解社会的需要，学校只需对政府和教育主管部门的计划负责。

第三，划一。政府及教育主管部门无视学校之间的差异性，以统一计划、统一政策、统一模式来规范学校、发展学校。

在这样的管理体制下，学校在一定程度上缺乏自己的教育理想，仅仅是完成游离于学校之外的主管部门所赋予的标准化的教育任务的工具：学校的活动不是基于学校自身的特点而开展的，引导学校教育教学活动目标的主要推动力是整齐划一地外在监督与检查，学校的教师和学生更多彰显的仅仅是他们的工具性价

① 教育部人事司：《爱生学校与学校管理》，28页，北京，北京师范大学出版集团，2009。

② 王世忠：《学校管理概论》，90页，北京，中国地质大学出版社，2004。

③ 毛亚庆：《爱生学校的校长应具有的素质》，载《中小学校长》，2009（2）。

值，学校绩效的主要指标是学生学习的最后阶段所获得的学习成绩，而不是教育的过程和其他方面所取得的进步；学校的决策是由学校管理者和外在于学校的教育主管部门作出的，教师和学生在学校的决策上的参与度微乎其微。

这样的管理体制导致校长长期以来扮演的角色和素质要求是这样的：校长是主管部门确定目标的守望者，上级下达任务的执行者，保证位置坐得牢靠的安全追求者，被动驱动而不是引领环境的适应者，仅仅是把事做正确的管理者。这种管理体制更为重要的缺陷是导致校长的眼光向上，关注主管部门的要求，遗忘了学校生活的主体——学生在学校生活中应享有的权利和应有的参与学校管理的机会。

自 20 世纪 80 年代中期开始，与世界教育管理改革的发展变化相适应，我国教育管理体制发生了深刻变化。我国实行了打破中央集权的管理体制，实现“地方负责、分级办学、分级管理”的宏观教育管理体制的转型，提出了政府体制内的职责权限的逐步下移。特别是 1985 年的《中共中央关于教育体制改革的决定》中明确地提出了实施“校长负责制”，赋予了校长一定的权限，对理顺学校内部的管理体制，搞活学校办学体制，以适应社会的需求产生了积极的作用。

这样的背景对校长的素质要求发生了根本性的改变。校长被认为是学校共事愿景的开发者，是传递发展理念的教育者，是加速学校组织成员成长的促进者，是引领学校发展的领导者。校长要从无须有自己的办学思想，是“忘我”的人，提升到校长要具有教育领导力，要有自己的教育理念、办学思想，并通过一系列的教育活动，潜移默化地传递学校发展的信念，使组织成员认同学校的使命。

但这或许还不够，更为关键的是校长要在学校管理中有眼睛向下的意识，眼中要有儿童，意识到儿童应该享有的权利，树立儿童为中心的理念，使学校成为促进儿童全面发展的场所。这样看来，校长在学校管理中应从如下几个方面提升自己的素质和改进管理理念：

第一，树立学校的教育目的是“最充分地发展儿童的个性、才智和身心能力”，培养儿童对人权和基本自由的尊重。学校制定的纪律和执行纪律的方式不得有损于儿童的人格尊严，确保儿童有时间休息和游戏，并有从事文化和艺术活动的均等机会。

第二，在学校管理中要“确保有主见能力的儿童有权对影响到其本人的一切事项发表自己的意见”，“对儿童的意见应按照其年龄和成熟程度给以适当对待”。儿童有自由发表言论的权利，同时，儿童享有思想、信仰和宗教自由的权利，儿童的隐私不受任意或非法干涉。

第三，在学校管理中要关注到儿童是天真、脆弱和需要依靠的。要使儿童的未来在和谐与合作中成长，使他们在拓宽视野与获得新经验的过程中不断成熟，强调“在和平、尊严、宽容、自由、平行和团结的精神下，抚育他们成长”。

第四，在学校管理中要确立“儿童至上”的原则。在进行学校决策时，儿童的基本需要和利益应该得到高度优先的考虑，儿童有权享有应有的权利。特别是要树立这样的观念：“一切为了儿童”的管理伦理观，无论是学校管理还是我们社会的公共政策的制定都要树立“儿童应该是人类一切成就的第一个受益者，也应该是人类失败的最后一个蒙难者”。只有以儿童为中心的学校管理才是真正意义上的以人为本的管理，这是时代对校长的要求。

（五）关于爱生学校建设规划

关于学校发展规划的内涵，就目前查找到的资料来看，学术界并没有形成统一的认识。英国的哈格里夫（D. H. Hargreaves）和霍普金（D. Hopkins）是较早明确而系统提出“学校发展规划”（School Development Planning，简称 SDP）这一概念的学者。他们于 1991 年出版了《被授权的学校：发展规划的管理和实践》一书。在他们看来，学校发展规划是为了学校的发展、管理变化而采取的必要行动，是对学校发展过程进行描述且更为规范化的一种解释，是施加给学校的一种具有创造性的革新方式。另一位学者斯特安基·伊恩（Stronach Ian）也认为，学校发展规划是为了管理变化、分享责任以及为学校发展提供支持能力而进行的活动，其最主要的作用是能够通过有效的行动以确保学校教育教学质量的提高，在此之外，还涉及使学校能把精力主要集中于那些可实现的重点项目及其对成功完成这些项目的程度作出判断，等等。概括起来，可划分为两类：一类是把学校发展规划定义为围绕学校发展目标而设计的学校发展综合性方案；另一类则认为学校发展规划不仅仅是学校发展方案，更是一种管理方式的改变，是筹划或设计学校整体发展的活动或过程。①

20 世纪 90 年代后期，随着国际教育合作项目学校发展规划进入我国，成为改进学校管理、提高学校教育教学质量的重要途

① 楚江亭：《学校发展规划：内涵、特征及模式转变》，载《教育研究》，2008（2）。

径与手段。随着我国基础教育改革的不断推进，越来越多的教育行政部门和学校认识到，制定和实施学校发展规划是实现学校发展的重要途径和手段，学校发展规划为转变管理思想、凝聚各方共识、分析诊断学校存在问题、帮助学校持续发展提供了一个有效的平台。① 尤其是在2001—2005年经教育部组织实施的“校长培训与学校发展规划项目”在我国经历了历时5年的第一个周期。2005年8月，教育部与联合国儿童基金会在内蒙古呼和浩特市举行了阶段性评估会，项目在西部取得了很好的成效。在2006—2010年教育部与联合国新的合作周期中，将爱生学校的学校管理纳入到了爱生学校建设的行动计划中。

（六）关于云南省爱生学校建设

据云南省爱生学校项目办公室《云南省“爱生学校”项目“CFP”中期评估报告》和龙登丽《基于“中国爱生学校标准”的实验研究》② 可知，2008年6月11—14日，云南省级评估小组对永平县13个项目学校、4个教学点进行实地评估，挖掘典型案例，对存在的问题提出改进意见。对玉龙纳西族自治县进行了“CFP文本分析与问题反馈”培训、教学点经验交流和项目学校实地评估。此次实地评估和调研的学校共涉及10所完小和8个教学点。10所完小分别是龙蟠乡龙蟠完小、黎明乡茨科完小、石鼓镇广发行希望小学、石鼓完小、拉市乡美泉完小、拉市乡海东完小、太安乡天红完小、白沙乡白沙完小、黄山镇白马完小、鸣音乡中心完小；8个教学点分别是太安乡汝寒坪小学、石鼓镇红色

---

① 毛亚庆：《爱生学校的校长应具有的素质》，载《中小学校长》，2009（2）。

② 龙登丽：《基于“中国爱生学校标准”的实验研究》，载《教育探索与实践》，2010（5）。

小学、拉市乡普若小学、老城小学、安上小学、白沙乡23公里小学、文华小学、大具乡黑水小学。在对项目县的评估调研中，我们欣喜地看到，通过爱生学校项目两年多来的实施，项目学校发生了很多可贵的变化，取得了很多的成效和经验。安全与健康方面取得了实效，全纳教育的理念得到了普及，参与与和谐的局面正在形成，有效的教与学得到了进一步加强，爱生理念在农村学校正发挥着作用。

三、研究条件与研究过程

第一，中国教育部—联合国“爱生学校的学校管理”项目2006—2010周期在西部10省区为期5年的实施，确实从根本上改变了校长的学校管理思维，儿童权利的意识已深入到学校管理的方方面面。不断成长起来的爱生学校校长和爱生的老师、学生共同创建了一个个充满快乐、安全健康、参与和谐的校园。《中国爱生学校标准》的应用，为爱生学校的建设提供了方向引领和行为导向，这些在实践中所积累的实践智慧和有效经验为本课题的研究奠定了坚实基石。

第二，爱生学校项目是教育部与联合国儿童基金会在我国西部10省区所实施的项目。永平县与玉龙纳西族自治县是云南省的项目实验县，借助项目进行学校发展相关研究，将会得到项目县的大力支持。

第三，爱生学校自2006年在云南省开展至今已有7年的时间，在实施过程中，由省教育厅5个处室所承担的5个子项目，分别从爱生学校四个不同的维度进行了具体的项目实施与研究，为爱生学校视角下的学校发展规划的研究提供了较好行政支持。

第四，笔者负责主持云南省教育厅教育基金重点项目（2009—2012年）“爱生学校视野下的学校发展规划”，长期从事中小学校长培训和学校管理的研究工作，并借助爱生学校与学校管理项目，经常深入项目学校，积累了大量基层一线资料和相关项目经验。

四、基本框架

基本框架分为三个层次。

第一层次是绪论，突出了研究的核心问题：爱生学校建设中国化研究，由此展开了国内外研究动态和文献综述，研究方法和技术路线以及基本结构和创新点。

第二层次是基础研究，包括第一章基础教育新模式：爱生学校在东南亚的兴起；第二章爱生学校建设中国化的发展进程；第三章爱生学校建设中国化的指导思想；第四章云南多民族地区爱生学校建设的实证分析。较系统地研究和论述了爱生学校建设中国化的由来与发展，爱生学校建设中国化的指导思想，中国特色社会主义爱生教育科学发展的基本特征，中国特色社会主义爱生教育的云南个案分析。

第三层次是研究的核心内容。以中国特色社会主义为指导，以爱生学校建设中国化为基础，重新阐释了爱生学校建设的四个维度。内容包括第四章全纳与平等：中国特色社会主义爱生教育的公平正义；第五章有效的教与学：中国特色社会主义爱生教育的教学质量；第六章安全与健康：中国特色社会主义爱生教育的校园环境；第七章参与与和谐：中国特色社会主义爱生教育的民主管理。

第一章　基础教育新模式：爱生学校在东南亚的兴起

“爱生项目”在东南亚国家的第一次“着壤”以来就取得了可喜的成果，切实促进儿童权利在学校各方面工作中受到保障，一定程度上改良了原有的学校管理和学生在校生活、学习的氛围，使得孩子获得高质量的学习和健康的身心。爱生学校由此成为一种能够解决当前各个国家基础教育改革难题的一剂良药，受到了国际范围内多个国家的借鉴和推广。因此，我们也应该积极学习和借鉴这一项目成果，为我国基础教育改革提供一种新的教育模式。

第一节　基础教育新理念：面向爱生的学习环境

一、爱生学校是能保证儿童生理、心理和情感安全的场所

实用主义教育家杜威认为“学校即社会”，“学校即生活”，这启示我们学校是复杂社会的一个缩影，它一方面承载着学生个

体的、自我的生活世界功能，同时也交织了个体与他人之间相互交际的社会关系网络。当前的学校教育之所以举步蹒跚，很大程度上是因为没有处理好两者的关系，要么忽视学生个体的自然性、生活性，要么忽视学生个体的社会性。正因为如此，我们可以清楚地认识到学生在学校面临的发展任务不仅仅是认知层面的知识与技能的学习，还有学生的个体社会性，包括社会道德意识、社会参与、社会价值意识、团队合作等方面的培养，还有学生个体自我层面包括身体健康、性格特质、人格品质、自我意识等方面的成长与成熟。因此，作为学校教育的组织者和实施者，必须很清楚、很全面地认识学生接受学校教育面临的多维的发展任务，并以此为核心来组织和实施教育教学。

爱生学校强调学校对在校儿童来说是一个重要的个体环境和社会环境，因此，要建立和维护一个支持性的学习环境，最基本的要求是保证儿童在生理、心理和情感方面感到安全。爱生学校是充分考虑到儿童在个体层面和社会性层面的发展任务，是能够促进学生全方位发展的一种安全场所。爱生学校为维护儿童生理、心理和情感上的安全，开发和构建了一系列指标。

1. 物理指标

（1）学校的场所和建筑物完好而没有危险，富有吸引力，干净和舒适；

（2）有足够的可饮用水；

（3）无性别和能力歧视的卫生设施；

（4）完好的黑板，足够的、安防合理和大小合适的家具；

（5）学校规模不宜过大，能使大家充分交流，形成集体归属感。①

2. 心理和人际交往指标

爱生学校作为一个支持性的社会组织，是建立在一致认同的规范的基础上的，而不是以权威为保障的任务驱动型组织。因此，爱生学校有明确的为师生共同认可的规范。强调互相尊重；规范以原则的形式存在，并被付诸实践，当有人违背时，应该强制执行规范的要求；行为规范、反欺凌弱小、游戏中同伴调解等政策是爱生学校的日常制度。

3. 儿童健康维护指标

（1）学校能够发现儿童身上的问题，如营养不良、患有疾病、缺乏微量元素、心理压力及障碍，并且在营养与健康咨询人员的帮助下进行有效的干预；

（2）通过教学活动促进儿童获得与其年龄相应的健康方面的知识、技能和态度；

（3）保障和维护健康的学校环境，如干净的饮用水、食物、住宿、厕所等；反对吸毒、酗酒和抽烟；

（4）爱生学校与家庭、健康机构和社会有良好的合作。②

从上述标准可以看出，爱生学校确实能够保障每一个儿童在学校里安全、健康地生活和学习，从而使广大儿童对于学校教育形成一个良好的认识和情感基础。国内外很多关于学生学校生活质量的

① 教育部师范教育司：《爱生学校的理论与实践》，15页，北京，北京师范大学出版集团，2010。

② 同①，16～17页。

研究成果表明，低学段的孩子对学校生活和学习的主观感受越积极，那么他们的学业成就越好，未来受到高等教育的可能性越大，而这一部分学生的家长也越愿意参与到学校的教育中来，因此，为每个儿童建立安全、健康的学校环境是极其重要的。

二、爱生学校是给教师提供支持和鼓励的学校

教师是爱生学校的关键因素。首先，一个有能力的教师能让课堂变得生动，而一个能力差的教师能破坏课堂本身的活力；一个关心儿童的教师能促进儿童自我意识的形成，而一个不关心儿童，或是任意批评儿童的教师能伤害儿童的自尊。因此，为了构建支持性的学习环境，为了提高学校教学的有效性，为了提高师生交往的品质，我们不得不关注教师这一关键的因素。教师作为学生学习的合作者、领路人，学生生活的“偶像”，学生情感方面的“知心人”，其在学校教育中起着举足轻重的作用。爱生学校充分意识到教师的重要性，强调学校要鼓励教师获取知识和技能，以便能因材施教、独立决策、与学生友好交往，从而树立教师作为专业人员的信心。因此，爱生学校提供给教师接触新观点的机会和平台，鼓励教师体验和研究新观点的实际应用，并与其他教师进行交流，同时，爱生学校积极开展教师合作网络，为教师的专业成长提供高质量的资源。其次，爱生学校还要营造和谐的教师关系，构建一支学习型的教师团队，鼓励教师就教育目标、学校发展规划、学校办学理念、学生主体等方面开展充分讨论，形成统一的认识，同时鼓励教师把已形成的规范和认识内化到自己的日常教育教学过程中，形成真正意义上的学习型组织。再次，爱生学校重视教师的专

业化发展，认为学校的质量与教师的生活状况和培训有着直接的关系，因此，爱生学校极其重视学校教师的培训，联合国儿童基金会投入相应的经费，充分借鉴国际教育培训经验，通过“种子培训”方式使爱生理念在广大教师群体中得到广泛传播和影响，同时从培训的内容来看，区别于国内常见的教育培训，主要通过案例情境使参与培训者强化爱生学校的“爱生理念”。此外，爱生学校认为教师对于当地社会文化风气、公共服务机构以及相应社会政策的了解也是很重要的，教师只有融入当地的文化，才有可能被社区认可，只有这样，学校才有可能得到学校周围社区的支持和信赖。

三、爱生学校是以学生为中心的学校

（一）爱生学校充分认识到儿童是独立的学习者

《儿童权利公约》承认所有的儿童都是一个独立的学习者。[①]因为学习是个体化的认知加工过程，每个儿童都带有自己独特的经验和知识、技能以及人格品质来对教师所传授的信息进行内化。因此，我们应该适应儿童的个性化特点，而爱生学校要求学校的各项制度都要有弹性，都要以学生的独特性为主。如爱生学校鼓励教师采用多种教学方法，因为不是所有的学生都喜欢开展小组合作学习，也不是所有的学生都喜欢独立学习；爱生学校还要密切关注那些适应学校环境有特殊困难的学生，如内向的学生、曾经受过意外伤害的学生、无法理解教学语言的学生以及不知道自己有提问权利

---

① 教育部师范教育司：《爱生学校的理论与实践》，5～6页，北京，北京师范大学出版集团，2010。

或不知道如何提问的学生，等等。对于具有不同需求的学生，爱生学校鼓励教师采用灵活的教学方法、教学内容、教学评价方法等，使学生基于自己的实际情况能够得到进一步的发展，提高自己的能力。因此，爱生学校的成功不仅仅是整个学校的成功，更大程度上是每个拥有符合自己个性的学生的成功。

（二）爱生学校关心学生学习过度的问题

当儿童从家庭到学校，从小学进入中学，从农村来到城市，他们所面临的变化既能促进学习，同时也能妨碍学习。而很多学生不能在学校里开心愉快地生活和学习，很大程度上是因为没有很好地适应环境的变化。爱生学校的任务就是采取措施促进儿童适应这些变化。如当儿童离开家庭进入学校时，爱生学校的老师会帮助儿童和家长为入学做好准备，采取恰当的方式使家长知道如何指导儿童在家里的学习以及告知家长参与学校教育的权利和方式等。

（三）爱生学校是一个性别平等的学校

由于社会文化以及生理规律的影响，男孩和女孩在很多方面存在差别：例如自我意识和自信、认知风格和思维风格、社会期望角色等方面。女童在教育中遇到的难题在很多国家都是常见的。爱生学校应采取多种措施来干预和影响女童接受教育的文化需求，爱生学校的课程中涉及了与男童和女童未来社会角色相关的内容，并鼓励女童就此状况提出质疑，使女童摆脱社会枷锁而走向自由。除此之外，学校各方面的设施都充分考虑到男女性别的差异，如学校厕所的蹲位问题、增加女厕所的蹲位等。

（四）爱生学校关注残疾儿童教育

爱生学校面向所有的儿童，包括身体方面有缺陷的儿童。不少学校对于这些儿童采取排斥的态度，他们不清楚如何衡量残疾，更不知道如何对其分类并采取适合其情况的教育教学方式。爱生学校全然反对这样的现象，其发动学校、家庭和社区共同开发保护性的学习环境，让残疾儿童受到适当的教育。不同残疾类型的儿童在需求、能力、学习方式、学习内容等方面是不一样的，爱生学校鼓励学校的课程和教学方法也应该是有弹性的，提倡以学生为中心，通过灵活有效的课程使教学方法来满足儿童的不同需求。

（五）爱生学校具有全新的学生评价方式

爱生学校期望所有儿童的成功。学校通过教师有效的教、适切的课程、丰富的文化活动意在为学生提供一个高效能的学习环境。因此，爱生学校实践中的一个重要环节是监督和评价学生的学习。而爱生学校的学习评价与传统的评价理念截然不同，爱生学校的评价注重儿童能发展到什么样的程度，不强调创造竞争的氛围，而是强调学习者之间的友好合作。爱生学校的信条是每个人都能不断取得进步，每个儿童都有责任帮助他人；爱生学校将鼓励学生大胆思索和探究、思考和创新方面的内容列入被评价标准体系中。爱生学校的评价目的不仅是了解儿童学到了什么，更重要的是要将评价结果用于促进学生的学习过程，使学生在原有基础上更高效地学习。

四、爱生学校离不开良好的外部力量的支持

爱生学校涉及的服务对象不仅仅局限于学校内部，项目的理念、项目设计、项目实施、项目总结评价一系列环节中都涉及学生家庭、社区等外部因素，整个项目都离不开学校外部力量的支持和参与。爱生学校关注所有的儿童，除了学校里的儿童，还关注接受非正规教育的儿童、残疾儿童等，爱生学校要改变的不仅

仅是学校教育者的理念，还要改变学校周围社区的公众的教育理念，使他们关注儿童的基本权利，鼓励他们共同参与和建设学生的学习环境。爱生学校在项目实施的过程中，家庭对儿童学习的作用表现在：

第一，家庭是儿童学习的支持者。家庭给儿童提供安全的环境，保证儿童的学习实践，关心他们的思维和技能，并且积极关注他们的学校生活和主观感受。

第二，家庭是儿童学习活动的倡导者。家长保证儿童有机会开展公平的、高质量的学习活动，并且积极地与学校保持联系。

第三，家长是儿童的非正规教师。家长对儿童各个阶段的学习提供帮助，培养孩子的学习兴趣。

第四，家长是学校的重要决策者。家长通过参加学校各项活动，参与学校教育政策的制定。①

爱生学校强调学校与家庭的合作，积极发挥家庭在儿童教育中的功能。除此之外，爱生学校还与社区内的其他外部力量进行广泛的合作，如地方教育行政部门、社区管理人员、健康维护机构、社会福利机构等，通过良好的沟通，可以使学校获得强大的精神层面和物质层面的支持，从而弥补学校资源的不足，保证并增强学校的爱生能力。

① 教育部师范教育司：《爱生学校的理论与实践》，21页，北京，北京师范大学出版集团，2010。

第二节 联合国儿童基金会与东南亚国家合作创建爱生学校

一、泰国的爱生学校建设实践

（一）泰国爱生学校项目背景

1996 年，美国儿童战地救护组织驻泰国办事处在泰国 Nakhon Swan 省开展实施了名为“以学校为基础的少年儿童发展实验项目”，该项目采用了使学生、家长、老师及社区领导高度参与的方法，促进了该省 28 所学校开展了自我评估，并将自我评估的结果列入到了学校改进计划中。1997 年，美国儿童战地救护组织与联合国儿童基金会驻泰国办事处合作，使得联合国儿童基金会秉承的关于儿童权利公约及生活技能教育在泰国的基础教育内得到引介。1998 年 3 月，泰国全国基础教育委员会办公室与联合国儿童基金会共同合作，在 Nakhon Sawan 省 28 所学校“学校儿童和少年发展实验项目”已经取得经验的基础上，把儿童基金会成功的项目经验引入到项目学校中，如参与性学习方法和社区介入，以项目方式进行环境教育，地方为保护儿童权利而进行的课程改革等。1998 年 11 月，美国儿童战地救护组织、联合国儿童基金会、泰国全国基础教育委员会共同创办和实验发展“爱生”学校。项目首先从 6 个省中选取 23 个学校作为实验学校，旨在保障儿童基本权利，提高教学质量，促进儿童的身心健康和培养儿童的生活技能，该 23 个实验学校成为项目后期其他学校的“样板”学校。值得注意的是该爱生学校项目得到了广大社会力量的支持，如生活技能发展基金会、玛黑道尔营养研究大学、文化艺术发展学院、联合国艾滋病协会、泰国皇家政府等。

（二）泰国爱生学校项目的目标、目的

1. 目标

建立一个基于儿童基本权利基础上的“爱生”教育系统，促进学生的身心健康和素质教育水平的提高。

2. 目的

通过各行各业人士的参与和介入，为解决学校存在的问题而架起合作学习平台，使他们为实现孩子们的基本权利而积极工作，从而实现儿童的生存权、保护权、发展权、参与权，发展其生活技能，增进其身心健康。

3. 目标产出

（1）增强对儿童权利公约和爱生学校的认识，建立专业网络，宣传爱生成果，提高社会大众对爱生学校的认识和支持力度；

（2）建立由学生、家长、学校董事会成员、老师及管理人员来发展爱生学校的自我评估体系，形成自己的评估标准；

（3）通过共同参与制定的计划或共同行动过程实现学校的自我提高发展参与体系，促进学校和社会关联人士共同制定发展目标和学校章程及行动计划，从而促进爱生学校环境的全面改进；

（4）鼓励全校采用主动参与性学习模式，注重学生多元智能的均衡发展，开发地方课程，鼓励学生参与多样的综合实践活动；

（5）推动学校与社会采取行动支持儿童发展和保护权利；

（6）建立外部独立的、客观的爱生学校评价机制。[①]

（三）泰国爱生学校项目的实施过程

泰国爱生学校实验项目总体分为三个阶段：

第一阶段，1998 年 11 月，三大机构首次在 6 个省份建立 23 所实验学校；

第二阶段：1999 年 10 月至 2000 年 9 月，爱生学校建设项目得到进一步扩大，在 14 个省 87 所学校得到推广；

第三阶段：2000 年 10 月至 2001 年 9 月，在泰国 75 个省份的 800 个区得到积极响应，爱生学校被大规模建立。

从上述的数据变化中，我们可以明显感知到爱生理念在泰国不仅得到了积极响应，其实验规模也得到逐步的扩大。这说明爱生学校对于泰国基础教育的改革和发展具有良好的适切性。但是爱生学校项目的建设过程很复杂，它借鉴全新的项目经验，建构了系统的项目实施流程和项目监控方法，每个项目学校都遵循了同样的项目实施过程，都要按照项目设计的既有实施规程来进行。以参与性学校改进的过程为例，爱生学校为鼓励社会整体参与，建立学校自我评估体系，借鉴了国际先进的项目经验，建构了优良的项目实施过程：

（1）采用角色扮演法、讨论法等参与式培训方法举办两期学校与社区整体参加的以《儿童权利公约》为主要内容的培训班；

（2）鼓励各方结合地方实际制定爱生学校的标准；

（3）向各方推荐爱生学校标准，鼓励大家对其进行讨论和

① 教育部师范教育司：《爱生学校的理论与实践》，58～60 页，北京，北京师范大学出版集团，2010。

研究；

（4）应用已经生成的当地爱生学校标准和外部的爱生学校标准来对学校进行自我评估；

（5）举办学校与社区整体考察活动，学习爱生学校的典型；

（6）结合考察经验对自我评估结果进行评价与反思；

（7）制定学校自我改进计划；

（8）在社区各方的支持下，共同实施学校自我改进计划；

（9）建立具有整体性和全面性的社会监控体系；

（10）在社区各方的参与下，开展实施学校改进评估，进一步确定下一轮学校改进计划。①

上述项目实施步骤具有紧密的上下承接性，所有的项目活动都服务于学校自我改进的目标，即提高社区大众对儿童权利的认识，支持爱生学校。组织和建构由小学生、家长、学校委员会、教师和社区力量共同参与的爱生学校自我评估系统；发展学校的参与机制，使学校和社区的每个人共同参与制定和规划学校的发展战略，并共同实施学校改进计划。这些爱生学校项目主要围绕着物质条件、社会心理氛围、身体与心理健康的发展、参与决议的机会、参与协作学习、学习效果与质量、生存技巧与家庭和社会的关系等主题，其目的是建立以地方性爱生教育的水平为基础的爱生教育的条件和模式，同时测试并建立符合泰国具体文化传统的重视儿童权利的全国通用性标准。

（四）泰国爱生学校标准

泰国爱生学校一方面为学生建立了“儿童权利和我们理想中

① 教育部师范教育司：《爱生学校的理论与实践》，66页，北京，北京师范大学出版集团，2010。

的学校”的感知营地，通过“极端快乐，极端痛苦”、“我的权利：希望和需求”使学生认识自己的权利，并了解儿童的发展需求；另一方面对成人进行了专题培训，培训通过一些极具冲突性和故事情节性的案例法使得成人们结合自己的生活经验来认识儿童权利，并反思个人的日常言行。如“我通过我的小眼睛看待问题”、“啊，不！不要再次！”、“我的权利”、“重视我的亲眼所见”；[①] 在对儿童权利有一定认识的基础上，基于对儿童权利的保障和维护的前提，鼓励全体参与者以小组讨论的方式来制定学校自我评估的标准，并充分研究和探讨外部爱生学校标准，泰国爱生项目学校在实施上述项目活动中提炼了许多当地的标准，试举例如下。

1. 学生方面

（1）学生要博爱，有同情心，朝气蓬勃，积极团结同学；

（2）学生要理解自己的朋友，不取笑朋友的弱点；

（3）学生要虚心接受他人的意见，充满自信，既具备良好的领导才能，又能成为值得信赖的伙伴；

（4）要做一名好学生，懂礼貌，守纪律，不自私自利。

2. 老师方面

（1）老师应该平和、理性地去热爱、关心和理解学生；

（2）老师应该品质优秀，身心健康；

（3）老师应有广博的知识，并不断地充实和完善自己；

（4）老师应该改用多种方法灵活地管理教学过程；

---

① 教育部师范教育司：《爱生学校的理论与实践》，70～71页，北京，北京师范大学出版集团，2010。

（5）老师应给学生树立良好的榜样，如得体的衣着，适当的言语，不赌博，在校期间不抽烟、不喝酒。

3. 学校方面

（1）学校应该干净清洁，绿树成荫，美丽，无污染，安全，保持空气清新；

（2）学校应该有充足的学习资料供学生学习；

（3）学校应该有卫生消毒设备，营养和保健服务；

（4）学校应有饮用水，干净卫生的厕所，清洁的餐饮服务和垃圾桶；

（5）学校应积极同社区合作，获取社区的支持。

4. 家长/监护人方面

（1）家长/监护人应关注、鼓励和帮助有困难的学生；

（2）家长/监护人应该支持孩子们的学习；

（3）家长/监护人应该关心孩子，积极观察他们，给他们机会说出自己的观点；

（4）家长/监护人要给孩子闲暇时间，并平等地爱他们。①

二、老挝的爱生学校建设实践

老挝毗邻泰国，在泰国进行爱生学校实验的同时，联合国儿童基金会也把该项目带给了老挝。但是由于老挝总体比较落后，爱生学校建设旨在提高入学率，减少辍学率，提高巩固率，让所有儿童都有机会接受初等教育，尤其是保证生活在偏远地区的女

① 教育部师范教育司：《爱生学校的理论与实践》，73～75页，北京，北京师范大学出版集团，2010。

童和少数民族儿童接受教育的权利。

（一）老挝爱生学校建设项目的主要活动

在英国的拯救儿童联盟和联合国儿童基金会为老挝基础教育部提供了帮助和支持，旨在帮助偏远地区的儿童和少数民族儿童完成初等教育。爱生学校建设项目主要集中在复式教学的改进、群组学校建设、早期儿童的发展、学生相互教育的方法、童工教育、少数民族女童教育、儿童社区和学校、教师的提高培训、教师教育的参与性行动研究、全纳教育。

（二）老挝爱生学校建设项目的主要目的

1. 提高教师专业素质

该项目作为改善老挝农村地区初等教育项目的最大子项目，旨在发展和加强人力资源开发部门的建设，为那些没有受过培训的、不合格的教师提供培训，使他们在基础知识和教学方法方面有所更新。

2. 组织学校建设项目

主要是提高学校教育管理的效率，促进学校之间在课程和课程外活动的交流和合作，改善学校办学质量的检测和督导制度及方法技术。

3. 改善复式教学

该项目适应了老挝的基础教育落后的现状，主要是改善偏远农村和边远地区的教师的教学现状，提高学校教育的质量，使得孩子有机会升入高一年级学习。

4. 关注残疾儿童

使身体有残疾的儿童与正常的儿童在当地的学校里平等地学习和生活，爱生理念认为残疾儿童学习中遇到的障碍并不是自身的身体缺陷，而是因为学校使用的方法和教学的组织不适当造成的。

（三）老挝爱生学校项目的建设内容

第一，培训老挝教师。为了改善农村偏远地区的基础教育现状，爱生学校项目给教师、学校管理者、教学咨询人员提供了专题培训，培训的内容包括爱生学校的概念、学校管理、课程的分析、课程内容的本土化、学习的概念、以儿童为中心的教学方法等，并组织其参加国内先进学校观摩和考察活动。

第二，维护学校安全与健康。爱生学校项目为项目学校提供了专用的经费支持，给学校安装饮水和卫生设备，提供和保证健康安全的饮食，建立免疫的维护制度，改善学校教师的居住条件。

第三，建立爱生环境，开展生生之间的互动，为学生提供图书馆、运动操场，修缮学校的已有建筑，提供运动设施和娱乐设施，开展家长与家长的互动和合作。

第四，学校与社区的合作方面，鼓励学校和教师结合当地的文化开发地方教材，邀请当地有识之士参与到学校的教学和学校管理中，帮助学校提高交流的技能，提高方案管理和预算的能力，使爱生学校能够制定科学合理的改进计划。

（四）老挝爱生学校项目实践取得的成就及存在的问题

由于老挝本国国民经济发展的相对滞后，该国的基础教育也存在较多的困难，爱生学校充分意识到老挝的具体国情，结合爱生学校理念开展了一系列符合老挝国情的项目活动，项目取得了良好的效果。促进了儿童参与，使得学习成为儿童喜欢参与的活动，降低了边远地区的辍学率和留级率，提高了巩固率；改善了学校教学现状，提高了教育的有效性，使得更多的孩子有机会进入高年级学习，促进了社区和学校之间的交流和合作。

但是爱生学校项目在老挝国家实施的过程中也遇到了一些问题，很大程度上与老挝的国民经济水平有关联。老挝国民文化水平普遍不高，要让他们认识和理解儿童的权利以及教育对孩子的重要性有一定的难度，并且需要很长时间的实践。同时，当地政府和社区支持学校教育的能力有限，农村地区教师的教学能力和知识储备水平比较低下，因此，要让这些教师改变传统的教学方法需要很长的时间，并需要保证持续的培训和跟踪指导。

三、菲律宾的爱生学校建设实践

菲律宾也在同期开展了爱生学校实验项目，由于该国经济发展水平较高，基础教育的发展水平比泰国和老挝都高，因此，这决定了爱生学校项目在该国实施的深度和广度都高于泰国和老挝。具体来看，菲律宾设计了系统的行动计划，同时把爱生理念很好地融合到基础教育实践，开发设计了菲律宾爱生学校自我测评指南，为爱生学校项目提供了宝贵的经验。

提高教学有效性方面，菲律宾首先对基础教育者开展有效教学的培训，然后再对广大学校教师、管理者及教育督导者进行培训；鼓励开发有效教学方面的教材，支持有效教学的实践活动，定期召开会议让教师和学校管理者交流经验，开发相应的评价系统。联合国儿童基金会向学校提供教学示范、教材以及相应的教学设备，引导信息技术的使用。

第一，在校园健康方面，菲律宾开发了“改善儿童健康”的培训模式，并向项目学校提供健康服务，如疾病的预防、防虫、牙病防治服务，向学生提供营养物质，鼓动社区和健康中心给学生提供健康服务。修改学校现有的健康方面的制度和政策，学习和借鉴儿童健康标准。

第二，在全纳教育方面，菲律宾发动国家和地区的教育支持者共同努力营造一个保护和全纳儿童的场所，取消所有形式的惩罚，发动所有的村级力量对儿童进行保护。掌握社区内学习儿童的流动状况，一方面跟踪那些不能上学或者即将辍学的学生，另一方面积极联合社区力量，向他们提供适当的职业技术教育，全社会倡导反对虐待儿童并向受虐儿童提供援助。

第三，鼓励学生参与，依据《儿童权利公约》开发学生管理手册，并对学生进行培训，使学生了解和认识自身的权利和地位，掌握参与课堂教学、参与学校管理的方法和渠道。

第四，注重性别和文化差异。对教师和学校管理者进行相关的培训，使其了解和认识课堂教学中和学校管理中的性别差异，形成良好的性别意识。对学校现有的教材进行审查，取消学校管理制度中现有的性别歧视的规定。

第五，学校、家庭和社区合作关系的构建和强化。鼓励社会全员创设支持儿童全面发展的家庭环境和社会环境，组建学校委员会或者家长和教师的联合会，鼓励学校管理者和教师定期家访，掌握社区内0至6岁的儿童名单，鼓动社会力量为其提供家庭教育、健康服务。

从上述项目活动中，我们可以看出菲律宾在爱生学校建设中已经把爱生理念比较透彻地融合到日常的教育教学和学校管理过程中，与泰国和老挝相比，菲律宾的爱生学校建设项目的活动更具有针对性，更加切入到学校教育实践中，而菲律宾所设计的项目活动内容和项目实施过程，一方面保证了项目实施的针对性和有效性，同时也反映了新时代的基础教育发展特点，具有一定的领先性。因此，菲律宾爱生学校建设项目的项目活动以及项目实施方式，代表了当前各个国家的基础教育改革方向，其建设实践所取得的经验为后来其他国家的爱生学校建设项目提供了先进的可借鉴性经验。

第三节　东南亚爱生学校建设的成就与存在的问题

一、东南亚爱生学校建设所取得的成就

（一）儿童权利意识得到广泛宣传，儿童权利得到广泛支持

联合国儿童基金会支持的爱生学校建设项目的首要目的是宣传《儿童权利公约》，让社会全员认识和了解儿童的权利，并鼓励大家共同创设面向学生的支持性的学习环境。这些在东南亚三个国家中都得到了广泛的宣传，并且通过相应的项目活动内化到了基础教育的改革实践中，一定程度上改变了这些国家基础教育的发展风貌，重新焕发了新的生机。泰国通过参与式学校自我评估项目的开展，凝聚了具有广泛代表性的社区力量，他们受到了基于儿童权利为主题的培训，大家充分认识和了解了儿童的基本权利，并引导各方参与者投入到“爱生”的学校改进实践中。联合国儿童基金会在给老挝的教师、学校管理者、学校督导员们带来相关主题培训的同时，还积极投入相应的经费，改善了边缘地区和少数民族地区的学校条件，大幅提高了儿童的入学率，特别

是女童的入学率。菲律宾则把儿童的基本权利内化到具体的课程开发和学校建设中，大力提高学校教学的有效性，建立和维护校园安全与健康的保障机制，积极鼓励学生参与，注重学生性别和文化的差异，创设支持儿童全面发展的社会环境和家庭环境。这些国家的爱生学校建设实践在秉承爱生理念的同时，也彰显了爱生理念的现实意义，为其他学校提供了学习的榜样。

（二）参与式学校自我评估深入到学校管理实践中，并取得广泛深刻的影响

泰国爱生学校项目组对23个示范学校进行的学校自我评估和提高爱生环境的学校改进计划的实施做了一系列基础实验，从这些实验中我们了解到参与学校的特色优势，学校自我评估和学校改进计划的过程及其影响进程的因素。参与式学校自我评估及学校改进计划这种特殊的模式改变了传统的教育观念，其鼓励学校内部全员和社区成员共同参与到学校发展状态的评估中，有利于充分反映学校发展过程中存在的问题，同时在全员的共同参与下确立学校的发展目标，并且共同付诸实际行动，凝聚所有的积极力量，旨在营造支持性的爱生环境。

来自泰国一所学校的学校委员这样说道："通过学校的自我评价，学校的发展潜能进一步发挥出来，学校的亲和力得到了提高并得到了社区的认可，学校和社会之间建立了良好的关系。"①

一位学生认为：学校自我评估可以帮助教师和学生优先考虑需要改进的事情，提高学生创新能力和自我理解的能力，使学生

① 教育部师范教育司：《爱生学校的理论与实践》，88页，北京，北京师范大学出版集团，2010。

适应他人、社会、环境的需要，使学生和更多的社区成员逐渐理解了爱生学校的真正含义。[①]

一位教师认为：学校自我评估提高了他们自身意识和理解能力，拓宽了学校、学生、家长的视野，许多参加人员相互交流了解了彼此的愿望，关系更加融洽，并且增加了对相互间彼此差异的理解和接受，因而我们可以达到我们的目标，取得更好的成绩，学校自我评估有助于改进学校的管理。[②]

一位社区成员代表认为：通过充分理解爱生学校的含义和学校自我评估的模式，我们有责任有能力使学校真正成为爱生学校明确要求的学生、老师、学校管理者、家长、社区成员应具备的特点。学校评估使我们知道学校需要提高和发展什么。[③]

从这些代表陈述中可以看出参与式学校自我评估模式切实对学校的管理实践产生了积极的影响。结合泰国爱生学校的自我评估结果，可以从中总结出参与式评估对于学校管理的优势：

（1）通过所有参与人员的努力，拓展了爱生学校的前景；

（2）提供了由所有参与者参与的自我评估标准；

（3）帮助大家增进了对学校的认识和了解；

（4）增强了家长、社区领导参与学校管理的积极性；

（5）帮助参与者理解学校爱生环境的特点；

（6）学校自我评估在拓展学生知识面、提高学生对爱生学校的特点和含义的理解方面有着重要的影响。[④]

---

① 教育部师范教育司：《爱生学校的理论与实践》，96页，北京，北京师范大学出版集团，2010。

② 同①。

③ 同①，96~97页。

④ 同①，96~96页。

二、东南亚爱生学校建设实践中存在的问题

（一）社区参与学校自我评估的程度有限

参与学校自我评估对于部分的参与者来说不但是一种新经历，而且对包括希望通过评估活动来真正改进学校爱护学生的措施在内的学校改进计划和学校章程的进一步完善提出有益的评估意见也是一种新经历。正因为如此，参与学校自我评估在参与者的代表性、参与评估的活动时间、评估的难度水平方面都要仔细斟酌，这样才能提高社区参与学校自我评估的实际效果。泰国爱生项目学校在开展学校参与式自我评估和学校改进计划和行动的实践中遇到了一些问题。

1. 参与者的代表性不全

在参与者的代表性方面，为了全面地掌握社会各方利益代表者对学校发展状态的看法和认识，所有社区相关的人员都应该参与到评估活动中，但是泰国爱生项目学校在实践中，没有能够汇集到具有代表性的参与者，要么缺少教师，要么缺少家长代表等，较为理想的具有广泛代表性的参与者应该包括校委会主席、学校校长、教师代表、校委会成员代表、社区代表、政府代表、家长代表、家庭主妇代表、女同学代表、男同学代表。此外，一些学校建议当地的卫生官员和政府办事处代表也应该参与评估；更多的家庭妇女应该参与到评估中，因为通常妇女和儿童是最亲近的。

2. 评估活动时间协调难度大

在参与评估的活动时间方面，泰国爱生项目学校在开展参与式学校自我评估和学校改进计划实践中，通常限制为期三天的活

动时间，但是通过后期的评估结果，尽管参与者各方都意识到参与式评估对于学校改进具有重要的现实意义，但是他们有些人认为这样的活动应该纳入学校的日常管理活动，每年定期举行，并认为三天的时间不够充分，这一部分主要是学校内部的利益代表者；而学校外部的利益代表者认为三天的时间太长严重影响到了正常的个人工作时间和生活秩序。因此，面对复杂的利益群体，如何协调他们参与活动的时间是一件艰难的事情。一位校长对此评论说："家长每天必须工作，让他们每天参加这个是很难的，花费几天的时间参与评估活动可能会减少与社区合作的机会，特别是在农忙时间。"①

3. 参与式评估的难度较大

首先是参与式评估的难度水平方面，由于泰国既有文化和历史，泰国广大妇女的受教育水平比较低下，再加上泰国地方性方言的复杂性，这导致参与者在评估活动中对通用语言的理解性方面存在差异，语言障碍和文化水平低下限制了参与者自由表达的能力和反映问题的能力。其次是对评估结果的解释方面，由于评估结果通常是一些简练的陈述语言，这些语言背后所包含的信息对于每个参与者来说都能够很好地理解和把握，因此，对于学生代表、社区女性代表来说就是一个困难，一位学生代表这样陈述："学校自我评估的结果很难解释，因为谈到的太多了，所以我们无法很好地理解。"一位社区女性代表评论说："学校自我评

① 教育部师范教育司：《爱生学校的理论与实践》，98页，北京，北京师范大学出版集团，2010。

估结果并没有与妇女或学生进行交流。”①

（二）广大社会民众对儿童权利理解和接受有一定的困难

联合国儿童基金会基于《儿童权利公约》开发设计的“爱生学校”项目具有一定的前沿性，儿童权利作为一个新的社会文化范畴要深入广大的社会视野，需要一个漫长的成长和积累过程。对于一些发展中国家来说，儿童的权利一直处于受忽视境地，要改变这一现实就必须和传统的历史文化、社会价值观进行斗争。其次，从具体实施该项目的方式来看，联合国儿童基金会借鉴先进的项目经验，如参与式学校评估、参与式培训方法、过程性和结果性的评价指标体系等对于处于相对落后的学校来说，要理解和接受，并且组织参与都需要一个较长的学习过程。因此，爱生学校在东南亚国家开始实验以来，各国都有着自己特殊的文化历史和基础教育国情，让广大的社会民众理解和接受爱生理念需要一个长期的学习和积淀过程。

（三）教师短期培训不可能取得较好的效果

爱生学校建设项目倡导教师理解和接受爱生理念，并鼓励教师把爱生理念融入自己日常的教育教学过程中。爱生学校建设项目设计和开发了相应的教学方法和课程开发技能，对于广大教师来说通过短期培训而习得这些技能是一个较大的困难。特别是老挝边缘地区的教师，他们本身所具备的知识基础和教学能力水平相对低下，要让他们抛弃落后的知识储备和教学技能而接受新的教学方法，这对他们来说非常的困难。要让教师学习和接纳爱生

① 教育部师范教育司：《爱生学校的理论与实践》，99页，北京，北京师范大学出版集团，2010。

理念，并掌握相关的教学方法和课程开发技能，这一方面要给参与培训的教师一个较长的消化过程，因为这些技能性的经验的习得离不开长期的教学实践；另一方面还要向教师们提供持续性的培训指导和跟踪，使教师在实践中遇到问题能够得到指导和帮助，从而更好地学习和掌握爱生理念及相应的知识和技能。

第二章 爱生学校建设中国化的发展进程

经过十多年的建设发展，中国爱生学校建设取得了较大的发展，在这个过程中，国际爱生教育的理念与实践逐渐与中国教育实际相结合，形成了具有中国特色的爱生学校理念、价值与行为，有力地推进了爱生学校建设的中国化，为中国爱生学校科学发展奠定了良好的基础，积累了丰富的实践经验。

第一节 爱生学校建设中国化的指导思想

一、以发展为第一要义指导爱生教育

党的十八大提出："更加自觉地把推动经济社会发展作为深入贯彻落实科学发展观的第一要义。"① 中国特色社会主义爱生教育充分关注学生的发展。以人为本，促进学生的全面发展是爱生

① 胡锦涛：《在中国共产党第十八次全国代表大会上的报告：坚定不移沿着中国特色社会主义道路前进，为全面建成小康社会而奋斗》，见本书编写组：《中国共产党第十八次全国代表大会文件汇编》，北京，人民出版社，2012。

教育的核心理念。在爱生教育的视域中，学生的生命发展是教育发展的核心，每个学生都是发展的主体，每个学生都有发展的潜能和空间，每个学生的发展都是全面的发展，每个学生的发展都是终身性的发展。为了促进学生的生命发展，爱生教育倡导安全健康教学，为学生的生命安全和健康发展构建了一套科学的评价保障体系。为了保障每一个学生都能进入教育发展的视线，爱生教育提出了全纳原则和平等原则，它面向全体学生，为全体学生提供平等的教育机会、平等的教育资源，满足全体学生的教育需求，以实现全体学生教育目标上公平。为了提升每个学生的主体性，爱生教育倡导参与学习，鼓励学生参与到课堂教学、团队活动和社会实践中，通过参与教育不断培养学生的参与意识和参与精神，不断提升学生的主体性、能动性，从而为每个学生潜能的实现奠定基础。为了实现学生的全面发展，爱生教育提倡学业水平发展与综合素质发展同时推进，强调每个学生的发展既是全面的发展，又是有个性的发展。

中国特色社会主义爱生教育充分关注学校的发展。爱生教育理念的形成和发展，都是构建在爱生学校建设发展的基础之上的，从爱生学校的建设发展历程上来看，首先爱生学校应接受联合国教科文的项目资助，按照教科文组织提供的项目实施原则、实施办法进行教学干预，以完成项目内容，在完成项目内容的基础上，使得学校在教学理念、教学方法、管理方法、项目活动等方面都取得一定的发展。从爱生学校建设的初衷上来讲，建设爱生学校目的在于借助联合国教科文组织先进的教育理念、教学方法、管理方法，以项目活动为主要载体，来促进落后地区薄弱学校的跨越式发展，实现薄弱学校教学质量的大幅提高、管理机制的快速优化、办学效益的明显提升。在项目实施过程中，爱生学校除了实施爱生项目相关内容外，还结合本学校的办学特色、历史传统及本地区的历史文化传统、少数民族的民族文化传统进行校园文化建设或开展别开生面的团队活动，目的在于将国外先进的教育理念与本地区、本民族、本学校的实际情况融合，打造具有特色的校园文化，培育具有区域特色的办学理念，形成有区域特色的品质学校，促进学校各项工作的科学发展。

中国特色社会主义爱生教育充分关注教师的发展。爱生学校项目是一个软件项目，而不是硬件项目或单纯的经费投入项目。爱生项目从一开始就进行教师培训，教师专业发展作为其工作内容的首要任务。在爱生教育的视域中，教师专业化水平、管理水平决定着一个学校的教学质量，决定着一个学校整体发展水平。因此，爱生学校建设项目重点提供教育观念、课程资源、教学方法、管理方法、评价方法等先进的教育理念，用先进的教育理念引导教师开展课堂教学、教学管理、学生管理、课程建设和学校建设。在课堂教学方法上，爱生学校项目倡导参与教育，主张学生全员参与课堂教学中，这就要求教师学会参与式教学基本方法，学会在参与式教学中如何启发学生、如何因材施教、如何引导学生、如何调动学生参与积极性、如何培养学生的主体性、如何培养学生的创新精神等，这些学习内容和教学技巧要求学校所有教师在较短的时间里加以学习并使用，这对教师专业化发展有极大的帮助。在教学管理上，爱生学校项目倡导民主管理与和谐教育，主张将民主和谐理念渗透到学校管理的全过程中，这就要求校长和广大教师转变教育管理理念，特别是校长，要全面学习现代教育管理理念，学会如何推进学校民主化管理，学会如何化解学校面临的各种矛盾，学会如何促进学校和谐发展。

二、以人为本、为核心立场指导爱生教育

爱生教育的核心理念就是以学生为根本，体现了“更加自觉地把以人为本作为深入贯彻落实科学发展观的核心立场”①。无论是爱生学校项目、爱生学校建设，还是爱生教育，其最根本、最核心的理念就是以学生为本，其最重要、最基本的原则就是热爱学生、尊重学生、关爱学生、发展学生，其最崇高、最深远的价值就是促进学生的成长与发展。因此，爱生教育无论从命题上、内涵上，还是从目标上，都将爱生作为其最显著的标志。在课堂教学上，爱生教育将学生看作教学的主体，鼓励所有学生参与教学，让所有学生在参与教学中学会思考，从而不断培养学生的参与意识和参与精神，不断提升学生的主体性、能动性和创造性。在学校管理上，爱生教育发扬民主管理，将每个学生作为学校管理的主体，让学生这个管理主体参与学校管理制度制定、实施和评价，做到让学生自己管理自己，自己评价自己，这对培养学生的民主精神、参与意识、集体精神、管理水平、服务意识、合作意识、责任意识都是很好的意义。在团队活动中，充分让学生施展自己的才华，鼓励学生个性特色发展，促进学生幸福快乐成长。正像一个教师在毕业典礼活动之后写道：“此刻的我像经历了无数次毕业典礼座谈会，突然哽咽了，我的被信任的热泪夺眶而出，我心潮澎湃，工作的成就感得到极度的满足。做人就是要生活在这样丰裕的精神世界里，工

---

① 胡锦涛：《在中国共产党第十八次全国代表大会上的报告：坚定不移沿着中国特色社会主义道路前进，为全面建成小康社会而奋斗》，见本书编写组：《中国共产党第十八次全国代表大会文件汇编》，北京，人民出版社，2012。

作才有原动力。”这位教师之所以被感动得热泪盈眶，是因为她在教学中倾透了全部的爱心。

爱生教育的根本任务就是促进生命发展。生命是教育的根本，生命是教育的起点，也是教育的重点，教育贯穿生命发展的全过程，因此，教育的发展从根本上来说，是促进学生的生命发展。爱生教育充分重视学生的生命安全与健康，将促进学生生命发展作为核心任务。在教学上，转变传统的灌输式教学方法，实施参与式教学，通过参与式教学，让每一个学生充分感悟、体会生命的自主性和独立性，让每一个学生充分认知和理解生命的价值与意义，让每一个学生的生命主体性在参与中得到提升。爱生教育关注学生生命发展的个性，无论在教学中，还是在团队活动中，教师都充分尊重学生的个性特征，充分包容学生的个体差异和不同行为，充分挖掘每一个学生的潜能和才华，让每一个学生的生命个性张扬起来。在教育管理中，爱生教育充分发扬民主精神，让每一个学生参与学校管理，平等和谐地生活在快乐幸福的校园中，这对学生生命自由的发展起到重要的支持作用。在安全健康教育中，教师通过多种方法让学生认知生命、理解生命，训练学生的生存技能，引导学生正确看待生活困境，帮助学生养成健康的生活方式，维护学生生命、生存、生活的有机统一，为每一个学生构建生命保障体系。

爱生教育的核心目的就是学生全面发展。全面发展是指人的智力和体力的充分、统一的发展。同时，也包括人的才能、志趣和道德品质的多方面发展。爱生教育主要通过有效教学理念和原则，培养学生的主体性，促进学生学业水平的发展，从而提升学生的智力水平。在体育教学中，很多爱生学校结合本地少数民族传统体育，创造性地开发了适合学生身心健康发展的民族操或民族舞蹈，这种教育方式不仅顺应了少数民族学生的自然天性，促进了少数民族学生特色的发展，同时，对少数民族传统文化的传承、保护与创新也起了积极作用。在培养学生的才能和志趣上，爱生教育坚持包容原则，尊重每一个学生的个性，宽容每一个学生的不足，鼓励学生展示自己的才华，并为学生才华展示搭建平台和载体。在培养学生的道德品质上，爱生教育坚持以社会主义核心价值体系为引领，德育为先，通过德育课、团队活动、实践教学、社会实践等方式，积极加强学生社会主义核心价值观教育，同时，积极推进中国传统文化、少数民族文化与德育工作的融合，运用传统文化、少数民族文化的精髓培养学生的价值认同和时代精神。

三、以全面协调、可持续发展为基本要求指导爱生教育

更加自觉地把全面、协调、可持续作为深入贯彻落实科学发展观的基本要求，① 也是对爱生教育提出的基本要求。爱生教育是一个系统的教育理念，它涉及教育的方方面面，并在这个方面作出较为系统的全面的规定。从宏观上来看，爱生教育关注教育、社会、文化的全面发展。爱生教育将教育作为社会事业重要组成部分看待，既主张从社会系统中获得能量支持，又强调教育本身发展的独立性和主体性，将教育和社会看作是相辅相成、协调合作、共同发展关系。爱生教育积极推进教育与文化的融合，以教育推进社会价值体系的构塑，以教育为手段打造特色校园文化，以社会价值体

① 胡锦涛：《在中国共产党第十八次全国代表大会上的报告：坚定不移沿着中国特色社会主义道路前进，为全面建成小康社会而奋斗》，见本书编写组：《中国共产党第十八次全国代表大会文件汇编》，北京，人民出版社，2012。

系引领教育的发展方向，从而实现教育与文化的相互融合、共同发展。从中观上来看，爱生教育关注教育理念、教育价值、教育方法、教育条件、教育制度的全面发展。教育理念表现为教育的发展就是生命的发展，教育制度表现为构建民主和谐的管理方法。从微观上来看，爱生教育强调学生、教师的主体间性。对学生而言，爱生教育强调学生的生命、生存的系统协调发展，强调生命发展是生命、生存、生活全面发展的过程。

协调发展是爱生教育的基本要求。爱生教育需要协调教育与政府的关系。爱生学校一般都是边远贫困地区的学校，由于历史原因，学校硬件投入相对不足，教师资源的数量和质量也相对不高，教学信息化水平也相对落后，因此，爱生学校发展，爱生教育理念的推广，需要政府在教育资源配置的时候，加大对爱生学校的配置力度，改善爱生学校的办学条件，提升爱生学校的办学质量，这与当前国家整体推进的义务教育均衡发展的政策是吻合的。爱生教育需要协调教育与学校的关系。爱生学校大部分处在农村，教师资源紧缺，特别是英语、音乐、美术、体育等学科教师资源更为紧缺，教师编制和职称问题积压太久，教学质量与县城、城市学校的教学质量相比相对落后，教师参加培训的机会相对不足，教师科研水平和教学能力也需要不断的提高，因此，爱生学校的发展，需要教育行政部门加大支持和政策倾斜力度，将学校建设发展成为农村义务教育的典范。爱生教育需要协调教师与家长的关系。爱生学校中，部分学校实行寄宿制，大部分学校都有留守儿童，家长与学校交流沟通的机会不多，学生在学校产生的问题得不到家长的及时配合，为了及时化解学生的心理问题，更好地促进学生身心健康发展，爱生教育需要家长的支持，共同构筑强大的爱生保障体系。

可持续发展也是爱生教育的基本要求。可持续发展是决定一个学校能否长久发展的重大问题，是任何学校都必须面对和思考的问题，爱生教育要实现可持续发展，必须重点强化四个方面的内容。一是坚持传播先进的教育理念。爱生教育理念是国外先进教育理念与中国特色社会主义教育理念有机融合的产物，这个理念的特色和优点在于突出学生本位、关注生命、参与教学、民主管理、和谐教育。爱生教育理念要不断得到传播，扩大影响，必须坚持教育理念的开放性和主体性，让更多的学校参与爱生教育理念构建发展中去，共同推进爱生教育理念的升华与实践。二是教育行政部门在教育资源配置的时候，在配置标准的教师资源情况下，进一步优化爱生学校教师结构，逐步实现教师年龄结构的优化、学科专业结构的优化、职称结构的优化；学校要深入开展对年轻教师的培养工作，促进年轻教师的专业化发展。三是积极培育校园文化，打造爱生学校特色。校园文化是一个学校的精神和灵魂，爱生学校要结合学校的历史传统、少数民族文化特色，努力培育校园文化，打造学校特色，形成促进学校不断发展的精神动力和凝聚力。四是努力提升爱生学校办学质量，提升其社会效益。教育质量是学校发展的生命线，爱生学校要善于运用联合国儿童基金会先进的教育理念，不断推进教学方法创新，完善教育管理，优化教师资源，提升教育教学质量，为当地上一阶段的学校输入优秀的毕业生，成为当地推进义务教育均衡发展的一张名片、一个典型。

四、以统筹兼顾为根本方法指导爱生教育

深入贯彻落实科学发展观，要求更加自觉地把统筹兼顾作为教育的根本方法。[①] 统筹兼顾也是爱生教育的根本方法。爱生教育统筹国外教育理念与社会主义教育理念。爱生教育理念主要来源于两个实践，一是联合国儿童基金会爱生学校项目实践，二是爱生学校特有的教育实践。爱生教育理念要不断完善发展，必须统筹兼顾国外先进的教育理念和中国特色社会主义教育理念。对国外先进的教育理念积极吸收借鉴，特别是将联合国儿童基金会关于全纳教育、平等教育、参与教育、生命教育等教育理念融入爱生学校教育的全过程中，因为这些理念不仅是西方的教育理念，也是人类教育思想的精华，它也适应社会主义教育发展的教育理念。但是，对这些教育理念的运用，要结合区域教育实际情况、结合爱生学校发展的实际情况，不能盲目地、完全地运用。在运用爱生项目教育理念中，要有开放发展的意识，不能将教育理念仅仅局限在项目本身，还要积极吸收当前国外最新的教育理念。中国特色社会主义教育理念具有宏观性，它在具体的学校中也有不同的表现形式，鼓励学校创新教育理念，形成办学特色，但是必须坚持其根本要求和本质属性，那就是教育以人为本、育人为本、德育为先、立德树人，要将社会主义核心价值体系融入教育的全过程中。

爱生教育统筹爱生项目学校与非项目学校的共同发展。任何一种教育理念都是从试点开始的，成熟的时候再逐渐推广。爱生

---

① 胡锦涛：《在中国共产党第十八次全国代表大会上的报告：坚定不移沿着中国特色社会主义道路前进，为全面建成小康社会而奋斗》，见本书编写组：《中国共产党第十八次全国代表大会文件汇编》，北京，人民出版社，2012。

教育理念在云南部分县域、部分学校试点7年来，构建了一套较为完善的项目实施体系，形成了一系列具有区域特色的项目成果，总结、提炼了一系列有效的教育经验，对学校教学方法改进、学校管理机制的优化、校园文化的建设、教学质量的提升、学生主体性的培养、教师专业化发展等方面都产生了积极影响，在社会上产生较好的反响。因此，爱生教育理念应该在云南省其他县域、广大农村中小学推广，特别是全纳和平等教育理念对云南边疆民族地区的教育行政部门推进实施全民教育，保障教育机会均衡，缩小教育性别差异，实现教育公平都有重要的借鉴意义；爱生教育其中的参与教学理念，对义务教育阶段学校推进课堂教学改革，创新课堂教学方法，完善教育管理机制，促进教育和谐发展也有很好的参考价值。爱生教育其中的有效教学理念与方法对广大农村学校构建教学质量保障体系，提升课堂教学效果，提升学生学习能力有直接的参考价值。

爱生教育统筹学校、家庭、社会各个方面的力量。爱生教育是一个广义上的教育理念，它不仅是对爱生学校教育经验的总结，更是对教育与社会关系辩证地思考与总结。爱生学校的发展、爱生教育理念的推进，要凝聚学校、家庭、社会各个方面力量。学校要积极传播爱生教育理念，努力践行爱生教育理念，将爱生学校建设成为文化浓厚、特色鲜明、质量较好的教育经典；学生家长要积极配合学校开展教育，为学生尽可能地提供学习条件，消除重男轻女意识，确保女童正常入学和完成规定的学业，维护全纳教育理念，还要配合学校共同做好生命健康教育、心理健康教育、道德品质教育，在家庭教育中要善于鼓励孩子，肯定孩子的优点，包容孩子的不足，正确引导孩子形成良好的心态和道德品质。社会各个方面要尊重教育、关心教育、支持教育、发展教育，努力形成良好的社会氛围，同时，积极宣传爱生教育理念，为爱生教育理念推广打好社会基础。

第二节　联合国儿童基金会与中国合作建设爱生学校

一、中国—联合国儿童基金会教育与儿童发展方案

联合国儿童基金会和中国有着长期的合作关系。1947 年，中国成为联合国儿童基金会在亚洲首个开展援助的国家，期间由于历史原因曾中断。1979 年中国政府恢复与联合国儿童基金会的合作，合作主要涉及卫生与营养、教育、儿童保护、社会政策、艾滋病、水与环境卫生、灾害应急准备和响应等领域。

教育部与联合国儿童基金会的合作从 1982 年第一个合作周期（1982—1984）开始，到现在已经历了七个周期，合作的范围由最初的学科领域发展到了目前涉及儿童免疫、妇幼卫生、小学教师培训、基础教育、残疾儿童康复等领域。“爱生学校”首次于 2001—2005 周期引入中国—联合国儿童基金会“贫困地区基础教育和早期儿童关爱”合作项目中。项目以教师培训为切入点，旨在推进项目地区的学校实践以学生为本的新理念，改善教与学的关系，密切学校、家庭和社区的联系，为学生的身心健康发展营造良好氛围，为素质教育在项目地区的落实探索新的模式。

在2001—2005周期中，项目在广西、重庆、内蒙古的7个县12所乡镇中心小学和60所村级小学开展了教师培训的项目实验。通过5年的师资培训，实验取得了令人瞩目的成果：所有的项目学校在为所有儿童提供更安全、更健康、更有利于成长的教育环境而努力；所有的教师在为鼓励儿童参与和自我表达、提高课堂教学有效性和针对性而努力；家长和社区更积极主动参与和帮助学校的发展，并为项目地区的教师建构了校本研修的平台……这一切，为爱生学校在我国的推广奠定了良好的基石。[①]

由于2001—2005周期项目资金使用的高效率和试点的成功，联合国儿童基金会基于中国政府对发展教育的积极支持，决定继续推进爱生学校和提升学生素质策略，与中国教育部共同制定了《2006—2010中国—联合国儿童基金会教育与儿童发展方案》。该方案体现了《儿童权利公约》、联合国千年发展目标和中国教育发展优先目标的精神。方案包含了合作领域涉及教育部内的多个司局及其下属省教育厅和教育局，以加强部门间和跨部门多维度协作的优势。

---

① 中华人民共和国教育部师范司、联合国儿童基金会编：《爱生学校在中国：中国—联合国儿童基金会“爱生学校”项目》，4页，北京，北京师范大学出版集团，2010。

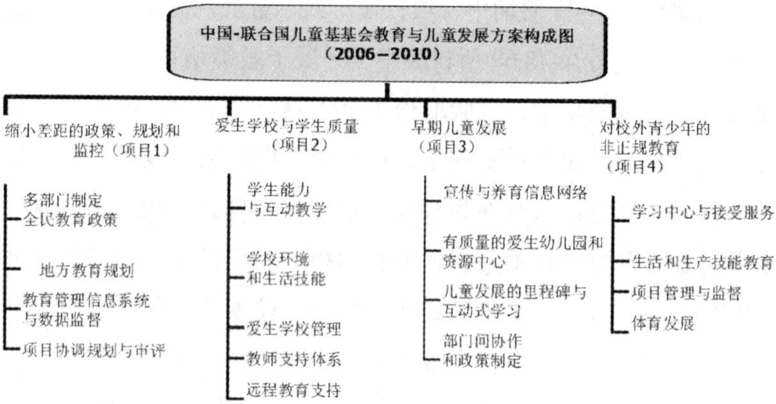

图 2－1　中国—联合国儿童基金会教育与儿童发展方案①

“教育与儿童发展方案”计划响应了中国政府在实现九年义务教育目标、促进儿童的全面发展、推动新课程改革、推进教师改革与发展、建立教师支持体系、实现远程教育工程等方面的重点工作，配合了中国在全国，尤其是西部欠发达地区开展素质教育的优先发展目标。该计划重点关注缩小教育差距，这一点正好与政府推进教育的“均衡发展”优先目标直接关联。②

二、爱生学校项目

爱生学校项目在泰国、菲律宾等国家取得了可喜的成果，切实促进了儿童权利在学校的落实，推动了孩子们获得高质量的学

① 资料来源：《爱生学校中促进儿童参与的策略》，联合国儿童基金会中国办事处，2006 年 12 月 12 日成都会议。

② 中国教育部—联合国儿童基金会：《教育与儿童发展项目行动计划：2006—2010》，6 页，北京，北京师范大学出版集团，2010。

习和身心健康发展。爱生学校旨在推进项目地区的学校以学生为本、改善学校管理，加强学校、社区、家庭的联系，提高学生的学业成绩。

在新的合作周期（2006—2010），教育部与联合国儿童基金会选取了西部10省20个县作为新周期实施的试点项目县：

新疆维吾尔自治区：尼勒克县，疏附县

内蒙古自治区：库伦旗县，凉城县

广西壮族自治区：隆林县，三江县

西藏自治区：南木林县，嘉黎县

宁夏回族自治区：原州区，彭阳县

四川省：甘孜县，苍溪县

贵州省：印江县，安龙县

云南省：永平县，玉龙县

甘肃省：西和县，崆峒县

青海省：同仁县，循化县①

三、爱生学校项目计划结果

总体结果：修改后的国家政策和地方计划得到实施和检测；政府和社会在落实和检测完成学前教育、六年或九年义务教育以及在中国西部落后地区实现以女童、流浪儿童、少数民族和校外儿童为核心的全民教育目标和千年发展目标的教育服务能力得到加强。

① 资料来源：《爱生学校中促进儿童参与的策略》，联合国儿童基金会中国办事处，2006年12月12日成都会议。转引自中国教育部—联合国儿童基金会：《教育与儿童发展项目行动计划：2006—2010》，36页，北京，北京师范大学出版集团，2010。

具体结果：

（1）评估国家政策法规，开发指导方针，以改进国家和国家目标的落实和监测，基于性别平等，让中国欠发达地区所有儿童都能高质量地完成九年义务教育。

（2）提高项目地区 3～6 岁儿童，尤其是女童、民族儿童和受人口流动影响的儿童入学准备水平，提高 0～6 岁儿童父母养育技能。

（3）在试点地区，提高所有儿童，尤其是女童和少数民族儿童和受人口流动影响的儿童学业完成率，学业成绩和生活技能同步提高，为学生评估指南、爱生学校管理和教师支持机制指南的制定提供建议。

（4）校外儿童获取所需知识、生产与生活技能；为超龄和校外儿童完成九年制义务教育提出政策建议。①

四、爱生学校的理念

（一）爱生学校定义

联合国儿童基金会认为爱生学校是“一种通过多种渠道追求卓越、提高质量的方法”（a quality seeking approach with multiple pathways to excellence）②，是“联合国儿童基金会用以在学校促进优质教育的非常宽泛的方法”（ a very broad approach that UNICEF

① 中国教育部—联合国儿童基金会：《教育与儿童发展项目行动计划：2006—2010》，12 页，北京，北京师范大学出版集团，2010。

② 克里姆·赖特（Cream Wright）：《为教育质量制定爱生学校标准的模式》，在中国“全纳和爱生学校研讨会”上的主题报告，2006 年 9 月 25—27 日。转引自中华人民共和国教育部师范司、联合国儿童基金会：《爱生学校在中国：中国—联合国儿童基金会“爱生学校”项目》，北京，北京师范大学出版集团，2010。

is adopting as a way of promoting quality education in schools)①。联合国儿童基金会强调，学校不只是学习的场所，爱生教育的方法不只是课堂教学，学校应该是吸引儿童、关爱儿童、满足儿童需要、使每个儿童都能成功的场所，是使儿童感到安全、增强自信、体验快乐的场所。学校不只具有训练学生成为劳动世界技能型劳动者的经济功能，而且具有从文化上熏陶学生的"社会化"功能。学校的多功能决定了教育的多渠道、方法的多样性。所谓"质量"，不只是学业成绩，更不是分数。方法也不是靠管教，不是靠训诫，不是靠照本宣科，不是靠行政命令。学校是"教养儿童成人的场所"（school are places to be）②。因而，学校要建设一种文化、一种氛围，要确立一种使命、一种课程；应在校内营造师生之间、学生之间、校长—教师—学生之间的和谐环境，在校外要加强与家庭、地方社会的合作，把学校建设成为一个"学习社区"③。

联合国儿童基金会认为，爱生学校要积极参与寻找失学儿童，并帮助他们重返校园。这类学校认为接受教育是每个孩子的权利，并帮助监控社区中的每个孩子都能享有这一权利；爱生学校关心孩子的全面发展，包括孩子的健康情况、营养情况、总体发育情况。爱生学校还关心孩子在校内外、在家庭和在社区的

---

① 克里姆·赖特（Cream Wright）：《为教育质量制定爱生学校标准的模式》，在中国"全纳和爱生学校研讨会"上的主题报告，2006年9月25—27日。转引自中华人民共和国教育部师范司、联合国儿童基金会：《爱生学校在中国：中国—联合国儿童基金会"爱生学校"项目》，北京，北京师范大学出版集团，2010。

② 莫尔克姆·斯克尔贝克（Malcolm Skilbeck），转引自克里姆·赖特：《教育与技术中的问题》，英联邦秘书处，2000。

③ 同②。

情况。

按照联合国儿童基金会对爱生学校的诠释，教育部根据联合国《儿童权利公约》和我国教育方针，组织国内外儿童基金会专家结合我国教育的实际情况，并经过项目校和实验区以及专家、行政部门的共同努力，对爱生学校进行了中国化的释义，提出了中国爱生学校的理念。

（二）爱生学校愿景

中国爱生学校愿景：根据联合国《儿童权利公约》和中国的教育方针，中国爱生学校旨在学校层面创建“学生中心”的教育质量模式，爱生学校要确保学校吸纳全体学龄儿童，并在教育教学过程中平等对待所有学生；要确保学校为学生提供安全、健康、有保障的学习环境；要通过渗透生活技能教育的适切课程和有效的教学，促进学生获得有用的知识、技能与态度，提高教学质量；要确保师生、家庭、地方民主参与学校管理，使学校成为一个和谐的学习社区。①

中国爱生学校的终极目标是全体学生的全面发展和个人潜能的充分展现，使每个学生都能自信而成功地学习和成长。中国爱生学校的学生要学会求知，好学、会学、学好；学会做事，应用所学解决问题，养成生活技能；学会做人，尊敬师长，尊重他人，品德良好，身心健康；学会共处，与同学合作学习，乐于助人，富有团队精神。总之，中国爱生学校的学生要在德、智、体、美、劳诸方面在个人原有的基础上都得到发展。

---

① 教育部基础教育司、联合国儿童基金会：《中国爱生学校标准实施指南（2009）》，8页，北京，北京师范大学出版集团，2009。

（三）爱生学校目标

目前，世界上已有50多个国家在实践爱生学校模式。联合国儿童基金会的目标是使爱生学校框架成为“学校质量的理想指南”①，使爱生学校成为适合不同国家不同社会经济背景的“全方位教育质量模式”，并借以推动全球范围的教育变革，促进有质量的“全民教育”目标和全体儿童最大利益的实现。②

从国际理念和国家政策的结合上，中国教育部确立的中国爱生学校目标是：第一，要在国家层面上支持、充实、影响以质量与公平为核心的教育政策；第二，要在地方层面鼓励因地制宜的政策实验，展示学校校长、教师、学生、家长、社区多方合作实施爱生学校理念和方法的创新成果；第三，在国际层面上与其他国家互相交流、互相学习实践爱生学校质量模式的经验。③

这一目标的确定，充分体现了科学发展观在教育改革中的重要指导作用。一方面坚持以人为本，促进社会、经济、文化、环境等相互协调的可持续发展；另一方面正在努力构建和谐社会。在教育领域，中国政府一方面推动义务教育均衡发展，促进教育公平；另一方面全面推进素质教育，全面提高教育质量。正如中

---

① 伍德琛（联合国儿童基金会驻华代表）在2006年9月25—27日全国“全纳与爱生学校研讨会”开幕式上的致辞。转引自中华人民共和国教育部师范司、联合国儿童基金会：《爱生学校在中国：中国—联合国儿童基金会“爱生学校”项目》，北京，北京师范大学出版集团，2010。

② 克里姆·赖特（Cream Wright）：《推行爱生学校模式，在全国“全纳和爱生学校研讨会”》（2006年9月25—27日，北京）上的主题发言。转引自中华人民共和国教育部师范司、联合国儿童基金会：《爱生学校在中国：中国—联合国儿童基金会“爱生学校”项目》，北京，北京师范大学出版集团，2010。

③ 教育部基础教育司、联合国儿童基金会：《中国爱生学校标准实施指南（2009）》，9页，北京，北京师范大学出版集团，2009。

国教育部副部长陈小娅在总结我国自 2001 年以来实施爱生学校项目的经验时所说："最为重要的，是为所有儿童提供有质量的教育，确保每个儿童得到全面发展。这与中国基础教育改革目标是相一致的，与中国政府落实科学发展观，坚持以人为本、构建和谐社会，建设社会主义新农村的发展目标是一致的。"①

（四）爱生学校的基石：儿童平等权利

爱生学校是"权利为本"、"儿童中心"的学校。我国政府参与签署的《儿童权利公约》规定的儿童权利是爱生学校理念和模式的基石。

首先，儿童的受教育权利是一种基本人权，它应该是平等的。不管性别、年龄、家庭、社会经济地位、身体状况、职能发展水平等，所有儿童都应享有平等的受教育权利。

第二，儿童的平等受教育权不只是指入学机会的平等，即所有儿童都有学可上，而且还指教育过程中保证所有儿童有安全、健康的学习环境，所有儿童受到一视同仁的对待，保障任何儿童不受到任何形式的歧视，不受到身体上、心理上的伤害；还指在教育结果上，在承认有差异的基础上，使所有儿童的潜能都能得到发挥而自由地发展。这就是说，所有儿童不但都"有学上"，而且都能"上好学"、"学得好"。

第三，儿童受教育权利不只体现在所有儿童的"群体"上，而且反映在每个儿童的个性发展中，它最终归结为每个儿童作为

---

① 陈小娅在中国"全纳和爱生学校研讨会"开幕式上的讲话，2006 年 9 月 25 日—27 日。转引自中华人民共和国教育部师范司、联合国儿童基金会：《爱生学校在中国：中国—联合国儿童基金会"爱生学校"项目》，北京，北京师范大学出版集团，2010。

“完整”个体在身体、认知、情感、态度、审美诸方面的发展。

经验证明，权利为本的爱生学校框架可以成为帮助实现儿童权利的强有力的工具，可以成为提供儿童高质量教育的强有力的工具。在国家层面，对教育部开发机构和公民社会团体而言，这种框架可以用作规范性的政策目标和计划目标，用作分配更多教育资源的合作计划重点，用作人员培训的内容。对社区、家长和学校教师、校长而言，这种框架可以用作提高教育质量的目标和手段，用作动员社会参与发展教育和实现儿童权利的有效方法。

（五）爱生学校的主要目标：教育质量

权利平等和教育质量密不可分地联系在一起。在加深认识儿童平等教育权利的同时，不可忘记，“爱生学校的所有一切，说到底都是关于质量的问题”①。

爱生学校从教育（权利）平等和教育质量两个方面的辩证结合上，力争在学校层面建立全纳、优质教育的模式。联合国教科文组织也把接受高质量的教育作为一种人权，并支持对所有教育活动采取权利本位的策略（2004）。在这种策略框架内，它认为学习受到两个层面的影响：在学习者个体层面上，教育需要了解学习者的先前知识并认可正规学习方式和非正规学习方式，反对任何形式的歧视，并提供安全的、支持性的学习环境。在学习系统的层面，则需要一种“支持结构”用以执行政

① 克里姆·赖特（Cream Wright）：“就爱生学校答记者问”，http://www.unicef.org。转引自中华人民共和国教育部师范司、联合国儿童基金会：《爱生学校在中国：中国—联合国儿童基金会“爱生学校”项目》，北京，北京师范大学出版集团，2010。

策、实施法规、分配资源和测量学习结果，从而对全民学习产生最大影响。

第三节　中国基础教育改革与爱生学校建设同步发展

一、爱生学校的中国特色

“权利为本”、“儿童中心”的爱生学校建设与我国的基础教育发展目标是一致的。爱生学校既不完全属于联合国儿童基金会的项目，也不是中国拥有的“素质教育”项目，它是通过联合国儿童基金会与中国教育部精诚合作，既体现国际教育理念，又反映中国本土特点的教育创新实验项目。

爱生学校在进行本土移植与项目实施过程中，紧密结合中国教育实际，从教育政策、教育内容、教育评估和教学方法方面充分考虑到了“中国元素”，并将其植入到了相应的维度中。

（一）“以学生为中心”的爱生理念是科学发展观“以人为本”的体现

爱生学校所倡导“以学生为中心”，实际上就是强调教育应该以学生为中心，以学生的发展为出发点，坚持学生在受教育过程中的主体地位，因材施教，注重发挥学生特长、使受教育者在受教育过程中享受公平待遇，这就是科学发展观在教育上“以生为本”的真正体现。

（二）爱生学校愿景目标体现了中国教育方针

我国教育方针一贯强调“使学生在德、智、体诸方面都得到生动、活泼、主动的发展”，爱生学校的终极目标即是“全体儿童的全面发展”，两者的共同目标是一致的。同时面向全体学生，面向学生的全面发展也是素质教育的基本要求。

（三）素质教育与爱生学校的核心都是注重教育质量

我国实施素质教育主要体现在两大方面：一个是以课程为核心的课堂教学；另一个是以能力培养为核心的全面发展，这两个方面同样也是“爱生学校”的重要内容。提高教学有效性、促进学生全面发展正是“爱生学校”所努力追求的目标。“爱生学校的所有一切，说到底都是关于质量的问题”①。

（四）儿童权利平等原则与我国《义务教育法》相一致

我国义务教育法所强调的教育的公益性、平等性和个人潜能发展、学业进步的权利以及所倡导的“义务教育均衡发展”与我国参与签署的《儿童权利公约》的原则高度一致。

（五）教学方法的传承与“参与”理念的发展

长期以来，我国教育传统中所主张的“教学相长”、“启发式教学”与国际爱生学校强调的以儿童为中心的“参与式教学”、“互动式教学”相得益彰，使教学在有效互动的基础上有力地促进学生更加主动地、生动活泼地学习。

（六）安全健康的校园与建设“平安校园”的法规政策有机融合

学校环境是学生生活的主要组成部分，而一个安全健康的环

---

① 克里姆·赖特（Cream Wright）：“就爱生学校答记者问”，http://www.unicef.org。转引自中华人民共和国教育部师范司、联合国儿童基金会：《爱生学校在中国：中国—联合国儿童基金会“爱生学校”项目》，北京，北京师范大学出版集团，2010。

境是学生成长的首要条件。我国政府为了加强学校安全于2006年修订了《义务教育法》和《未成年保护法》以及《幼儿园中小学安全管理办法》等有关法律法规，通过爱生学校“安全与健康”维度的实施，使其更具可操作性，使这些法律法规在学校中得以更好的贯穿与落实。

（七）建设和谐校园是和谐社会在学校的具体体现

近年来，党中央向全国人民提出了建设“和谐社会”的号召。全面建设和谐社会离不开“和谐校园建设”。爱生学校的“参与与和谐”就是在校内外形成“相互尊重、理解和支持”的人际关系与积极氛围，以保证学生权利的实现，这正是创建和谐校园的核心要素。

二、爱生学校框架内容与基础教育改革目标相契合

（一）《义务教育法》为全纳教育、公平教育提供法律保证

“全纳”是体现爱生学校精神的核心标准，主要是关注儿童尤其是处境不利的弱势儿童的受教育权利。中国政府从法律以及行政措施等方面确保每一个适龄儿童完整接受九年义务教育。早在1986年就颁布了第一部《义务教育法》，2006年新修订的《义务教育法》第二条明确指出：“国家实行九年义务教育制度。义务教育是国家统一实施的所有适龄儿童、少年必须接受的教育，是国家必须予以保障的公益性事业。实施义务教育，不收学费、杂费。”这就从法律的层面上，确保每一个适龄儿童都能完成义务教育。

教育公平是社会公平的底线。促进教育公平，让每一个孩子享有平等机会，才能缩小城乡差距，促进社会公平。在法律规定

的基础上，中国政府为确保全纳教育、提高教育质量，一直做着不懈的努力，到2007年普及九年义务教育地区的人口覆盖率已经达到99%，小学净入学率达到99.5%，初中毛入学率达到98%。为促进教育均衡发展，中国政府不断加大对农村义务教育的投入。2006年全国用于农村义务教育的总投入达到2177.28亿元，巨额投入保障了农村义务教育的普及和质量的提升。在此基础上，为有效促进农村义务教育的发展，缩小城乡教育差距，实施了对农村义务教育的四大工程。一是农村寄宿制学校建设工程，中央财政投资100亿元，在农村改扩建了7651所寄宿制学校，满足了195.3万新增学生的就学需要、207.3万新增寄宿生的寄宿需要；二是实施了农村现代远程教育工程，中央财政投资50亿元，地方财政投资60亿元，实现了在农村7.8万个教学点、25.1万所农村小学、近3万所农村初中的现代教育技术设备的全覆盖，其中光盘播放系统40.1万套、卫星教学收视系统27.9万套、计算机教室和多媒体设备4.5万个，大大提高了农村中小学的现代教学手段；三是从2006年开始在农村义务教育阶段的中小学实施了“两免一补”政策，到2007年春，免除了农村义务教育阶段所有学生（1.48亿人）的学杂费，年底又全部免除了教科书费，住宿生中的家庭生活困难的学生还得到了生活补助，其中小学生每天2元、初中生每天3元；四是实施了农村特岗教师计划，由中央财政出资，在全国招聘了3.3万名大学生做特岗教师，到西部13个省、395个县、407所农村中小学任教，解决了农村中小学教师不足的问题，同时，提高了农村中小学教师队伍的质量。四项措施的实施，全面提升了农村中小学的办学条件和教学质量，得到广大农村人民群众的拥护。

爱生学校所倡导的“全纳与平等”，与我国义务教育的本质要求是一致的，通过项目实施，将有利于更好地体现政府公平地对待每一所学校、学校公平地对待每一位学生的要求，从而推进义务教育均衡发展，落实教育公平。[①]

（二）全面实施的素质教育和课程改革与“学生中心”爱生理念相符合

国家新颁布的《国家中长期教育改革和发展规划纲要（2010—2020年）》强调坚持以人为本，指出教育改革发展的战略主题仍是全面实施素质教育。实施素质教育主要体现在两大方面：一个是以课程为核心的课堂教学；另一个是以能力培养为核心的全面发展，这两个方面同样也是爱生学校的重要内容。提高教学有效性、促进学生全面发展正是爱生学校所努力追求的目标。

从新世纪开始的新一轮课程改革，也努力试图通过新课程的实施，进一步提高学校的教学质量，培养学生的综合素质。目前，全国已经有1.5亿中小学生在使用新课程、新教材，普通高中的课程实验已经在全国16个省（自治区、直辖市）进行。课程改革给学校带来了新气象，学生的学习兴趣和热情高了，参与教学的积极性高了；老师通过培训、研修，提高了专业素质和教学水平，改进了教学方法，提高了教学质量。爱生学校所倡导的以学生为中心的“有效的教与学”是在贯彻教育方针，落实《义务教育法》的基础上，努力实现把学校办成高质量的学校这个总

---

① 中华人民共和国教育部师范司、联合国儿童基金会：《爱生学校在中国：中国—联合国儿童基金会“爱生学校”项目》，134页，北京，北京师范大学出版集团，2010。

目标上。

（三）创设安全健康的校园环境与“安全与健康”内涵相一致

爱生学校提出建设健康、卫生与安全的校园，这与中国政府对学校建设的要求是完全一致的。为了保证每一个学生在一个良好的环境中健康成长，2006年6月29日新修订的《义务教育法》在第十六、二十三、二十四、五十二等条中，明确指出“确保学生和教职工的安全”，“为学生提供安全保障”，“学校应当建立、健全安全制度和应急机制，对学生进行安全教育，加强管理，及时消除隐患，预防事故发生”，从健康、卫生与安全的角度对学校的管理、教育和建设等方面提出了具体要求。这些也是爱生学校的要求。

2006年6月30日以十部长令颁布的《中小学幼儿园安全管理办法》是新中国成立以来第一个专门针对中小学安全问题的法规，涉及学校卫生、安全管理方方面面的内容。涉及各个部门和中小学、幼儿园安全工作的责任、日常管理、卫生与安全教育、事故处理、奖惩等方面。爱生学校的要求与这些文件的规定是完全相同的，我们认真进行爱生学校建设，就是在认真贯彻落实这些文件，也就是在努力把我们的校园建成健康、卫生与安全的校园。

（四）和谐校园建设和民主管理与“参与与和谐”发展目标相联系

为推动爱生学校理念在中国的传播和实施，2006年11月17日，教育部下发了《教育部关于全国中小学开展创建和谐校园的意见》，旨在为学生创造一个平安、健康、文明、和谐的学习环境，保证青少年学生健康成长。和谐校园创建活动的目标和任务是：做到师生和校园安全、健康的各项规章制度和机构基本完善，校园安全卫生设施达到国家规定要求，师生的法制观念、安全防范和卫生保健意识进一步增强；重大安全事故、重大食物中毒和传染病流行得到杜绝；校园秩序井然、环境优美，以育人为本的校园文化建设取得显著成效等。为推动和谐校园和爱生学校的建设，2007 年 4—10 月，中国教育电视台、《中国教育电视报》开设专栏，对全国 32 省、市的 100 多所学校创建和谐校园爱生学校进行专题报道，进一步推动了这项工作的开展。

爱生学校是将儿童权利的理念运用于课堂和学校管理的一种手段。十六届三中全会提出的“提高全党科学、民主、依法执政的能力”，对教育部门和学校来讲，就是要提高科学、民主、依法办学、治校的能力。要提倡民主管理，提倡学生、教师、家长和社区共同参与学校的管理，使学校的管理走上科学、民主和法制的轨道。学生积极参与学校管理，会使学校管理真正从学生的视角和需求出发，符合学生的身心发展特点，使学生易于理解和接受，真正体现“以学生为本”。同时，学生在参与中自身也得到锻炼，有利于学生能力的提高和主人翁意识的形成。爱生学校的参与与和谐，旨在进一步促进学生、家长和社区参与到学校的管理中来，促进学校的民主管理，依法办学。同时促进学生更好地成长。

在中国，爱生学校建设的内涵与中国教育所追求的教育目标是一致的，因为，《义务教育法》全面涵盖了中国爱生学校的所有理念。所以进行爱生学校建设就是贯彻落实《义务教育法》，两者是完全一致的。

第四节 中国爱生学校标准及实践价值

一、爱生学校框架移植的本土化

爱生学校框架自1997年在泰国被确立之后一直处于不断发展中。中国教育部通过与联合国儿童基金会的精诚合作，在项目引进和实施过程中结合我国具体实际，进行了本土化的创新和移植，形成了既体现国际教育理念又反映中国本土特点的教育创新实验项目。

“权利为本”的爱生学校框架可以成为帮助实现儿童权利的强有力的工具。其主要特点是：

（1）学校教育是全纳的，无论他们性别、民族、文化、能力以及家庭社会经济状况如何（Inclusive-ethnically，socio-economically and in terms of ability）。

（2）学校是有效的，是培养儿童生活技能的（Academically effective and relevant in terms of life skills）。

（3）学校环境是安全、健康和保护学生的，包括学生的身体、情感和心理（Health，safe and protective physically，emotionally and psychologically）。

（4）学校管理是社区和学生家长共同参与的（Invoived with families and communities）。

（5）学校是性别平等和具有性别敏感的（Gender sensitive

and equitable)。①

以上特点经过专家的整理，形成了爱生学校的五个维度，即全纳性、性别敏感、有效教学、安全健康、社区家长参与。

在我国随后的爱生学校建设实践中，由于非本土的“性别敏感”词语对基层的教育工作者和教师来说难以理解、不易掌握，给项目开展带来一定障碍。教育部基础教育司携手国家项目专家，经过多次的研讨和调研，立足我国实际，结合基层实践，将爱生学校五个维度改编为四个维度，即全纳与平等、有效的教与学、安全与健康、参与与和谐。②

二、中国爱生学校标准框架

所谓“标准”是为了在某个领域在一定的范围内获得最佳秩序，对活动及其结果规定共同的和重复使用的规则、导则或规范。一切教育质量的计划、实践、评估和监测，都必须基于标准。教育部在基线调研的基础上，经中外专家、省/县领导、学校校长教师的共同努力，提出了由四个维度构成的“国家爱生学校质量标准框架”，而且为每项标准提出了明晰的、适切的、可测的、易操作的核心指标，包括过程指标和结果指标。这是我国爱生学校质量模式成功的特色和亮点。

根据联合国儿童基金会和中国政府在提高教育质量问题上的共识，中国爱生学校质量框架由四大维度（即方面，dimension）

① 转引自中华人民共和国教育部师范司、联合国儿童基金会：《爱生学校在中国：中国—联合国儿童基金会“爱生学校”项目》，128页，北京，北京师范大学出版集团，2010。

② 教育部基础教育司、联合国儿童基金会：《中国爱生学校标准实施指南（2009）》，3页，北京，北京师范大学出版集团，2009。

构成。每一个维度又有体现其主要内容的 3 ~ 5 个“领域”（domain）。在每个“领域”下确定核心“标准”（standards）。在项目实施和教育实践过程中，每个标准是可以测量的，也可对标准的达到程度进行科学评估和在其他条件下加以应用，所以在每个标准下都有若干核心“指标”（indicators），用以评价学校在多大程度上达到了标准，指标又可分为“过程指标”和“结果指标”。这些指标主要用于发展性评价，即指标不是用于政府自上而下对学校的评价，而是用于学校自身的质量监测和改进工作。以下是“国家爱生学校质量标准框架”①。

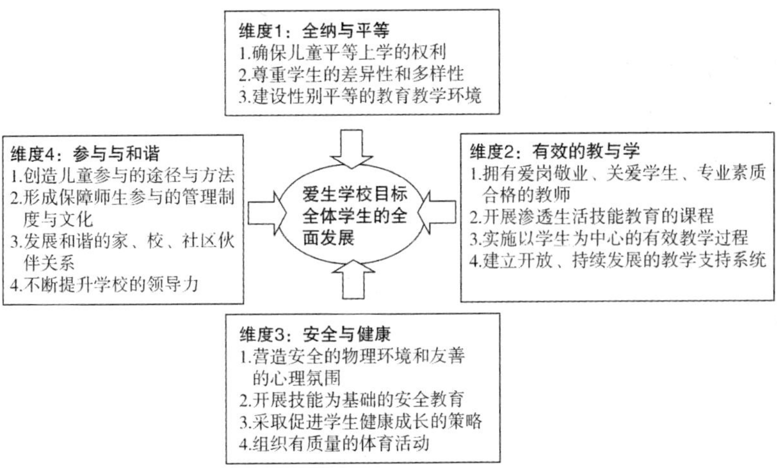

图 2 – 2　中国爱生学校质量标准框架

① 教育部基础教育司、联合国儿童基金会：《中国爱生学校标准实施指南（2009）》，14 页，北京，北京师范大学出版集团，2009。

三、爱生学校标准的实践价值

（一）爱生学校标准便于学校在自我诊断基础上改进与发展

在确立了标准框架的基础上，教育部选取了西部部分省份进行了爱生标准实施的试点工作。云南作为试点项目省之一，2008—2009 年在爱生学校项目县大理永平县、丽江玉龙纳西族自治县开展了爱生学校标准具体实施与评估活动。整个实施过程按照“标准研习—对照标准进行基线评估—聚焦问题—形成改进策略与发展计划—对改进状况进行评估”流程进行。经过一年的实验，以标准为导向的爱生学校建设活动取得了可喜的成绩。以下以永平县为例，实验前后的数据较好地反映了永平县在爱生学校标准实践过程中，以标准为“导向”，以“指标”为抓手，通过一系列行动改进策略，逐步使学校工作趋同于爱生学校的建设历程，为经验的推广起到了较好的示范作用。

表 2-1 云南省永平县爱生学校标准自评“过程指标”达标前后情况对比①

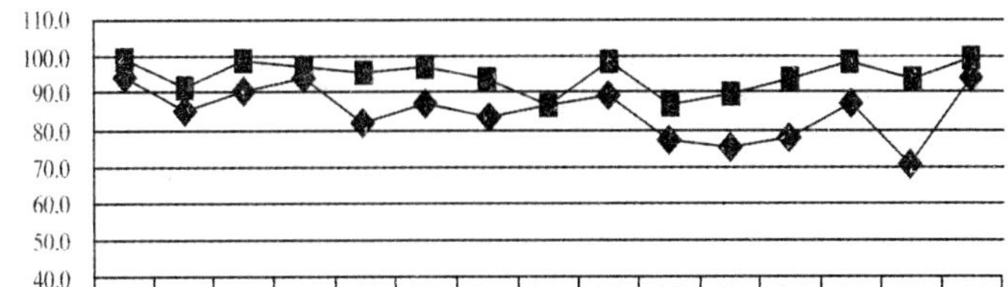

	1.1 确保儿童平等上学权利	1.2 尊重学生的差异性和多样性	1.3 建设性别平等的教育教学环境	2.1 拥有爱岗敬业关爱学生，具备专业素质的教师队伍	2.2 实施或实验渗透生活技能教育的课程	2.3 实施以学生为中心的有效教学过程	2.4 建立开放、互动、“研训一体”的教学支持系统	3.1 营造安全、卫生的物理环境和友善的心理氛围	3.2 开展技能为基础的安全教育	3.3 采取促进学生健康成长的策略	3.4 组织有质量的体育活动	4.1 创造学生参与的途径与方法	4.2 形成保障师生参与的管理制度与氛围	4.3 发展和谐的家、校、社区伙伴关系	4.4 不断提升校长领导力
	全纳与平等			有效的教与学				安全与健康				参与与和谐			
◆ 永平均值(0811)	96.7	84.8	91.1	94.2	81.3	87.6	83.1	84.2	90.1	76.8	74.9	78.1	88.1	70.4	94.1
■ 永平均值(0910)	98.6	91.2	98.4	96.5	95.9	97.4	92.5	86.6	98.2	86.8	89.5	92.1	97.5	93.4	99.7

① 资料来源于云南教育干部培训中心：《中国爱生学校标准云南实验报告》，2009 年 10 月。转引自李金芬、沈旸：《爱的追寻——爱生学校建设实践探索》，38 页，昆明，云南教育出版社，2013。

表2－2　云南省永平县爱生学校标准自评“结果指标”——“已达到”前后情况对比①

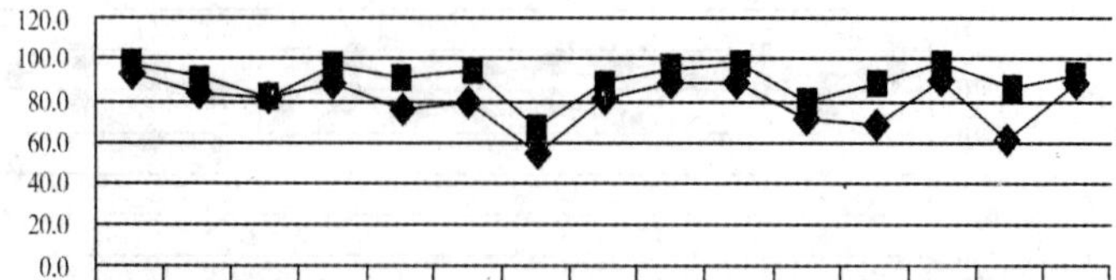

	全纳与平等			有效的教与学				安全与健康				参与与和谐			
	1.1 确保儿童平等上学权利	1.2 尊重学生的差异性和多样性	1.3 建设性别平等的教育教学环境	2.1 拥有爱岗敬业关爱学生，具备专业素质的教师队伍	2.2 实施或实验渗透生活技能教育的课程	2.3 实施以学生为中心的有效教学过程	2.4 建立开放、互动、“研训一体”的教学支持系统	3.1 营造安全、卫生的物理环境和友善的心理氛围	3.2 开展技能为基础的安全教育	3.3 采取促进学生健康成长的策略	3.4 组织有质量的体育活动	4.1 创造学生参与的途径与方法	4.2 形成保障师生参与的管理制度与氛围	4.3 发展和谐的家、校、社区伙伴关系	4.4 不断提升校长领导力
◆永平均值(0811)	96.1	81.6	81.2	86.8	75.9	81.1	51.5	82.7	91.2	85.0	71.6	66.9	91.2	58.9	87.6
■永平均值(0910)	98.7	90.4	82.0	96.8	91.7	95.6	65.0	88.5	96.5	98.5	78.9	86.5	98.6	85.3	93.6

① 资料来源于云南教育干部培训中心：《中国爱生学校标准云南实验报告》，2009年10月。转引自李金芬、沈旸：《爱的追寻——爱生学校建设实践探索》，38页，昆明，云南教育出版社，2013。

表 2－3　云南省永平县爱生学校标准自评"结果指标"——"未达到"前后情况对比①

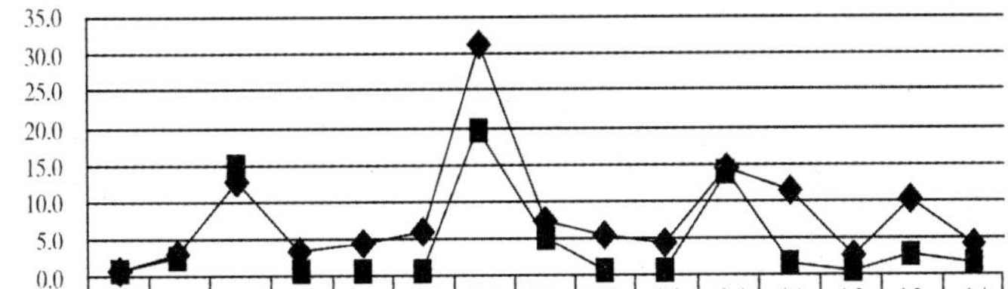

	1.1 确保儿童平等上学权利	1.2 尊重学生的差异性和多样性	1.3 建设性别平等的教育教学环境	2.1 拥有爱岗敬业关爱学生、具备专业素质的教师队伍	2.2 实施或实验渗透生活技能教育的课程	2.3 实施以学生为中心的有效教学过程	2.4 建立开放、互动、"研训一体"的教学支持系统	3.1 营造安全、卫生的物理环境和友善的心理氛围	3.2 开展技能为基础的安全教育	3.3 采取促进学生健康成长的策略	3.4 组织有质量的体育活动	4.1 创造学生参与的途径与方法	4.2 形成保障师生参与的管理制度与氛围	4.3 发展和谐的家、校、社区伙伴关系	4.4 不断提升校长领导力
	全纳与平等			有效的教与学				安全与健康				参与与和谐			
◆永平均值(0811)	0.0	4.4	13.5	3.2	3.8	6.1	31.6	8.6	5.3	3.8	14.7	12.0	1.8	9.8	3.8
■永平均值(0910)	0.7	2.6	15.8	0.3	0.0	0.4	21.4	6.7	0.0	0.0	13.7	1.5	0.0	2.1	1.1

① 资料来源于云南教育干部培训中心：《中国爱生学校标准云南实验报告》，2009年10月。李金芬、沈旸：《爱的追寻——爱生学校建设实践探索》，38页，昆明，云南教育出版社，2013。

表 2－4　云南省永平县爱生学校标准自评“结果指标”——“正在进行”前后情况对比①

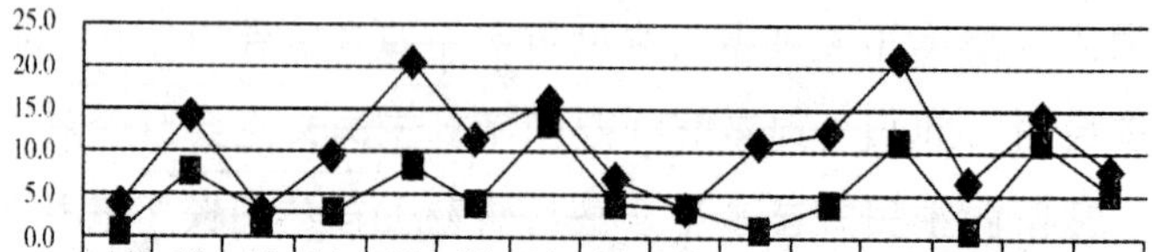

	1.1 确保儿童平等上学权利	1.2 尊重学生的差异性和多样性	1.3 建设性别平等的教育教学环境	2.1 拥有爱岗敬业关爱学生、具备专业素质的教师队伍	2.2 实施或实验渗透生活技能教育的课程	2.3 实施以学生为中心的有效教学过程	2.4 建立开放、互动、“研训一体”的教学支持系统	3.1 营造安全、卫生的物理环境和友善的心理氛围	3.2 开展技能为基础的安全教育	3.3 采取促进学生健康成长的策略	3.4 组织有质量的体育活动	4.1 创造学生参与的途径与方法	4.2 形成保障师生参与的管理制度与氛围	4.3 发展和谐的家、校、社区伙伴关系	4.4 不断提升校长领导力
	全纳与平等			有效的教与学				安全与健康				参与与和谐			
◆永平均值(0811)	3.9	14.0	3.0	9.9	20.3	12.7	16.2	7.7	3.5	11.3	13.7	21.1	7.0	14.0	8.6
■永平均值(0910)	0.0	7.0	2.3	2.9	8.3	3.9	13.2	4.3	3.5	1.5	4.2	12.0	1.4	12.6	5.3

表 2－1 中，过程指标是指规定了保证结果指标实现的必要活动。经过一年的项目实施，在标准过程指标的 15 个领域中，有 5 个领域（实施或实验渗透生活技能教育的课程，采取促进学生健康成长的策略，组织有质量的体育活动，创造学生参与的途径与方法，发展和谐的家、校、社区伙伴关系）提升了 10% 以上，有 7 个领域（尊重学生的差异性和多样性，建设性别平等的教育教学环境，实施以学生为中心的有效教学过程，建立开放、

① 资料来源于云南教育干部培训中心：《中国爱生学校标准云南实验报告》，2009 年 10 月。李金芬、沈旸：《爱的追寻——爱生学校建设实践探索》，38 页，昆明，云南教育出版社，2013。

互动、“研训一体”的教学支持系统，开展技能为基础的安全教育，形成保障师生参与的管理制度与氛围，不断提升校长领导力）提升了5%以上，项目的开展使学校多方面的工作在原有基础上得到了改进与发展。

表2－2中，结果指标是指在一定时间内要求达到的水平。按照标准诊断，结果指标可分为“已达到”、“未达到”、“正在进行中”三个层次水平。在标准的15领域中，原来只有3个领域达成率为90%以上，经过项目实施，达成率在90%以上的增至9个，项目使学校各项工作得以大幅提升，尤其在“发展和谐的家、校、社区伙伴关系”，“实施或实验渗透生活技能教育的课程”两个领域分别提升了26.4%和15.8%。

从表2－3可以看出，根据标准自测首次结果，“未达到”指标在维度二（有效的教与学）第4领域较高（31.6%），其次分别为维度三（安全与健康）第4领域（14.7%）和维度一（全纳与平等）第3领域（13.5%）。由此可以看出，我国基础教育发展目标与爱生学校标准基本一致。经过项目实施，有12个领域未达到指标，降到了5%以下。有7个领域指标在1%以下，项目成效是显而易见的。

从表2－4可以看出，由于结果指标“已达到”指标的大幅提升，“正在进行中”的指标全部下降，尤其是“已达到”指标提升较快的，“正在进行中”指标下降较多，如维度二的第2领域和维度三的第3领域。同时也看出，所有的指标离爱生学校标准尚有一定的距离，说明爱生学校的建设不是一蹴而就的，而是一项长期艰巨的学校发展改进工程。

（二）爱生学校标准为学校发展规划制定提供了有益参考

学校发展规划是在学校层面、通过自下而上的方式由学校和社区自主进行的关于学校未来发展方向的规划，是一个学校在未来三年内要达到的主要目标，包含硬件、软件。爱生学校，可以通过爱生学校标准进行自我诊断，分析学校利益相关者（如学生、教师、校长、家长），找出学校已经具备的哪些特点是爱生的，哪些方面存在问题，哪些需要改进；使学校和社区找到建设爱生学校最需要解决的问题，并以此为依据，确定学校发展规划。

（三）爱生学校标准是实施素质教育的有力抓手

所有教育质量的计划、实践、评估和检测，都必须基于一定的标准，爱生学校建设也需要相应的标准对其实践的过程及结果进行评估和检测，才能确立其是否是真正意义上的爱生学校。

爱生学校标准框架由维度、领域、标准、指标构成。维度的确立，使爱生学校理念易接受、易理解；领域使维度内涵清晰明了；具体指标的可测、易操作使实践更具目的性与方向性。有了爱生学校标准的领航，爱生学校建设的实践，在循序渐进的基础上，不仅目标清晰，操作规范，且学校能从中找到与爱生学校的差距、具体存在问题的方面，并由此制定相应的行动改进计划，为学校发展目标的达成找到了具体实施的有力抓手。

（四）爱生学校标准具有较强的适应性与推广性

爱生学校标准实验尽管是在我国西部部分省区进行的实验，但它具有较强的适应性与推广性，不仅适合农村也适合城市，既适合中国国情，也适合与中国条件相似的其他发展中国家。2010年1月，教育部基础教育司在云南丽江召开了爱生学校标准实验经验交流及推广会，来自全国近 20 个省、市、区的教育行政官员和基层一线的教育工作者参加了会议。会后，基于爱生学校标准的爱生学校建设活动先后在许多省市开展起来，目前，北京市海淀区、辽宁省沈阳市、甘肃省兰州市、河北省井陉县、济南市天桥区、成都市青羊区等地区先后成为实验区。2013 年 5 月 14 日，由国家教育部基础教育一司和联合国儿童基金会主办的全国爱生学校标准实验经验交流研讨会在济南天桥区举行，与会专家共同针对爱生学校如何建设进行了深入探讨和广泛交流。目前，教育部正在爱生学校标准的基础上，制定我国义务教育阶段学校管理标准。

第三章　云南多民族地区爱生学校建设的实证分析

云南省爱生学校建设是教育部—联合国儿童基金会“爱生学校的学校管理”项目2006—2010周期的主要工作，云南省大理白族自治州永平县、丽江市玉龙纳西族自治县是教育部确定的国家级项目县。两个项目县都是多民族聚居地区，项目学校中都有许多不同民族的孩子。永平县位于大理白族自治州西部，是一个集山区、民族、贫困为一体的农业县，属省级贫困县，少数民族人口占总人口的比例为39.1%，有回、苗、傈僳等21个民族。玉龙县是全国唯一的纳西族自治县，基本教育特征是农村教育、山区教育、民族教育。少数民族人口占总人口的比例为84.8%，有纳西、汉、白、傈僳、彝、普米等十多个世居民族。

第一节　云南省爱生学校建设发展概况

一、云南省爱生学校建设的基本情况

（一）云南省爱生学校建设目标

在云南省的项目实施中，项目组根据爱生学校理念，结合多民族地区农村基础教育学校实际，按照爱生学校四个维度的标准，在调研的基础上，以让项目学校的校长、骨干教师认识、理解、认同爱生理念，学习掌握在现实中实践爱生理念的具体方法，学会自觉地运用爱生理念改善学校管理、教育工作为目标，对项目学校的校长、骨干教师进行系统、持续的培训。以改善学校管理现状、提升学校管理水平和教育质量为目标，系统、持续地对项目学校进行指导，让项目学校的校长、教师、学生、家长理解、认同爱生学校理念后，学会以爱生的视角去看待教育、实施教育、管理学校，最终达成改善学校管理，提升校长领导能力，提升教师有效教学水平和能力。促进多民族的文化在相互交流和融合中发展，建立友善、和谐、尊重学生多样性的校园文化，为学生提供学习不同民族的文化与习俗的机会，不同的民族群体之间相互了解，培养学生跨族群交流的能力。通过多元的校园文化建设，消除因民族文化差异带来的误解和歧视以及对文化冲突的恐惧，使各种不同民族文化背景的学生一起学习、彼此尊重、相互欣赏、共同进步，最终实现促进多民族地区全体学生全面发展和个人潜能充分展现，使各个民族的学生都能自信而成功地学习和成长。

（二）云南省爱生学校建设过程

云南省爱生学校建设工作，在教育部—联合国儿童基金会专家的指导帮助下，在云南省教育厅的大力支持下，以云南教育干部培训中心为具体组织实施单位，2006—2010年间，在大理白族自治州永平县、丽江市玉龙纳西族自治县的100所有多民族学生的项目学校进行实验。项目实施期间，两个县的教育局和各项目学校按计划分别完成了基线调研、项目实施、中期评估、项目改进优化、项目总结等各项具体工作。

在基线调研中，项目组运用访谈、问卷、实地观察等方法，通过走进学校、走进课堂，深入到校长、教师、学生群体中，调查了解项目实施前学校管理、教学工作情况，了解校长、教师、学生关注的问题，了解学校管理、教学中好的做法和存在的问题、困难，对照爱生理念，对学校的现状进行了评估，完成了基线调研报告。

在项目实施中，为保证项目工作具体落实到位，项目组结合调研结果，查阅了大量文献资料，从解决学校存在问题，结合实际践行爱生理念，努力为学生创造一个平等、团结友爱、健康安全的学习环境入手，反复研究爱生学校四个维度标准在学校管理中的运用方法和有效性，结合云南项目学校的实际和项目工作目标，建立了以解决实际问题为导向，专家合力、协作共创，校长牵引、分层实施的工作机制，明确了以系统的培训和指导支持学校发展，充分调动校长、教师、学生的积极性，在实施中不断改进、创新，做好、做实每一项具体工作的目标。

项目组精心设计项目工作程序和内容，通过宣传和培训，让项目县的教育行政领导，项目学校的校长、教师、学生、家长认同爱生理念，自觉在教育活动中践行爱生理念，主动用爱生学校四个维度的具体标准去衡量和检验学校管理、教学等各项具体工作效果；通过构建好项目实施机制，建设好县、校级专家团队，以专家指导、分层实施的方式，确保了各项具体工作落实到位；通过在专家引领下，从实际出发，以目标为导向，精心设计组织每次项目活动内容，组织、实施好每项活动，确保每次项目活动都取得实质性成果等做法，做了大量卓有成效的工作，最终实现了从走“近”爱生学校到走“进”爱生学校的目标。

在总结评估阶段，项目组在与项目县、校专家团队共同学习、研究教育部—联合国儿童基金会爱生学校标准的基础上，结合项目工作情况，确立了以评价促改进、促发展的目标，制定了包括自评、专家评审等在内的评价指标体系，在组织项目学校的学生、教师、家长按照标准进行评价，学校间交流项目经验的基础上，在专家指导下，让每所项目学校找出存在的差距，明确学校改进提升的具体目标，制定出切实可行的学校发展规划。

（三）云南省爱生学校建设结果

在2006—2010周期中，大理白族自治州永平县、丽江市玉龙纳西族自治县，分别选择50所基础教育学校为项目学校。在项目专家的指导下，两个县的项目学校积极参与各项工作，先后完成了基线调研、制定项目实施计划、实施项目、对项目工作进行评估等各个环节的工作，并在整个项目周期中，通过扎实培训，做好爱生理念宣传，结合实际改善学校管理，解决学校管理中存在的问题等，让所有项目学校在没有增加资金、硬件投入的情况下，学校教育、管理的软环境得到明显改良。

从学校管理层面看，项目学校都在专家指导下，以全员参与的方式，制定了学校发展规划，明确了学校发展的方向和目标；结合项目要求，完善了相关制度，校长民主管理的意识明显提高，中层干部、教师、学生、家长、社区参与学校管理的积极性、主动性明显增强；在全校师生共同努力和自觉行动中，校园中的安全隐患被及时消除；学校实施痕迹管理的能力有效提高，学校开展各项工作、组织各项活动都有了完整的记录。

从教育层面看，师生关系得到明显改善，教师认识到不能仅用学习成绩评价学生后，更加全面地关心学生成长，学生们在切身感受到老师们的亲切、和蔼和对他们真诚的关心、呵护后，更愿意与老师们交流、相处，家长们也更愿意力所能及地配合学校做好孩子的教育、管理工作。学校教学质量得到明显提升；通过开展有效教学的相关培训，教师们改变了传统的教学理念，掌握了先进的教学方法，课堂教学的质量有了明显提升，项目实施期间，各项目学校的教学成绩都得到不同程度的提升，许多骨干教师参加不同层次的教学竞赛分别获奖。学校的教育、管理更加人性化，有效体现了素质教育的要求和爱生学校的理念。从新的视角审视教育现实，从平等地接受全体学生，为他们提供有效教学、健康安全与保护，倡导教育中的参与和谐等方面入手，关爱每一个学生，关心他们的潜能开发和全面发展，改变了过去在基础教育中以成绩作为唯一的评价标准，用成绩去看待学生未来和发展的传统观念，使每个学生都能在平等、友爱的学校氛围中充分参与，展现自我。在不断创新，提升自己能力的同时，找到自信，学会尊重他人，自如地融入到集体中去，这既体现了对学生的人性关怀，更是我国实施素质教育的要求。

二、云南省爱生学校建设的主要工作

（一）转变教育理念

教育理念是人们归纳、总结的关于教育思想、观念、概念与法则，即对“教育是什么”的认识。由于“教育在不同层面上存在，人们从不同层面或从不同的角度去认识教育，就可得出不同的关于教育是什么的回答”[①]。在我国传统的教育体制中，教育的目的除了让学生学习知识外，还承担着选择的任务，即通过层层考试，选择成绩好的学生进入更高阶段的教育和更高水平的教育，为社会培养高级人才和精英；为有效适应选择的需要，培养更多、更好的高级人才和精英，在教育过程中，人们更多地关注学生的学习成绩。因此，传统的教育理念认为，考试成绩好是学生获得良好发展的重要条件，学校教育就是以培养更多成绩好的学生、让学生更好地适应选择性教育的需要为目的。所以，在传统的教育理念下，学校更多地关注学生的成绩，并且以考试成绩作为衡量学生的重要标准。

在爱生学校建设项目实施前，所有项目学校的校长、教师、学生、家长都认为，在学校中，考试成绩好是最重要的，成绩好的学生可以顺利升入好的、更高一级的学校学习，并因此获得良好的个人发展。因此，以考试成绩衡量学生的发展水平，关爱成绩好的学生，家长要求学生考试取得好成绩成为理所当然的教育要求。在这样的教育理念下，成绩不好的学生缺乏自信，在学习过程和学校组织的各种活动中被忽视，与家长、同学、老师的关

① 叶澜：《教育学原理》，56页，北京，人民教育出版社，2007。

系冷淡；成绩好的学生只会学习，不懂得关心他人和社会，不会与人合作，生活自理能力差；学校只关注学生的考试成绩，一切工作都围绕着如何提高学生的考试成绩为目标成为教育中的普遍现象。因此，在基线调研时，校长们提得最多的问题是办学经费不足，学校硬件条件和教师待遇难以得到改善；教师们提得最多的问题是农村学生基础差，家长不能有效配合学校做好学生的课外教育工作，学生成绩提高存在较大困难；家长们提得最多的问题是农村学校不如城里的学校条件好，学生难以受到高质量的教育，将来升学、发展都存在问题；学生较集中反映出的问题是不知道学习的具体目的是什么，也不知道将来自己会怎样发展，与项目组调研过的城市学校的学生相比，项目学校的学生相对缺乏自信。

项目开始后，通过宣传儿童权利、爱生学校的理念，让项目学校的校长、教师、学生、家长认识到，“教育儿童的目的应是：(A）最充分地发展儿童的个性、才智和身心能力；（B）培养对人权和基本自由以及《联合国宪章》所载各项原则的尊重；（C）培养对儿童的父母、儿童自身的文化认同、语言和价值观、儿童所居住国家的民族价值观、其原籍国以及不同于其本国的文明的尊重；（D）培养儿童本着各国人民、族裔、民族和宗教群体以及原为土著居民的人之间谅解、和平、宽容、男女平等和友好的精神，在自由社会里过有责任感的生活；（E）培养对自然环境的尊重”①。学校不仅要教给学生知识，更要通过全纳，有效教学，创

① 《儿童权利公约》第二十九条，1989年11月20日第44届联合国大会通过。傅淳：《爱生学校与〈儿童权利公约〉——以学生为本尊重与保护学生权利的教育理念与实践》，载《学术探索》，2002（3）。

建安全、健康的环境，参与和谐，全方位地促进儿童身、心、智发展，考试成绩不是评价学生发展的唯一标准。

在爱生理念引导下，项目学校的校长、教师、学生、家长对教育和儿童发展有了新认识，并对学校发展方向和目标有了明确、具体的认识。硬件设施改善，学生考试成绩提升不再是学校发展的唯一目标，各学校结合实际，从儿童视角出发，制定出了相应的关爱全体学生，接纳社区内所有适龄儿童入学，在教学中注重与学生互动，关注学生的参与，消除学校安全隐患，整合社区资源共同建设学校，促进教育发展的行动方案，并从小事、具体事做起，认真实践爱生学校理念。

在新的教育理念下，儿童视角、儿童权利、全纳、有效教学、安全健康、参与和谐受到重视，各项目学校从改变对学生的态度开始做起，改造了原来不适合学生使用的各种硬件设施，排查了学校存在的安全隐患；从学习、生活、心理健康各方面关心学生成长；结合实际，在教学、管理中关注全体学生的参与，在校园文化建设中体现爱生学校的要求，以建设爱生学校为目标，制定了学校发展规划。随着项目推进，学校在一天天发生改变，学生与老师、校长的关系更加融洽，家长、社区学会从具体的事情做起，支持学校发展，帮助促进学生健康成长，老师们在课堂教学和日常管理中更加注重调动学生参与的积极性，更加注重发现学生的优点，从各方面关心学生成长，学生们也更爱学习，更有创造性。在大家的共同努力下，学校的教育质量逐渐提高，学校面貌一天天发生着改变，过去不平整的操场变平整了，学校的各个角落变得干净整洁，学校的每一面墙壁都因为爱生文化建设变得生动、吸引人，学校管理中各种文档、痕迹记录清晰明了，体现了各自的特点。

（二）将爱生理念转变为可操作的具体行动方案

爱生学校四个维度的目标，明确了项目实施的要求，为项目学校描绘出理想的发展蓝图。但“全纳与平等、有效的教与学、安全与健康、参与与和谐”四个维度的要求高度概括，云南的项目学校均处于欠发达地区的农村，不同学校存在着不同的问题，发展中面临的困难和障碍也不一样，各学校校长、教师的素质参差不齐，如果不能将统一的目标与不同学校的具体实际有机地结合在一起，不能将高度概括的标准转化为可以引导学校改进管理、提高教学有效性的具体行动，在项目实施过程中和项目结束后，不能客观、具体地评价学校在项目干预下发生的变化，爱生学校建设的理念再好，也只能停留在理论、口头上。

为将抽象、概括的爱生学校理念转变成具有实践性、可操作性的具体学校改进行动，在国家项目办公室的指导、支持下，云南省项目办公室根据国家爱生学校标准，组织各项目学校的校长、教师从所在学校的实际出发，以尊重儿童权利的视角，对照爱生学校的标准，从学校工作的各方面认真查找当前的学校与爱生学校目标之间存在的差距，并在梳理、反思查找出的问题的基础上，提出切实可行的改进方案，汇集成具有可操作性的《爱生学校标准自我诊断手册》。

《爱生学校标准自我诊断手册》首先认真解读爱生学校四个维度标准，明确每个标准的实际意义和需要达到的目标。

如对维度一“全纳与平等”的解读：“全纳与平等”是体现爱生学校精神的核心标准。“全纳”是指学校积极动员并帮助每个适龄儿童，特别是处境不利儿童入学，并从学校教育中受益；

“平等”是指关注男女儿童平等的入学机会和发展，营造无歧视的、尊重学生多样性和差异性的学校环境。

学校应主动、积极地为所有适龄儿童提供入学机会和创造平等就学条件，并且要特别关注女童、残疾、贫困以及流动和留守儿童在入学过程中所面对的特殊困难：

（1）无论学生背景和能力如何，都能够在教育中得到平等对待；并能够获得未来发展中所需要的基本知识、态度与技能；

（2）尊重和理解民族学生基于文化、语言、家庭、经验等方面的多样性，建立包容、友善、平等、尊重的校园文化；

（3）学校提供无性别歧视的教育教学环境，为女孩和男孩平等走向社会做好准备。

《中国爱生学校标准》对爱生学校四个维度标准涉及领域的划分如表 3－1 所示：

表 3－1　《中国爱生学校标准》对爱生学校四个维度标准涉及领域的划分

爱生学校标准	涉及的领域
维度一：全纳与平等	1.1 确保儿童平等上学权利
	1.2 尊重民族学生的差异性和多样性
	1.3 建设性别平等的教育教学环境
维度二：有效的教与学	2.1 拥有爱岗敬业、关爱学生、具备专业素质的教师队伍
	2.2 实施或实验渗透生活技能教育的课程
	2.3 实施以学生为中心的有效教学过程
	2.4 建立开放、互动、“研训一体”的教学支持系统

续表

爱生学校标准	涉及的领域
维度三：安全与健康	3.1 营造安全、卫生的物理环境和友善的心理氛围
	3.2 开展技能为基础的安全教育
	3.3 采取促进学生健康成长的策略
	3.4 组织有质量的体育运动
维度四：参与与和谐	4.1 创造学生参与的途径和方法
	4.2 形成保障师生参与的管理制度与氛围
	4.3 发展和谐的家、校、社区伙伴关系
	4.4 不断提升校长领导力

在解读标准的基础上，我们结合实际，和项目学校的全体师生一起，进一步细化、明确爱生学校每个维度标准涉及的领域，最后，针对学校每个领域工作的改进和测评，制定出对应的过程指标和结果指标，形成《云南省爱生学校标准自我诊断手册》，使爱生学校标准变成了切合学校实际，可操作和检测的具体行动指南。表3－2为维度一“全纳与平等”的详细列表。

表 3－2　《爱生学校标准诊断手册》中相关领域对应的过程指标和结果指标样例表[①]

领域	标准	过程指标	结果指标
1.1 确保儿童平等上学的权利	1.1.1 全纳教育成为学校办学的理念	学校的校训、宣传栏，学校重要会议中有爱生与全纳方面的内容。	全纳教育成为学校制定其发展计划的基本概念
			有更多的校长、教师和家长知晓儿童权利的基本内容
		学校以强调儿童平等入学权利的措施并能执行	儿童在描述学校生活时表现出更强的权利意识、责任意识和参与意识
		教职工都学习过《义务教育法》和《儿童权利公约》，并了解其基本内容	每个学生都能获得免费的义务教育
	1.1.2 学校积极动员并吸纳每一个适龄儿童入学	学校定期参与公安、民政、计生等部门联络，掌握辖区内所有学龄儿童的数字及分布情况	入学率，特别是社区内有特殊需求的儿童入学率
		招生政策中，对各类入学有困难的儿童有登记并提供便利的措施，如放宽入学年龄、提供双语教学环境以及生活关照等	女童入学率
		学校有具体的工作措施保障入学有困难的儿童顺利入学	
		学校有针对性地对家长宣传儿童（尤其是女童）的入学权利和意义	
	1.1.3 学校具有“控辍保学”监控机制	学校针对所有儿童，尤其是特殊需要的儿童的上学情况建立了个人档案和变动记录	所有儿童，尤其是有特殊需要的儿童入学后的保持率
		将学生的出勤、考勤率纳入学校的自评和教师考核体系	
		严格执行学生考勤制度，学生出现缺勤情况时教师能够积极寻找解决办法	有更多的教师对家庭有特殊困难的儿童和厌学儿童的了解情况
		学校的领导和老师与社区合作防止有学生流失，帮助失学儿童重返校园	

① 李金芬、沈旸：《爱的追寻——爱生学校建设实践探索》，156 页，昆明，云南教育出版社，2013。

《云南省爱生学校标准自我诊断手册》，在对爱生学校标准进行认真、细致研读的基础上，对每个标准涉及的领域仔细划分，确定每个领域切合实际的过程指标和结果指标，让每个标准都变成了与学校现实相对应的改进、发展目标，让爱生学校的理念转化成了清晰、具体、切合实际、具有可操作性和可检测性的具体行动计划，使建设爱生学校的美好愿望变成了以爱生学校标准为指南的具体的学校教育教学活动改进行动。

从 2008 年 11 月开始，我们在永平、玉龙两个项目县 13 个乡镇的 35 所项目学校，组织全校师生一起，查找学校在管理、教学中存在的问题，针对问题和爱生学校建设的目标，共同制定《爱生学校标准行动方案》，并按计划付诸行动，以实际行动改进学校管理和教学工作。经过总结试点经验，于 2009 年 4 月开始在所有的项目学校和项目县所管辖的 120 个教学点全面实施《爱生学校标准行动方案》，并取得了可喜的成绩。

例如，维度一“全纳与平等”标准，所有项目学校都建立了特殊需要儿童分类登记表；有的学校建立了以留守儿童为中心的学生关爱网络，有的学校建立了特殊儿童成长档案；有的学校通过增强学校凝聚力、加强家校联系，有效控制了在读学生辍学。

维度二“有效的教与学”标准，教师们积极开展校本研修，组织专项学习活动，共同切磋提高教学技能和质量的方法，有的学校建立了教师反思模板，帮助教师在定期总结、反思教育工作的过程中不断提升专业水平。老师们工作态度的转变、教学技能的改进，使学生学习的主动性、积极性得到明显提高，课堂不再是死板、僵化的老师从头讲到尾，教学内容也不仅仅只局限于书本知识的记忆。评价方式的改变，让每个学生都发现了自己的优势，增强了自信心，曾经呆板的课堂，变成了自主学习、交流的场所，所有项目学校的教学质量都有了明显提升，在2009年玉龙纳西族自治县组织的“小学教学课堂竞赛中”，有20名项目学校的教师参赛，其中5人获得一等奖，4人获得二等奖，5人获得三等奖。①

维度三“安全与健康”标准，所有项目学校都改进了安全管理工作，结合实际建立了相关的规章制度，如安全工作计划、安全工作管理规定、安全工作责任书等。有的学校通过设立安全标语、安全提示牌提醒学生增强安全意识；有的学校通过排查安全隐患，加装了楼梯护栏、教室窗户玻璃、宿舍到厕所的路灯，平整了有坑的操场，消灭了校园内树上的害虫；各学校还结合实际教授生活技能、组织防灾、逃生演练等活动，为学生营造安全健康的校园环境做了许多实在而有成效的工作。

维度四“参与与和谐”标准，所有学校都建立了家校联系制度，通过不同的方式与家长、社区交流，让家长、社区在了解学校、了解爱生学校建设目标的基础上，积极主动地关心、支持学校发展。在项目实施过程中，有许多学校的家长主动参与到学校管理工作中，如通过做义工的方式帮助学校平整操场，打扫环境卫生，给学校送柴，积极为学校改进管理建言献策等；社区也更加主动地关心学校的发展，配合学校做好特殊需要学生的档案管理工作，力所能及地为学校解决困难。

在项目周期末，各个项目学校对照爱生学校标准进行自评，

---

① 资料和数据来源于笔者主持的云南省教育厅教育基金重点项目（2009—2012年）《爱生学校视野下的学校发展规划》的课题实地调研。

每个指标的达标率都有了显著提升，详见下图：①

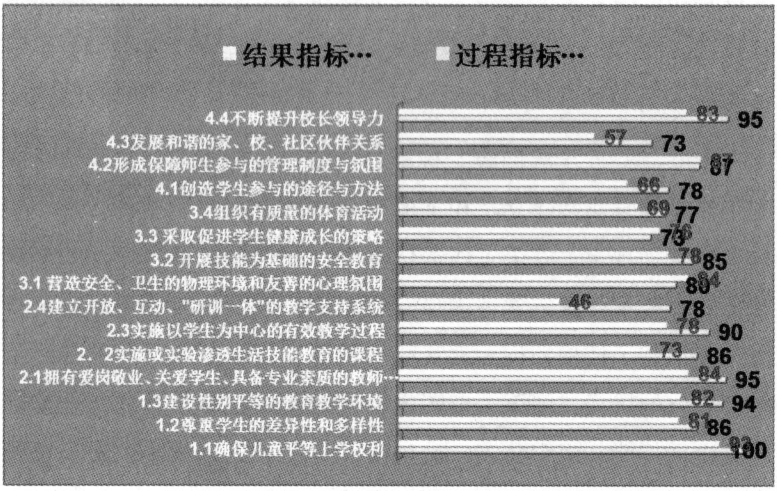

图 3－1　云南省爱生学校标准自评情况统计图

（三）达成项目目标，形成学校发展规划

爱生学校项目是用爱生理念引导并促进学校发展，努力实现提升学校管理水平和教学质量，为不同民族、不同背景的儿童提供健康、安全的学习环境，最终促进全体学生全面发展和个人潜能充分展现的综合性教育实验项目。其具体目标之一，是帮助学校结合实际制定贯穿爱生理念的学校发展规划，并通过实施发展规划，有效整合社区、学校教育资源，改善学校管理，提升校长的领导能力。

① 资料和数据来源于笔者主持的云南省教育厅教育基金重点项目（2009—2012年）《爱生学校视野下的学校发展规划》的课题实地调研。

学校发展规划制定的兴起于20世纪80年代中期的英国，其最广泛的意义是把理性的系统分析运用于学校发展进程，使学校能更有效、更切合实际地满足学生及社会的需要与目标，它强调通过制定和实施发展规划以实现学校教育的发展与提高，是一种政府间接管理学校的较好方式。近年来，学校发展规划制定成为国内外学校教育改革的一个新热点，对于每一所学校，学校发展规划都是办学指南，是实现学校管理目标的重要组成部分，是明确学校发展目标、进而执行规划、推动学校不断前进的重要手段。但在现实中，学校管理者不能运用制定学校发展规划的科学方法与技术手段制定学校发展规划，仅仅只是凭借经验、想象或模仿其他学校的发展情况来设计学校发展蓝图，而且制定规划时，更多地关注于对目标的描述，忽略了对实现目标路径的规划、设计，以至于制定的规划缺乏可操作性，成为了学校领导、老师心理安慰或精神寄托的东西和供上级检查的一种摆设。在项目实施中，通过设计并组织学校管理者进行系统培训，使他们在认同爱生学校理念，了解学校发展规划制定的基本要求，并熟知学校发展规划制定要点、流程和基本方法的基础上，与全校师生一起设计学校发展愿景，制定出切合实际的学校发展规划，并提出具体的实施方案，将规划目标分解到学校教学、管理的具体工作中后按要求实施，定期监测评估。项目结束前，所有项目学校都完成了学校发展规划草案的制定，并通过实施规划，有效改进了学校管理工作，提升了教学质量和学校管理水平，许多项目学校在没有更多资金、硬件建设投入的情况下，发生了显著变化，校园更整洁，更有文化氛围；师生关系更融洽，学生的笑容更灿烂；学校的各种管理制度更健全，执行也更有效；校长、老师对学校的发展目标认识更清晰，解决教学、管理中存在问题的办法更多、更有效；学校的各项工作得到家长、社区、教育行政部门的认可和肯定。

三、云南省爱生学校建设取得的成效

五年的项目实践工作，在各级教育行政部门的重视、关心、支持下，通过各级项目专家和项目学校全体师生员工的共同努力，在做了大量扎实、细致的工作后，项目学校发生了显著、可喜的变化。在基本没有增加办学、硬件建设资金投入的情况下，项目学校校长、教师、学生的理念、态度、行为发生了显著变化，从对爱生学校理念的懵懂理解，囫囵接受，到将四个维度的标准自觉转化为改进学校管理，提升教学质量，为学生营造安全健康校园环境的自觉行动。项目学校的学生更加阳光，充满活力和自信；校长、老师对教育的真谛有了正确认识，更加清晰地知道学校教育的目标和发展方向，在为建设爱生学校的努力中苦着、累着、默默奉献着，并快乐着；校园环境更优美，在爱生文化的浸润下更加和谐、健康、安全。

（一）为提升农村薄弱学校创造了示范模式

项目所涉及的都是欠发达地区的农村学校，在项目实施前，所有学校都面临着办学资金不足、硬件设施差、教师工作积极性不高、学生学习存在较多困难的现象。与爱生学校四个维度的标准比较，校长、教师、学生、家长在理念和行为中都存在一定的差距。

1. 项目实施前学校现状

在项目实施前，我们分别在两个项目进行了基线调研，通过查阅文献资料、实地考查、访谈、问卷的方式对项目学校的情况进行了调查，对于爱生学校四个维度的标准，基线调研的情况如下：

（1）关于全纳和平等。a. 关于儿童失学、辍学的情况：两个县小学入学率都达到了 99.8%，但学校关注的仅只是入学的儿童，对于社区内其他儿童失学、辍学的情况，80% 的校长都不清楚。b. 关于尊重民族多样性：两个项目县都是多民族聚居地区，项目学校中都有许多不同民族的孩子，但调查结果显示还有 30% 以上的校长、23% 以上的教师认为学校不能充分尊重不同民族的习俗，有 46% 的学生认为教师上课时不能照顾到不同民族学生的习俗。c. 在安排座位、选派班委等日常管理工作中，也有相当比例的教师没有意识到需要尊重来自不同家庭背景、不同民族的学生。[①]

（2）关于有效的教与学。a. 关于如何看待学生学习成绩的差异：调查结果显示，有 91% 的教师认为学生成绩不好的原因是未能掌握必要的学习方法，59% 的教师认为是学生不够努力，有不到 28% 的教师认为是因为学生间存在性别、民族、智力的差异；校长则普遍认为学生成绩不好的原因，主要是受家庭文化背景的影响，课程内容、教学方法不适合学生的学习，教师没有进行有效的教学，对于学习有障碍的学生，校长认为 60% 以上的教师会积极与他们沟通，发现造成他们学习障碍的原因并给予帮助。b. 关于教师对职业的态度：调查显示，有 86% 的教师非常喜欢或比

① 资料和数据来源于笔者主持的云南省教育厅教育基金重点项目（2009—2012 年）《爱生学校视野下的学校发展规划》的课题实地调研。

较喜欢所从事的工作，有13%的教师不太喜欢或非常不喜欢所从事的工作。c. 关于支持教师专业发展：有45.6%的老师肯定学校有集体备课的规定，58.1%教师肯定学校会安排教师定期交流教学经验、讨论教学问题，有43.7%的教师肯定学校经常给老师提供教学资料，大部分教师备课都是用传统的查阅书本资料、写教案的方式进行，只有很少量的教师会应用互联网、多媒体计算机等现代化设备查阅资料。d. 关于课堂教学：主要以教师讲授为主，为了解学生学习情况，帮助学生有效掌握知识，教师一般通过在课堂上组织讨论、练习、提问、使用教具或学具、介绍相关的背景知识或关联知识等活动丰富课堂教学内容，有80%的学生认为老师上课生动有趣。但在访谈中，也有学生反映，少数老师的教学态度不够好，如在课堂上对学生发火，有时体罚学生，帮助学生解决困难不耐心；少数老师教学技巧不够好，如教学方法单一，不能提起大家学习的兴趣，讲课速度太快，有些内容讲不清楚；有些老师在处理与学生的关系时不注意方法和技巧，让学生感觉老师不愿意与学生交流，不倾听学生的意见，老师偏爱某些同学；在教学内容安排方面，有部分学生反映语文、数学等主课占用其他课的情况时有发生等。①

（3）关于安全与健康。从对校长、教师、学生家长的问卷调查中反映出，在安全与健康环境的建设上，项目学校都有一定的基础，在重视校园整洁、校舍建设、安全防范和学生饮用水清洁方面做了很多工作，但还有一些需要重视和改进的地方。调查统

① 资料和数据来源于笔者主持的云南省教育厅教育基金重点项目（2009—2012年）《爱生学校视野下的学校发展规划》的课题实地调研。

计结果显示，有近一半的学生认为学校没有组织学生体检，24%的学生认为在学校不能喝到干净的饮用水，近13%的学生并不感到在学校很安全，36%的学生认为学校小卖部出售的小食品不卫生，还有少数老师用体罚的方式教育学生。对校长和教师的问卷调查发现，学校操场等相关设施的建设、学生健康检查和培养学生健康、安全意识方面的工作还存在不同程度的问题，如操场不平整，学生宿舍卫生差，学校没有相关的宿舍、食品安全管理办法等。①

（4）关于参与与和谐。调查发现，大多数学校都相对封闭，未能很好地融入社区的发展中去，具体表现为：a. 大部分学校与外界的合作仅限于家校合作；b. 虽然校长意识到学校的发展与社区的协调和学生家长的支持密不可分，但在具体管理中，学校对社区适龄儿童的关注点仅局限于进入学校的儿童；c. 只有34%的校长则认为学校运动场、图书馆等资源向社区开放是有必要的，而20%的校长认为是没有必要或从未考虑过。关于家校合作，在对校长、教师、学生、家长的调查中发现，家校合作的方式较多地局限于召开家长会的形式，较少有家访和一对一与家长交流学生情况的活动，有55%的校长、67%的家长承认学校每月召开一次家长会，进行家校联系；只有19.8%的教师定期家访，22%的家长认同教师经常家访；学校与家长联系的内容主要是让家长知道学生的成绩和出勤情况。②

（5）关于学校的硬件设施。经过实地考察，项目学校都配备

① 资料和数据来源于笔者主持的云南省教育厅教育基金重点项目（2009—2012年）《爱生学校视野下的学校发展规划》的课题实地调研。

② 同①。

全了基本的教学设施，虽然有部分学校的教室、黑板、课桌（椅）破旧，学生运动场地不符合标准，但都能基本满足教学要求，保障正常教学的开展。较突出的问题有：图书资料少、内容陈旧，教具和学生运动器材少、破旧。关于多媒体远程教学设备的情况：玉龙全县所有的项目学校都配备了教学光盘播放系统，超过50%的项目学校配备了卫星教学收视系统；永平县项目学校通过农村远程教育工程均配备了远程教育设备。即每所学校都配备了卫星教学收视系统，含数字卫星接收机、带刻录功能的计算机、29寸带VGA接口电视机和DVD机等，能够接收卫星传输的教育资源。村小则配备了教学光盘播放系统（模式一），含电视机、DVD机等。玉龙纳西族自治县学校的计算机不能联网，但永平县学校的计算机基本能够联网。①

从基线调研结果我们可以看到，在项目实施前，学校在管理和硬件建设方面都或多或少地存在问题，但比较突出的是教育管理理念陈旧、学校发展目标不明确、管理办法单一、不能有效解决学校存在的问题和面临的困难。

2. 农村薄弱学校存在的普遍问题

欠发达地区的农村学校，都不同程度地存在办学资金不足、硬件条件差的问题，办学能力、水平相对薄弱。通常人们认为，农村学校薄弱，主要是因为缺乏资金、硬件条件差，并因此形成定势思维，认为要提升农村学校的办学管理水平和教学质量，首先需要解决资金和硬件建设问题。受这种定势思维影响，很多农

---

① 资料和数据来源于笔者主持的云南省教育厅教育基金重点项目（2009—2012年）《爱生学校视野下的学校发展规划》的课题实地调研。

村学校的校长都认为，要改变学校面貌，首先需要有资金支持，有了资金和建设项目投入后，学校就会变得更好，办学水平也会相应提高；教师也认为，因为缺乏资金，硬件条件差，要想发展好十分困难，并因此看不到自己事业发展的希望，很少主动去学习新的教育理论、知识，也不愿改变已经习惯了的教学方式，更不会过多地关注学生健康、全面地发展；学生和家长更认为，在农村学校上学，教学质量比城里差很多，将来在学业上要有好的发展，生活上要有好的出路很难。在这种定势思维影响下，农村学校的差距似乎是应该、必然的，是可以理解和容忍的，更是不可能改变的。

从管理学的角度看，农村学校是以教学为主要任务的正式组织，同时也是由人组成的，受社会政治、经济、科技、文化影响，时刻在与社会的大系统交换信息、资源，并在交换中运动、变化、发展，又反作用于社会的一个社会系统。作为一个社会系统，学校有自己的目标、任务、结构、功能，与其所处的环境既相互联系也相互区别，并因此具有复杂的社会关系网络和自己独特的文化，但同时也具有社会系统共性的特征，符合社会系统运动、变化、发展的规律。20 世纪中期，许多学者经过研究，揭示了社会系统运动、变化的规律、特点，并在此基础上，提出了与社会系统相关的一些原理和假设，主要有：a. 社会系统是开放系统，学校受社区价值观和社区资源的影响，受政治因素和历史因素的影响。[①] b. 社会系统是由人组成的，人们根据自己的需要和

① ［美］韦恩·霍伊、［美］塞西尔·米斯克尔著，范国睿译：《教育管理学（第七版）》，21 页，北京，教育科学出版社，2007。

角色行动，学校也不例外。c. 社会系统包含相互依存的部分、特征和活动，它们源于系统，又对系统作出贡献。当某一部分受到影响，就会波及整个系统，例如，当在学校实施新课程改革时，不仅是学生受到影响，校长、教师、家长也同样受到影响。d. 社会系统是目标导向的，事实上，社会系统的目标经常是多重的。如在学校里，学生的学习与管理是众多目标中两个主要的目标，学校系统的核心目标是为将学生培养成能适应社会发展，并能对社会作贡献的人做准备。e. 社会系统是结构化的，它需要不同的组成部分来履行不同职能并分配资源。如在学校中，教师和后勤管理人员的职能是不一样的，不同学科教师承担的教学任务也是不一样的。f. 社会系统是规范化的，正式的规章制度与非正式的规范共同规定了组织成员恰当的行为。g. 社会系统拥有独特的文化，即一套影响行为的、共享的主导价值。h. 社会系统是观念的和相对的，社会系统的结构具有普遍性，适用于各种规模的社会组织，如在学校中也可以将课堂看作是一个社会系统。这些假设表明，学校包含了许多影响组织行为的重要因素或子系统。在现实中，所有的社会系统都会以相当稳定的形式来完成某些活动与职能，系统的功能和行为除受到结构要素和个体要素的影响外，还要受到文化要素和政治要素的影响。①

从以上关于社会系统的研究中，我们可以看出，物质不是决定系统运动、变化、发展的关键因素；系统的结构、系统中个体的态度、行为，系统所处的环境、系统内外的信息交换与反馈，

① 资料和数据来源于笔者主持的云南省教育厅教育基金重点项目（2009—2012年）《爱生学校视野下的学校发展规划》的课题实地调研。

系统的产出和对社会的影响才是决定系统运动、变化、发展的重要因素。即：欠发达地区的农村学校虽然办学资金缺乏、硬件条件差，但不应该必然地导致学校的管理水平和教学质量低下。在不增加资金投入的条件下，我们仍然可以结合实际，通过挖掘学校管理的潜能，实现改善学校管理，提升教学质量的目标。如设计切合实际的学校发展愿景，总结、发扬学校管理的现有优势，发现全体师生员工所具有的、各自不同的优点，并通过肯定和发扬这些优点，提升师生员工的自信，改善师生员工的态度，结合实际，力所能及地解决学校面临的问题，改善学校现状，促进学校管理水平和教学质量的提升。爱生学校项目正是基于这一出发点，首先从平等地接纳来自不同民族、不同背景、面临不同处境的儿童开始，为学校师生员工创造了一个平等、关爱的环境，改变了对学生评价的标准，使学生在平等、关爱中增强了自信心，增强了对学校的认同和归宿感，并在此基础上积极主动地学习，自觉地配合学校做好各项管理工作。校长和教师也在从儿童视角出发认识教育现象的过程中，发现了自己需要改进的问题和提升职业能力的目标，在对学生的关爱、呵护中得到学生的认可，找到了提升专业素质和能力的动力，实现自我价值的满足，并在这种改变中消除了职业倦怠，激发出更大的工作热情。在校长、教师和学生态度、行为改变的基础上，项目又从开展有效教学、创建安全健康的学校环境，鼓励家长和社区参与，开展爱生学校标准自我诊断，制定并实施爱生学校发展规划等具体行动中，引导学校将师生的热情和潜能转化为目标明确、操作性强、结果可检测的改善学校管理和提升教学质量的活动，让校长、教师、学生、家长、社区通过参与活动，并看到预期目标的达成，认可爱生理念，形成爱生的学校文化，将建设爱生学校的美好愿景转化为实实在在、自觉自愿的具体行为，最终使项目实施与学校管理改善和教学质量提升形成一种互动、互相促进的良性循环，为创新学校管理理念，提升欠发达地区农村学校管理水平和教学质量创造一种可供借鉴和参考的有效模式。①

3. 项目实施积累了帮扶农村薄弱学校提升办学水平的经验

五年的项目实验，让我们在取得令人欣慰的成绩的同时，也积累许多帮助农村薄弱学校提升办学水平的有益经验。

（1）明确工作目标和流程，是有效帮助薄弱学校提升办学水平的基础和保障。爱生学校建设项目之所以能在云南的两个项目县顺利实施，保质保量地完成各项工作任务，取得有目共睹的成绩，与项目目标的清晰、可测，项目工作流程的标准化是分不开的。在五年的项目周期中，我们注重依托高校、教育行政部门，建立了省、县两级专业化的项目管理团队，为项目工作开展提供了必要的组织保障，在项目实施的整个周期内，项目管理团队始终坚持按照项目目标和国家项目办公室统一要求的工作流程推进工作，有效保障了项目目标的实现。

（2）专家引领，分层实施，能有效提高帮扶的质量。“爱生学校的学校管理”既是一个专业的教育项目，也是一个以实践结果为导向的项目，其成功实施的前提是各级项目专家要在深刻领会爱生学校理念的基础上，结合项目目标的要求和项目学校的实际，引领、指导项目学校的师生员工按照爱生学校四个维度的标

---

① 资料和数据来源于笔者主持的云南省教育厅教育基金重点项目（2009—2012年）《爱生学校视野下的学校发展规划》的课题实地调研。

准，开展改善学校管理，提升教学质量，改良学校氛围的具体行动，并根据行动的结果不断调整、修正项目工作，确保通过项目干预，学校管理、教学质量得到提升，学生得到健康、全面的发展。由此类推，在帮扶农村薄弱学校提升办学水平的过程中，要确保取得实效，既需要有高层次、高水平的专家将高度概括、抽象的目标解读为切合农村教育现实，与学校实际相联系的，让校长、教师、学生看得懂、做得到，可以检测的具体行动标准；也需要有来自学校的校长、骨干教师，对照标准在做实每一件事的基础上，不断反思、总结、改进、提升，通过做好每一件具体的事，推进工作；还需要有当地的专家能经常深入学校，监督、检测具体工作情况，把取得的成绩和出现的问题及时反馈给省级专家，为他们设计和指导帮扶工作提供具有针对性、实效性的信息。在爱生学校建设的实践中，云南省正是结合实际分别建立了省、县、校级专家团队，保证了项目实施全过程中专家与学校的互动，各项工作的具体落实，形成了协同合作，整合资源的良好机制，才顺利完成了项目的各项工作任务。

（3）在学习中、合作中共同成长，建设高质量的专家团队。从对爱生理念的懵懂理解，囫囵接受，到将爱生学校的理念变成项目学校师生员工共同的价值取向，自觉的具体行动，使学校面貌的焕然一新，各级专家团队正是在合作中相互学习，在学习中相互支持，随着项目推进共同成长起来的。今天，我们不仅有了能将项目成果移植到其他地区、其他非项目学校的省级专家团队，也为项目县培养了具有丰富实践经验，能从一定理论高度总结提炼项目经验，指导项目学校发展的县级专家团队。由于教育实践的不断发展变化，没有一成不变的成功模式和有效经验，为提高对农村薄弱学校帮扶的效率，省、县两级专家团队团结合作，共同成长仍然是必需的。①

（二）为贯彻落实《国家中长期教育改革和发展规划纲要（2010—2020年）》进行了有益探索

《国家中长期教育改革和发展规划纲要（2010—2020年）》指出："把育人为本作为教育工作的根本要求。要以学生为主体，以教师为主导，充分发挥学生的主动性，把促进学生健康成长作为学校一切工作的出发点和落脚点。关心每个学生，促进每个学生主动地、生动活泼地发展，尊重教育规律和学生身心发展规律，为每个学生提供适合的教育。"这是《国家中长期教育改革和发展规划纲要（2010—2020年）》提出的工作方针。"坚持全面发展。全面加强和改进德育、智育、体育、美育。坚持文化知识学习与思想品德修养的统一、理论学习与社会实践的统一、全面发展与个性发展的统一。加强体育，牢固树立健康第一的思想，确保学生体育课程和课余活动时间，提高体育教学质量，加强心理健康教育，促进学生身心健康、体魄强健、意志坚强；加强美育，培养学生良好的审美情趣和人文素养。加强劳动教育，培养学生热爱劳动、热爱劳动人民的情感。重视安全教育、生命教育、国防教育、可持续发展教育。促进德育、智育、体育、美育有机融合，提高学生综合素质，使学生成为德智体美全面发展的社会主义建设者和接班人。"这是《国家中长期教育改革和发展规划纲要（2010—2020年）》提出的战略主题。爱生学校全

① 资料和数据来源于笔者主持的云南省教育厅教育基金重点项目（2009—2012年）《爱生学校视野下的学校发展规划》的课题实地调研。

纳、有效教学的理念体现了《国家中长期教育改革和发展规划纲要（2010—2020年）》中关心每个学生，促进每个学生主动地、生动活泼地发展，尊重教育规律和学生身心发展规律，为每个学生提供适合的教育的要求。安全与健康、参与与和谐的理念体现了牢固树立健康第一，促进学生身心健康，重视安全教育、生命教育，坚持文化知识学习与思想品德修养的统一、理论学习与社会实践的统一的要求。

云南地处西部欠发达地区，教育发展需要关注边疆、民族的特点，而且由于省内各地区社会、经济发展水平不一致，教育中发展水平不均衡，农村教育基础薄弱，教育理念落后，管理队伍、师资队伍能力不足、水平相对较低的问题较为突出，要有效地贯彻落实《国家中长期教育改革和发展规划纲要（2010—2020年）》，实现云南省义务教育均衡发展的目标，关注农村、边疆、民族地区的基础教育发展，转变教育理念，提升管理队伍、教师队伍素质是关键。云南省爱生学校建设项目在云南农村学校的实验，在有效关注到为每个学生提供适合的教育，促进学生全面发展，建设安全健康的校园，让学生参与学校教学、管理改进的各项活动，学会与同学、家人、老师和谐相处，关心社区发展，主动参与社区服务工作，增强社会责任感的同时，引导农村学校的校长、教师转变教育理念，明确学校改进目标，并通过结合实际，制定和落实爱生学校建设的行动计划；充分调动学校领导干部、教师、学生、社区、家长关心、参与学校发展工作的积极性；全方位整合资源，从身边的小事做起，从力所能及的事情做起，转变教师对教育的认识、对学生的态度，使他们改进教学方法，改进学校管理工作，提高教学质量和学校管理水平，提高自身素质和业务能力，并取得了可喜的成就。通过各级教育行政部门、各级专家团队、各学校校长、教师大量扎实、认真的工作，项目实施五年来，在对农村学校进行硬件和办学经费投入的条件下，有效提升了学校管理水平和教育质量，创建了开放、参与、和谐，生动鲜活的校园文化氛围，改变了学校中领导与教师，教师与学生，学生与学生，学校与家长、社区的关系，有效提升了学校发展的软实力和核心能力，这些是在云南农村地区用实际行动贯彻落实《国家中长期教育改革和发展规划纲要（2010—2020年）》，实现为每个学生提供适合的教育，促进每个学生全面发展，最终实现义务教育均衡发展的目标进行的有益探索。在进一步研究在云南农村地区贯彻落实《国家中长期教育改革和发展规划纲要（2010—2020年）》目标制定相关政策、措施提供研究样本的同时，将爱生学校建设取得的成功经验移植、推广到其他学校，为更好地贯彻落实《国家中长期教育改革和发展规划纲要（2010—2020年）》树立了示范的榜样。

（三）为构建中国特色基础教育体系提供了研究样本

党的十八报告提出，要“把科学发展观作为全党、全社会必须长期坚持的指导思想”。科学发展观的核心是以人为本，在教育发展中贯彻落实科学发展观，前提就是要树立和落实以人为本的教育理念，在教育过程中，关注每个受教育者的需要，平等地对待具有不同背景、处于不同境地的受教育者，为他们提供适合的教育。爱生学校全纳教育的理念，强调每个人都有受教育的基本权利，学校要接纳全体儿童，并为他们提供合适的教育，帮助他们充分开发潜能，实现全面发展。这与我国在教育中体现以人为本的要求是完全一致的，从全纳教育与在教育中体现以人为本的理念来看，爱生学校建设是在我国教育发展中实践科学发展观的有益探索。

“全纳教育”是联合国教科文组织在1994年召开的“世界特殊需要教育大会：入学和质量”上通过的《萨拉曼卡宣言》中提出的，其本意是强调每个人都有受教育的基本权利，提出每个人都有其独特的个性、兴趣、能力和学习需要，学校要接纳全体儿童，并满足他们的特殊教育需要。但在全世界不同的社会、经济发展水平，不同的文化、教育背景下，如何解读“全纳教育”的内涵，如何有效地实践“全纳教育”，却是每个国家的教育者面临的现实问题。全纳教育的价值取向是：“关注所有儿童的教育需求、关注集体、关注合作。全纳教育从关注一部分人到关注所有学生，从关注个体到关注集体，从关注知识到关注合作，这样一种新人文主义的价值取向，对我们目前进行的教育改革和开展素质教育具有十分重要的借鉴意义。”① 爱生学校建设在云南的实践，忠实地遵从全纳教育的思想，并结合云南农村基础教育实际，把全纳教育的价值取向从抽象的理论阐述，转化成鲜活、生动的学校教育实践，在实践中创造性地激发了学校全体领导、教师的工作热情，激发了学生学习的热情，开发出许多切合实际、行之有效的关注全体学生、关注合作的学校管理和教学方法，为在教育中体现以人为本，构建具有中国特色的基础教育体系提供了具有借鉴意义和研究价值的样本。

党的十八大报告同时还提出：“努力办好人民满意的教育，教育是民族振兴和社会进步的基石。要坚持教育优先发展，坚持教育

---

① 黄志成等：《全纳教育》，59页，上海，上海教育出版社，2004。

为人民服务……全面实施素质教育，着力提高教育质量，培养学生创新精神，均衡发展九年义务教育。”① 爱生学校建设，通过系统、持续的培训，通过改进学校教学、管理等方法，以转变教育理念，实施全纳教育，实施有效教学，建设安全、健康的校园，关注全体学生，使全社会参与关心基础教育为目标，把抽象的项目目标转化成贴近学校实际的具体行动指南，转化成可操作、可检测的学校改进行动方案，并在实践中取得了有目共睹的可喜成效。当前，云南农村许多学校有漂亮的校舍、完善的教学设施，却缺乏明确的办学、发展目标，教育理念陈旧，教学方法单一，教师职业倦怠现象突出，学生学业负担过重，缺乏学习兴趣，爱生学校的成功实践经验对改变这种现状具有重大的现实意义。目前，城乡教育资源分布不均衡，农村学校发展的核心能力和软实力不足，爱生学校的成功实践经验对如何通过转变教育理念和教育行为，如何明确学校办学和发展目标，进一步提升农村学校的核心发展能力和软实力，有效缩小城乡教育差距，实现教育均衡发展，也具有重要的现实意义。

项目实施中，通过持续的支持培训和学校改进指导，建立国家、省、县三级专家团队共同支持项目工作有效开展的模式，爱生学校的成功实践经验在目前国家、省各级教育行政部门大力关心重视教育干部培训、教师培训的背景下，为如何提高培训的实效性和针对性，让有限的培训资源更好地服务学校发展，提供了可供参考和研究的样本。

---

① 胡锦涛：《在中国共产党第十八次全国代表大会上的报告：坚定不移沿着中国特色社会主义道路前进，为全面建成小康社会而奋斗》，见本书编写组：《中国共产党第十八次全国代表大会文件汇编》，北京，人民出版社，2012。

第二节　大理白族自治州永平县爱生学校建设实证调查

一、永平县情及基础教育发展现状

（一）基本县情

永平县位于云南省大理白族自治州西部，具有以下几方面的特点。

1. 建置久

永平在东汉永平十二年（公元 69 年）就已立县，当时名为博南县，1956 年 11 月，大理白族自治州建立，永平县隶属其管辖至今。

2. 开发早

在新石器时代，就有人类在此繁衍生息。长期以来，永平一直是内地通往边疆及东南亚国家的重要交通门户。通过其境内的具有“西南丝绸之路”盛誉的博南古道，比北方的“丝绸之路”早两个多世纪出现，是我国沟通内地和边疆，通往南亚和西亚以及欧洲的国际大通道。

3. 山区广

在全县总面积中，高山占 8.1%，山地占 85.7%，河谷平坝仅占 6.2%。

4. 民族多

永平境内居住着汉、彝、回、白、苗、傈僳等 22 个民族，总人口近18万，其中少数民族人口近7万，约占全县总人口的38.9%，是一个典型的多民族聚居县。

5. 欠发达

永平至今仍以农业为主要产业，且因自然条件差、生产水平低，经济发展相对落后，属国家级贫困县。[①]

（二）项目实施初期基础教育发展状况

全县共有各级各类学校107所，其中中小学97所，在校学生约2.3万人，基础教育发展具有以下特点。

1. 学校分布散，办学效益低

97所中小学，每个学校的平均在校生人数不足250人，基础教育办学布局散、规模小、效益低、成本高的特点较为明显。

2. 投入不足，办学条件差

由于经济欠发达，教育投入长期不足，学校普遍存在教学用房不足、部分危房未得到改造、运动场地不足、基础设施差、教学实验仪器不足、图书老化，文体器材不足等现象。

3. 辍学率偏高

由于经济欠发达，贫困学生面大，学生毕业后就业困难，导致家长供读意识淡薄，学生求学积极性不高，虽然各级政府和学校在贯彻落实《义务教育法》，努力实现"普九"目标过程中做了大量工作，但中小学生辍学现象仍然不同程度的存在。

4. 教师队伍整体素质偏低

由于工作条件艰苦，与其他发达地区相比，基础教育教师学

---

① 资料和数据来源于笔者主持的云南省教育厅教育基金重点项目（2009—2012年）《爱生学校视野下的学校发展规划》的课题实地调研。

历层次偏低、专业结构不合理、性别比例失调的现象较为普遍。[①]

二、"爱生学校建设"项目工作情况

（一）实施"爱生学校建设"项目的主要工作

1. 开展基线调研，掌握第一手资料

2006 年 9 月 18—25 日，由省项目办公室牵头，对永平县的 50 所项目学校进行基线调研，采用实地观察、查阅资料、访谈、问卷、座谈等形式，对项目学校的基本情况进行调研。调研中，共回收统计了针对校长、教师、学生、家长的问卷 1138 份（其中校长 62 份、教师 112 份、学生 485 份、家长 479 份）。

2. 明确思路，合理制定实施计划

在调研的基础上，确立了围绕"爱生学校建设"，注重项目实施与儿童全面发展相结合，与国家对学校的综合评估工作相结合的工作目标。注重加强与省项目办的沟通、协调，结合工作建立了县项目办与各项目学校工作团队间和谐、相互信任和支持的关系。整个项目分为四个阶段，即 2006 年启动阶段，2007—2008 年实践阶段，2009 年总结、完善阶段，2010 年评估、推广阶段。为保证各项目工作有效落实，50 所项目学校都结合各自的实际拟定了项目实施计划。

3. 扎实培训，让爱生理念深入人心

思想是行动的指南，要让项目工作取得成效，项目学校师生、家长对爱生理念的认可、接受是关键。永平县主要通过培训

---

① 资料和数据来源于笔者主持的云南省教育厅教育基金重点项目（2009—2012 年）《爱生学校视野下的学校发展规划》的课题实地调研。

的方式让项目学校的校长、教师、学生、家长认识并接受爱生理念。在项目实施的第一阶段，我们借助国家级培训平台，努力打造县级专家团队，并在项目实施全过程中，努力把握好每一次参加国家级、省级培训的机会。项目实施5年来，永平县共有50多人（次）参加了国家项目办组织的培训者培训，培养了6名县级培训者。同时，还根据省项目办的要求，分批次围绕“全纳与平等”、“安全与健康”、“参与与和谐”、“有效的教与学”四个维度，有重点、有计划地对项目学校的校长、教师、学生、家长进行了爱生理念培训。通过培训，爱生理念在项目学校深入人心，为项目工作开展奠定了良好基础。

4. 开展宣传活动，认真推广爱生理念

为让爱生理念在项目学校进一步深入人心，县项目办公室专门发文组织了爱生理念宣传周活动。确定2007年10月29日—11月4日为“爱生理念宣传周”。在宣传周期间，各项目学校结合实际，充分利用展板、黑板报、校园广播、校会（班会）等形式，采取专题讲座、知识竞赛、文艺晚会、散发宣传单、书画展等手段，广泛宣传“爱生理念”，为项目顺利实施营造了良好的工作氛围。

5. 结合实际，做好农村小学改水、改厕工作

根据省项目办公室的安排，永平县以“面向农村，着眼实效”为原则，投入4万元，在博南镇曲硐村完小等10所项目学校实施了改水、改厕工程，使校园环境得到进一步改善。

6. 拓展项目，积极推进教学点建设

为加强教学点建设，项目组主动把爱生学校建设的经验拓展到教学点建设上，对60个教学点的教师进行了爱生理念和教具

包使用培训，制定了教学点建设规划，强化了乡镇中心学校对教学点的扶持和支持。

7. 因地制宜，扎实开展《中国爱生学校标准》试点工作

2008年8月14日至17日，永平县两名县级项目专家参加了贵阳凯里的《中国爱生学校标准》解读培训者培训。2008年11月7—9日，省、县两级项目专家在永平县对遴选出的20所标准试点学校的校长、骨干教师进行了《中国爱生学校标准》解读培训。培训后各学校结合《中国爱生学校标准》对照学校实际进行自我诊断，制定了实施标准的方案，因地制宜地开展了《中国爱生学校标准》试点工作。①

（二）项目实施取得的成效

1. 教师转变观念，改进方法，教育质量有效提高

在理解爱生理念后，教师认识到了从学生视角看问题、尊重学生的重要性，在增强对学生理解、关心的同时，得到了学生的认可。在教学中，教师更加公平地对待每一个学生，赏识每一个学生，尊重每一个学生；在课堂教学和学校管理中，更加重视学生的参与，尊重学生的意见和建议；更加努力地为学生营造宽松，愉悦的学习环境和氛围；更加努力地运用有效的教学策略帮助所有学生有效学习，用适应儿童能力和需要的、适当的方法评价儿童的学习；很多教师把“参与式”教学方法应用到自己的学科教学中，取得了良好的效果。通过有效教学的专题培训，教师的教学技能得到了明显提高，在大理白族自治州组织的第三届职

① 资料和数据来源于笔者主持的云南省教育厅教育基金重点项目（2009—2012年）《爱生学校视野下的学校发展规划》的课题实地调研。

工技能大赛教师组决赛中，永平县选派的8位参赛老师都取得了较好成绩，其中有7位老师都是项目学校的，水泄乡烟草希望小学的杨丽田取得了小学综合组第一名，荣获状元称号；水泄乡瓦厂完小的施余芳、北斗乡双河完小的陈奇艳分别取得小学语文组二、三名，均荣获能手称号；厂街乡岔路完小的郭晓燕、博南镇青羊完小的杨萍花分别取得小学数学组第二和第六名，荣获能手称号和优胜奖；龙街镇龙街中学的刘仕德取得中学文科组第二名，荣获能手称号；北斗乡九年制学校的张顺良取得中学理科组第三名，荣获能手称号。

2. 学生正确认识儿童权利，参与能力明显提高

通过培训和宣传，项目学校的学生对“爱生学校”四个核心维度的理念有了一定了解，认识了《儿童权利公约》，知道了儿童的“四大权利”。在对儿童权利有了系统认识的基础上，学生在参加班级管理、学校或社团组织的文娱活动等方面发表自己意见或进行自主选择的主动性有了明显增强。在家庭中，学生主动与父母交流，希望获得父母更多的尊重与接纳的愿望有了明显增强。

3. 校长更新办学理念，学校管理水平有效提高

项目学校的校长们参加了省、县级的培训后，对爱生的理念有了正确认识，并作为校本培训的培训者，对学校的教师、学生进行了爱生理念的培训。在这个过程中，校长从认识爱生理念，到理解爱生理念，再到理论结合实际对建设爱生学校进行思考，校长的办学理念有了明显转变。在实际工作中，校长不再只是把“以学生的发展为本”、“为了孩子的一切”、“一切为了孩子”、“使每一个孩子健康快乐地成长”等写入报告、贴在墙上或说在

嘴上，而是将其渗透在管理的各个环节中，处处体现以学生为中心、尊重儿童权利、重视学生全面发展。同时，校长们也认识到科学管理、民主管理的重要性，随着项目工作的推进，各个项目学校的规章制度逐步健全，各种文档完整规范；学校的重大事项也不再是校长自己说了算，教师、学生、家长对学校的发展更加关心了。在省项目专家的指导下，永平县 50 所项目学校都结合实际，在尊重儿童意见的基础上，制定了学校发展规划，形成了规范的“CFP”文本，学校的发展目标更加明确了。

4. 学校管理明显改进

各项目学校结合实际更加努力地为学生提供好的学习条件，创建卫生、整洁、优美的学习环境。如有的学校建立了“爱心图书室”、“班级爱心图书角”，教师、家长积极捐书，学生也把自己喜欢的书带到学校、带到班级，与其他同学共同分享，在分享中找到快乐，在快乐中学到知识；有的学校组织同学利用废旧饮料瓶，种上观赏植物装点教学楼走廊……教师在各种教学活动中更加重视学生行为习惯的养成教育，学校教育更加注重“亲情、友情”的培养。2006 年，永平县项目学校开展了以“爸爸妈妈我想对你说”为主题的书信比赛活动。2007 年，又以“伙伴，我想对你说”为主题开展了相应活动；2008 年开展了“我心中的奥运”和“我把快乐寄给奥运健儿”为主题的书信、绘画评比活动，通过开展活动，加强了学生与父母、伙伴等的交流与沟通，使学生学会了沟通，学会了互助，学会了合作。

5. 学校办学条件得到有效改善

在提高安全、健康意识的基础上，县教育局积极筹措资金，改善基础教育学校的办学条件。2006 年 9 月以来，共对项目学校投资140多万元，新建了2000多平方米的教学楼4幢、学生宿舍楼1幢、38平方米的厕所2个，为杉阳镇永和村完小、北斗乡九年制学校、龙街镇普渡完小等7所学校排除危房1600多平方米。国家项目办公室为教学点配备了价值100多万元的“教具包”、“运动包”和“图书包”（“教具包”255箱、“运动包”281箱、“图书包”213箱），极大地改善了教学点的教学条件。“黑板、桌椅很破旧”，“桌椅高低不适合学生的身高”，“地方小，学生课间做操站不下”，“地面高低不平”，“篮球架太高不适合学生运动”，“乒乓球台旁边的地面凸凹不平”等基线调研中收集到的问题引起了学校领导的重视，各项目学校在力所能及的范围内对以上问题进行了认真整改。项目专家、北京师范大学的刘淑兰教授2007年10月到永平县进行调研，个人捐资为博南镇胜泉完小的6名寄宿学生购买了餐桌和餐具；2007年11月，项目专家、北京师范大学的向蓓丽博士到永平县进行项目调研，个人捐资2800元人民币，与毛亚庆教授（1000元）一起为杉阳镇阿海寨完小购置了14张高低床；2007年12月，上海大众“奥运关爱大使”志愿者，在对永平县项目学校小学体育教师进行“体育运动包”使用培训过程中，将一台手提电脑赠送给龙街镇中心完小。

6. 家庭、社会积极参与教育工作

参加培训后，校长、老师增强了“参与与和谐”的意识，教师们通过家长会、家访、发放学生通知书等渠道主动与社会、家庭联系，让家长、社区更多地了解并参与学校管理；学校的领导主动、积极地加强与村委会联系，争取他们对学校工作的理解支持，使学校各项工作开展更加顺利，形成了学校、家庭、社区三位一体的教育格局。①

爱生学校项目在永平县实施五年来，项目学校一天天的变美，教师们的观念在不断更新，学生在爱的阳光雨露滋润下茁壮成长。在今后的工作中，项目组将总结经验，继续努力，把永平县建设成为爱生学校项目示范县，让“爱生”之花在博南大地永放光彩。

三、个案分析

个案一：弱势学生得到关爱

调查对象：永平县博南镇坡脚村完小；

调查时间：2010 年 9 月；

调查方法：实地考察，访谈。

调查情况：坡脚村完小是一所规模较小的农村完小，全校共有 6 个班、120 名学生，其中有个别学生因为家庭、身体的特殊原因，在学习、生活中面临着不同的困难。如学生边 × ×，男，12 岁，7 岁时父亲车祸去世，随后母亲外嫁，他长期与 60 多岁、体弱多病的爷爷、奶奶生活在一起，家庭经济十分困难。学生杨 × ×，男，10 岁，因车祸受伤导致脚部残疾，行动不便。

在实施爱生学校项目前，对这些有特殊困难的学生，学校在管理中存在一定困难，如缺乏专项经费对家庭困难的学生提供经济帮助，号召其他同学献爱心，又会面临着在其他同学不理解的情况下，会给困难学生带来过多压力的问题；对于行动不便的同

① 资料和数据来源于笔者主持的云南省教育厅教育基金重点项目（2009—2012 年）《爱生学校视野下的学校发展规划》的课题实地调研。

学，由于老师工作量都很饱和，无法抽出更多的时间和精力去帮助他，要让其他同学提供帮助，也需要做大量工作使其他同学理解并自愿行动等。

项目实施后，老师和同学们对爱生理念有了明确认识，不仅不再对面临困境的同学另眼相看，还意识到，为了让这些同学享受平等待遇，应该主动关心帮助他们，让他们在学校里快乐生活、健康成长……

对于边××同学，学校为他定期发放困难学生生活补助费，帮他争取减免了保险费，并联系爱心人士为他提供资助，在学校和老师们的关心帮助下，他顺利完成了小学学业，以优异成绩升入初中。对于杨××同学，全班同学把他作为关心帮助的对象，陪他一起玩，一起上学，一起做作业，主动找他聊天，老师经常给他补课、背他上厕所，因为杨××原来最喜欢体育课，所以每次上体育课，同学和老师都会把他背到操场边上，让他和同学们在一起，虽然他不能与同学一起活动、一起锻炼，但看着大家欢快地运动、锻炼，杨××脸上也一直荡漾着幸福的微笑。

学校还有部分留守儿童，长期不能和父母在一起生活。在开展爱生学校建设项目后，学校结合实际，成立了“留守儿童之家”，由骨干老师担任“留守儿童之家”的家长，为学生们提供各种他们需要的帮助，定期或不定期地组织活动，在让他们找到“家”的感觉后，更加自信、健康、快乐地成长。每学期，学校都会对服务范围内的留守儿童情况进行摸底，详细登记留守儿童的信息，制定相应的关怀计划，如本学期学校组织发动全校学生给贫困的留守儿童捐了学习用品和衣物，还争取到大理白族自治州粮食局的支持，对部分同学进行了资助。①

评述：让每一位面临不利处境和弱势的儿童得到关爱，在学校享受平等的学习、生活权利，是爱生学校建设的目标之一。

个案二：爱生学校建设改变了学生的不良习惯

调查对象：永平县龙门乡明德小学；

调查时间：2010 年 3 月；

调查方法：实地考察，访谈。

调查情况：两个陈姓男孩是永平县明德小学的学生，两人是好朋友，家住龙门乡石家村小龙午，都是独生子。由于父母文化水平低，爷爷奶奶溺爱，他俩自律能力较差，从上一年级开始就养成了爱逃学、离家出走的习惯。2005 年 9 月进入明德小学四年级后，班主任和老师们为帮他俩改掉不良习惯，多次耐心地对他们进行劝导，并主动关心他们在学校的学习、生活，班主任还经常家访，希望通过与家长交流、沟通共同帮助他们改正不良习惯。为防止他俩结伴逃学，还把他们调整到不同班级。但学校和家庭所做的一切并未奏效，他们经常无缘无故地悄然从学校中消失，有一次甚至三天未归，让家长和学校非常着急，当第四天深夜家长和老师们在山林里找到他们时，他俩已经面黄肌瘦，正有气无力地蜷缩在大树下的草丛中颤抖。

每次逃学后，班主任都对他俩进行严厉批评，让他俩承认错误，写检查，保证一定悔改。但没过几天，同样的逃学又再次“上演”。学校很是无奈，只能再次进行批评教育，最后只好要求

① 资料和数据来源于笔者主持的云南省教育厅教育基金重点项目（2009—2012 年）《爱生学校视野下的学校发展规划》的课题实地调研。

家长到学校陪读或让家长把他俩领回家教育。回家教育一段时间后，家长又把他们送回学校继续参加学习。就这样从四年级到五年级的两年中，他俩逃学累计达 20 余次，他们的父母为此也多次痛哭，甚至想放弃对他们的教育。

参加爱生学校建设项目后，学校通过对教师、家长、学生的培训，广泛宣传爱生学校理念，并在爱生理念指导下，对以前的教学行为和遇到的各种困难及问题进行重新反思。在此基础上，学校进行了一系列大胆的尝试和创新：如实行民主管理，让学生、家长、社区参与到学校管理中，成为学校的主人；要求教师在教学和管理中从儿童的视角看待学生的行为，不歧视任何一个学生，关爱每一个学生，耐心辅导学习困难的学生；改革课堂教学方式，提倡学生参与互助的学习形式；结合学习和教育，组织开展各种学生感兴趣的课外活动，进一步提高学生的学习兴趣，提升学生的学习能力。

爱生学校的建设，改变了每位教师和家长，也改变了每个学生，学生们都觉得自己在学校得到了他人的尊重和关爱，才发现无论自己有多少缺点和不足，教师们都在用爱心呵护他们，同学们都在关心他们，学校原来是他们温暖的家园、舒心的学习乐园。

对陈姓两位同学的教育，学校、教师也把原来以批评教育为主改为赏识教育为主，在课堂上关心他们的表现，督促他们主动参与到互助学习活动中，及时表扬他们的进步和取得的成绩。慢慢地，他们开始爱上学了，从 2007 年 9 月开始，他们再也没逃过学。有一次，校长风趣地问他俩：“你俩还当‘逃兵’吗?”他俩发自内心地说：“我们再也不会逃学了!”2008 年 6 月，他俩分别以语文、数学两科总分172分和176分的成绩升入初中。两位同学的转变，让学校、教师和家长都体会到了成功带来的欣慰。很多人都说："这两位同学能变得这么好，简直不可思议，是爱生学校改变了他们。"①

点评：将爱生理念融入教育实践中，用爱温暖、呵护每一位学生，是支持、帮助他们健康成长的最有效手段。

项目实施后，类似的案例在永平县的项目学校还有很多，由于篇幅有限，这里就不再一一列举了。

第三节　丽江市玉龙纳西族自治县爱生学校建设实证调查

一、玉龙纳西族自治县县情及基础教育发展现状

（一）基本县情

2003年4月，经国务院批准，丽江撤地设市，原丽江纳西族自治县分设为古城区和玉龙纳西族自治县。2004年4月，玉龙纳西族自治县被云南省人民政府正式列为省级扶贫开发工作重点县。

玉龙纳西族自治县地处青藏高原与云贵高原结合部的横断山脉南麓，境内山区、平坝、河谷等多种地貌并存，最高海拔5596

① 资料和数据来源于笔者主持的云南省教育厅教育基金重点项目（2009—2012年）《爱生学校视野下的学校发展规划》的课题实地调研。

米（玉龙雪山），最低海拔1219米，兼有亚热、温、寒三种气候，具有典型的立体气候特征，这里有优越的气候条件和丰富的热区资源。全县辖16个乡（镇）、97个村委会、5个居委会、1126个村民小组，幅员面积6392.6平方公里，总人口21.1万人，其中农业人口19.6万人，占全县总人口的92.9%，耕地面积67.6万亩。境内有纳西、汉、白、傈僳、彝、藏、普米等十多个世居民族，少数民族人口17.9万人，占全县总人口的84.8%，其中，纳西族11.82万人，占总人口的55.9%。玉龙纳西族自治县是一个典型的农业大县、工业弱县、财政穷县、经济欠发达县。①

（二）项目实施初期基础教育发展状况

玉龙纳西族自治县经济发展滞后，制约了教育的发展，注定了县教育的特点以农村教育、山区教育、民族教育、基础教育为主。全县共有基础教育学校129所，其中九年一贯制学校1所、初级中学13所、小学115所，在校生2.4万余人。爱生学校建设项目实施初期，玉龙纳西族自治县基础教育发展的特点如下。

1. 校点分布散，办学管理难度大

因为县城内山区多，交通不便，除县城学校外，许多农村小学的学生人数不足200人，办学管理中普遍存在着资源不足（包括师资、管理人员不足和硬件设施不足）、办学效益低、办学管理困难的问题。

2. 投入不足，教师、学生工作学习条件差

因为经济欠发达，校点多且分散，玉龙穷县办大教育的问题

① 资料和数据来源于笔者主持的云南省教育厅重点教育科研项目《云南省爱生学校建设研究》的课题实地调研。

尤其突出，长期投入不足，使农村基础教育学校教师的工作条件相对艰苦，如办公条件差、待遇差、收入低等；学校基础设施、教学设施投入不足，使学生在学校学习、生活（寄宿学生）的条件比较差，如学习中没有必要的学习资料、教具、运动器材（设施），基线调研时，全县共有51个小学的运动场地面积未达标，有的学生宿舍窗户只有木格子，没有玻璃，有的教室、宿舍是危房等。

3. 学习进修机会少，制约了农村教师教学水平、能力提升

多年来，农村教师只能参加由县教师进修学校组织的履职晋级培训，很少有机会参加高水平的培训、学习，因此他们对新教学理念、教学方法的认识、理解、运用能力很有限，只能用传统的单一的教学方法开展教学，极大地制约了农村学校教学质量的提升。①

二、“爱生学校建设”项目工作情况

（一）实施“爱生学校建设”项目的主要工作

1. 健全组织管理机制，明确工作责任

为保证项目的顺利实施，玉龙纳西族自治县成立了以分管教育的县委常委、副县长任组长，县教育局局长任副组长的项目领导小组。县教育局设立了项目办公室，由分管副局长统筹项目工作，并将各子项目划归到相应的科室进行细化管理，建立了县级专家团队，对项目学校校长和教师提出明确职责要求。

---

① 资料和数据来源于笔者主持的云南省教育厅教育基金重点项目（2009—2012年）《爱生学校视野下的学校发展规划》的课题实地调研。

2. 结合学校实际，制定项目实施规划

为保证项目实施的目的性、有效性和长效性有效落实，在对全县50所项目学校进行基线调研的基础上，分别制定了学校、县项目办公室的五年项目规划，确定2006年为项目启动阶段，2007—2008年为实践阶段，2009—2010年为总结、评估、推广阶段。

3. 做实爱生理念宣传工作

为让项目学校的校长、教师、学生、家长认识并接受爱生理念，县项目办努力把握好每一次参加国家级、省级培训机会，积极参加各种培训者培训，并组织相应的县级、校级培训。通过开展“我心目中的爱生学校”全员培训等，爱生理念深入学校师生和社区群众心中，大家自觉把爱生理念作为行动指南，爱生行动在每一个学校积极开展，一种全新的教育形式在广大师生中产生了强烈的共鸣。

4. 结合教育督查，量化项目工作

从2008年5月起，县项目办结合教育局年终教育督查工作，将“爱生学校”项目工作纳入教育局对中心校和学校的评估指标，根据实绩量化打分。各督查组深入学校，认真、细致地开展调研、督查、评估。借助督查评估的契机，各学校都把自己的爱生工作重新梳理、细化，并对两年的工作进行阶段性总结。

5. 规范管理，有效使用“三包”

结合项目工作，联合国儿童基金会于2008年初将价值近百万元的“教具包”177件、“运动包”181件和“图书包”154箱及时发放到项目学校和教学点，并通过培训和指导，要求各学校、教学点规范管理、有效使用。“三包”给各校的爱生活动注入了新活力。2008 年 4—5 月，联合国儿童基金会官员和省项目办公室领导先后对项目学校和教学点的“三包”等捐赠物资管理使用情况进行调研，各学校、教学点均顺利通过了检查验收。

6. 交流共享，促进爱生教学点建设

2009 年 10 月 15—18 日，在省项目办公室的关心、支持下，玉龙纳西族自治县 40 位校长和教师参加了爱生教学点经验交流活动。通过典型经验交流、实地考察教学点及学习大理永平教师培养及养成教育的技能和方法，教学点教师的教学及管理能力有所提高。

7. 做实培训，有效促进项目工作开展

在“爱生学校建设”项目实施的 5 年间，玉龙纳西族自治县项目学校共有 4000 多人次参加了各级各类培训近 60 期。其中，在 2006—2007 年间，开展各种培训 12 期，培训学员、县级专家、管理人员 1000 多人次。①

（二）项目实施取得的成效

“爱生学校建设”项目实施以来，随着工作的不断深入，项目学校的广大教师、学生对爱生理念有了更深刻、更全面的理解，并在此基础上，对教育有了新的认识，各项工作取得了可喜成绩和良好效益。具体体现为：

1. 正确认识儿童权利

通过学习《儿童权利公约》、《教育法》、《中小学生常规管理制度》等法律法规，广大教师对儿童权利有了正确的认识，所

① 资料和数据来源于笔者主持的云南省教育厅教育基金重点项目（2009—2012 年）《爱生学校视野下的学校发展规划》的课题实地调研。

有项目学校再没有出现过体罚或变相体罚学生的行为，也不再布置超量作业和惩罚性作业，并将单一的以成绩评价学生改为按德、智、体、美、劳全面评价学生。

2. 教学理念明显转变

项目实施五年来，项目学校的教师在深刻理解爱生理念的基础上，明确了爱生不仅仅是给予学生简单的物质、学业方面的关怀，而是要以全纳的教育理念，从学生的实际需要出发，以适当的方式帮助、教育学生，使学生心理、生理、情感、智力都得到健康成长，在爱生理念下，教师们对工作更有责任心，对孩子们更有爱心了。在培训中，通过反思“给自己印象最深的学生”活动，教师相互交流感受，认识到要公平对待每一个学生，成绩低劣并不影响学生成为一个可爱的孩子；赏识学生，让每一个学生都在感受到关爱和鼓励的环境中参与课堂学习活动，让课堂更加轻松活泼；开展无批评活动，让孩子们在宽容和被关爱中成长。这些都让老师们认识到，其实每一个孩子都是天使。

3. 学校管理更加务实有效

项目实施后，校长通过培训，在专家与同行的指导、互助下，学会了更多的有效管理学校的具体方法，如为建设安全健康的校园，校长带领教师、同学们检查校园的每个角落，清除（改造）了存在安全隐患的教学、生活设施；为更好地建设学校，校长积极向社会争取各种资金，用于维修破损的门窗、桌椅等；教师加强了对学生课外活动的指导，让学生不玩危险的游戏；有的学校还结合实际制作了安全提示牌指导学生规避危险，等等。

4. 建设美丽校园，努力提供优质环境

项目实施后，校长、师生都认识到爱生的校园是安全、美丽的。体现在行动上，是各种爱绿护绿标语、温馨提示在项目学校的校园中随处可见；学校中基本上见不到乱扔垃圾、损坏绿化的现象了。虽然教室、宿舍等设施依然简陋、陈旧，但校园更清洁，更温馨了。有的学校还得到了所在乡镇“无垃圾学校”的美称。有的学校建立了“爱心图书室”、“班级爱心图书角”，教师、家长积极捐书，孩子们也把自己喜欢的书带到学校、带到班级，与其他同学共同分享，在分享中找到快乐，在快乐中学到知识。

5. 学生们养成了良好的行为习惯

结合爱生学校建设，学校利用国旗下的讲话、班队主题活动等，有意识地培养学生们养成良好的行为习惯。同学们从不乱扔垃圾，不随地吐痰，个人卫生搞得好。他们从学会关心他人、学会感恩做起，学会了爱惜粮食，自我保护，提高了生活自理能力，提高了在学习、生活中关心他人，与他人合作的能力；教师们从关心学生饮食起居、关心学生身心健康做起，许多学校已形成了每天每位教师自觉到学生食堂、宿舍去看一看，时刻把学生的情况记在心里的习惯，形成了不再只关心学生成绩，而是从各方面关心学生、赏识学生的习惯。玉龙纳西族自治县丽金学校是彝族和纳西族学生各占一半的寄宿制学校，项目实施后，在老师的引导下，同学们在学习、生活中互相关心，互相帮助，两个民族的同学亲如一家，2006 年 11 月，学校被玉龙纳西族自治县民族宗教事务管理局授予“民族团结示范基地学校”称号。

6. 学校、社区、家长共同关心教育发展

在理解参与与和谐的理念后，学校认识到社区、家长关心学校发展，参与学校建设的重要性，通过组织家长会、家访、家长学校等活动，让广大家长在了解学校工作的基础上，更关心子女的成长，有效地调动了家长参与教育的主动性、积极性。在家长的支持下，有些学生家尽管离学校很远，但从未迟到过；在孩子上学期间，家长还会主动与老师联系，了解孩子在学校的学习、生活情况，并配合学校做好孩子的教育工作；对学生通知书中的"家长意见栏"，过去家长基本上不填写，参加培训后，大部分家长都能认真填写，并在意见栏中表达了支持把学校办好，要配合学校把子女教育好的愿望，这对玉龙纳西族自治县的许多农村民族学校来说，是一个很大的进步。同时，项目学校的领导还积极主动与村委会联系，向村委会的负责人和工作人员介绍学校发展情况，并请村委会和村长参加学校的重大活动和会议，争取他们对学校工作给予更多的理解和支持，使学校各项工作开展得更顺利。

7. 教师的教学能力和水平明显提高

教师们将爱生理念渗透到自己的教学工作中，渗透到爱生学校的建设中，收获了丰硕的成果。2006 年，在云南省优秀教学课件、课堂实录的课件制作比赛中，项目学校有 20 多件作品获奖。在项目学校调研时，与老师们交流，许多老师都欣喜地谈到，与学生交朋友收获很大，学生敢给老师提建议，老师也能从学生角度设计课堂教学，师生关系前所未有的融洽，学生的学习积极性和学习兴趣空前提高。在作文竞赛暨"第二届中国中学生作文大赛云南省'云大杯'竞赛活动"中，项目学校有近 80 名学生获奖。①

① 资料和数据来源于笔者主持的云南省教育厅教育基金重点项目（2009—2012年）《爱生学校视野下的学校发展规划》的课题实地调研。

随着项目工作的不断推进，爱生理念不断深入人心。玉龙纳西族自治县的一所项目学校在自评报告中写道："'爱生学校'像一声响亮的春雷，把润物细无声的春雨送进了我校，滋润着全校师生的心田。'爱生学校'像太阳刚升起时的第一道光芒，照亮了全校师生的心。"以前高挂的宣传语、公示栏变低了，以前愁眉苦脸的"学困生"脸上充满了自信的微笑；以前家长只是被"传讯"的对象，现在变成了学校的主人，共同参与管理学校……学校变了，老师变了，学生变了，一个个"变"显示了爱生学校的无穷力量。小草绿起来了，花儿艳起来了，树儿笑起来了，这一切的一切都显示了爱生学校的无限魅力和蓬勃生机。[①]

项目实施五年来，项目学校在一天一天变美，教师们的观念在一步一步转变、提升，学生们在爱的阳光雨露滋润下茁壮成长。

三、个案分析

个案一：营造安全健康的校园环境

调查对象：玉龙纳西族自治县黎明乡茨科完小；

调查时间：2010 年 3 月；

调查方法：实地考察，文献查阅，访谈。

2008 年 11 月，玉龙纳西族自治县黎明乡茨科完小组织全体教师进行了"中国爱生学校标准"的校本培训活动。全体教师在认真研读标准的基础上，结合学校实际进行自评与诊断，对照标

① 资料和数据来源于笔者主持的云南省教育厅教育基金重点项目（2009—2012年）《爱生学校视野下的学校发展规划》的课题实地调研。

准开展检查分析。对照检查分析后发现，在爱生学校标准的39个过程指标中，不合格的有10个，合格率为70%。在26个结果指标中有6个未达标，达标率为77%。分析不合格、不达标的主要原因有两方面：一是“爱生学校标准”的有些指标是学校无力自己达成的，如配备心理健康辅导教师，配备合格的、数量足够的体育教师、医务人员，校舍维修等；二是学校管理中还存在一些需要改进的地方，如缺乏安全、健康校园管理的制度，学生课外活动的组织开展还需要改进。①

结合对照检查发现的问题，学校发扬民主，以建设安全、健康校园为目标，制定出整改行动方案，并结合实际认真落实，主要做了四方面的工作：一是营造安全、卫生的物理环境和友善的心理氛围，系统地开展以技能为基础的安全知识教育、卫生与健康教育；二是建立完善的安全管理规章制度，并认真检查落实；三是积极争取上级部门的支持，改善学校硬件设施；四是从实际出发，提高课外活动的质量。

在上级部门关心、支持和全校师生员工的共同努力下，整改方案实施取得了明显成效：学校结合爱生理念倡导老师主动从学习、生活、心理各方面关心学生，同学间相互关爱，主动帮助遇到困难的同学，并要求每个人从我做起，从身边的小事做起。当每个人都认真按照要求做到后，校园里再没有同学间以大欺小、打架斗殴的现象，同学间、同学与老师间的关系变得非常融洽，碰到困难和问题时，大家不再相互抱怨，而是积极、主动地想办

① 资料和数据来源于笔者主持的云南省教育厅教育基金重点项目（2009—2012年）《爱生学校视野下的学校发展规划》的课题实地调研。

法，尽心尽力地解决。校园里很少再听到不文明的语言、见到不文明的行为，大家都感觉学校像一个和谐、温暖的大家庭。学校还把经常性的卫生、健康与安全教育与定期的有重点的安全教育活动，如交通安全、居家安全、校园安全、活动安全等相结合，把对学生的教育与对家长的教育相结合，提高了学生和家长的安全意识。把卫生与健康知识宣传，指导预防疾病作为一项常规工作，还组织学生进行了体检。为丰富学生课余活动 学校结合实际，安排了固定课外活动时间，除体育课、课间操外，每天下午还专门安排了一节活动课，在老师的指导下，让学生自由参加自己喜爱的文体活动，保障学生课余活动时间占在校时间的30%。每逢重大节日，还组织参加社区的文艺演出和庆典活动，课外文体活动的广泛开展，不仅使学生身心愉悦、体魄健康、个性充分彰显，而且促进了学生文明行为习惯的养成和学校教学质量的提高，增强了学校对儿童的吸引力，使学生对学校产生留恋之感、惜别之情。①

个案二：参与与和谐，共建爱生学校

调查对象：玉龙纳西族自治县白沙完小；

调查时间：2010年3月；

调查方法：查阅项目学校工作总结后实地考察，组织座谈。

“参与与和谐”是爱生学校的维度之一，其目的是让学校管理从学生视角出发，通过学校与家庭、社区的合作，促进学生在校内外学习、生活中的参与，在校内外形成“相互尊重、理解和

① 资料和数据来源于笔者主持的云南省教育厅教育基金重点项目（2009—2012年）《爱生学校视野下的学校发展规划》的课题实地调研。

支持”的人际关系与积极氛围，保证学生权利的实现，共同为学生营造一个快乐轻松和谐的学习、生活环境。

为有效实现参与与和谐的目标，白沙完小做了许多努力。

1. 创造条件，让学生参与学校管理

学校组织民主选举，产生各班的班委后，让学生制定班级发展管理计划，在此基础上，通过班主任会议的形式，将各班的发展管理计划凝练、汇总形成年级管理目标，最后形成学校管理方案。为有效落实管理方案，老师们指导学生在做好日常管理工作的基础上，学习管理的基础知识，学会做人，并在管理中形成竞争的局面，形成自我约束、自我教育、自我养成的意识。学校每周分高、中、低三个年级组，进行流动红旗的评比，内容包括教室、区域、个人卫生、课间操、纪律、佩戴红领巾以及好人好事等项目，打分时，由当日的值日老师带领各班的卫生委员进行检查，评比之后再给出相对公平的分数，周五时由值周老师总评后，公布结果，每年的元旦或“六一”活动时，根据各班的所得名次进行奖励，通过建立激励机制促进各年级、各班之间的良性竞争，让校园清洁、整洁、充满活力。

2. 鼓励教师参与民主管理

为提高教师参与学校民主管理的积极性，学校及时向教师公开学校的重大事项和重要决策情况，并在决策前、在各项工作开展前，通过召集教师会议的形式，请他们为学校工作献计策，使他们参与学校决策和管理，并分管其中相应的环节。由于学校尊重教师，教师明确自己的职责后，参与学校各项工作的积极性都很高，并能结合实际创造性地完善自己的工作，使工作效率明显提高。为增强教师的主人翁意识，学校坚持组织安排教师值日值周，让值日老师负责当天的校内安全、带学生评定每天的卫生和出勤情况，让值周教师负责周一和周五的升降旗仪式，分发值日表格，并汇总分数评定本周内的流动红旗及星期六、星期天的校园守卫工作等，这样每位老师在熟悉学校情况、管理工作的基础上增强了主人翁意识，增强了工作的主动性和责任心。

发挥校务委员会和教师委员会的作用。校务委员会由校长、教导主任、总务、党支书记、工会负责人组成，由校长主持，形成制度，定期商讨研究学校的各项工作，形成良好的学校管理机构。教师委员会则由高、中、低三个办公室主任和五个教研组组长组成，定时了解教职工的工作、生活和思想状况，明确需要及时解决的问题，与学校领导沟通信息，然后在每周一的周会中提出解决的方法，并代表教职工有针对性地研究学校的改革与发展问题，向学校领导提出建议。

3. 社会、家长参与构建和谐校园

白沙完小是农村学校，独生子女、单亲家庭多，学生沉迷于网吧、游戏室，容易被社会不良青年引诱，这些问题一直困扰着学校。在项目实施前，遇到类似问题时，教师经常会埋怨家长不懂家庭教育，不配合学校管理工作，家长则不仅不接受老师的意见，还会对学校及老师的处理反应过激，产生家校矛盾，使老师不敢管学生，学生的违纪行为不能被及时纠正。实施项目后，为促进学校和家庭的联系沟通，解决类似问题，学校积极主动，以班级为单位开展家访工作，并通过每学期一次的家长会，向家长宣传学校的教育教学情况，让家长知道孩子在学校的学习、生活情况，了解学校的工作后，理解支持学校开展各项工作。同时，学校设立了家长委员会，聘请部分热心服务的家长参加，组织他们学习有关家庭教育的知识，并让他们向其他家长宣传，以此达到向每个村、每个家庭辐射，提高家长做好家庭教育工作能力的目的。在学校举行相关活动时，邀请受奖学生家长作为嘉宾参加，在让他们感到自豪的同时带动他们以更大的热情做好家庭教育工作，参与学校管理。此外，学校还不定期地邀请社区派出所、卫生院的人员给学生做专题报告，宣传道路交通安全，预防流行疾病，防震、防盗、防火等知识，让学生明白什么可为，什么不可为，能够有效地保护自己，尽量避免受到社会不良风气的影响。为有效整合社区资源，学校领导班子积极与乡政府机关建立联系，争取各种机会，让学生得到更多锻炼机会，如每年在乡里举办的“三朵”节上，都能看到白沙完小学生的优美舞姿；一年两次的春游、秋游活动时，乡里的司机师傅都很乐意送全校师生去郊外游玩。同时，学校密切配合当地司法部门、派出所、卫生院等部门的工作，定期或不定期组织学生参观有关交通事故、毒品危害的图片展览，参加有关道路交通安全、预防疾病、防火、防盗、防震的专题报道，学习水电安全知识等活动，让学生接触社会，感知社会，了解社会，对安全事故有感性认识，使学生在耳濡目染中按照正确的要求去做，提高安全防护能力。①

教育不仅是学校的事，家庭、社会的参与是有效做好学校工作的保障，在参与与和谐的理念指引下，白沙完小的管理工作效率和水平有了明显提高。

① 资料和数据来源于笔者主持的云南省教育厅教育基金重点项目（2009—2012年）《爱生学校视野下的学校发展规划》的课题实地调研。

第四章　全纳与平等：中国特色社会主义爱生教育的公平正义

社会主义的根本目的是消灭剥削，消除贫富分化，实现共同富裕。中国特色社会主义爱生教育，坚持马克思主义以人为本思想，遵循教育公平原则，将所有个体纳入到平等的受教育范畴。主要体现在：中国特色社会主义爱生教育面向所有个体，让所有个体接受教育，享受教育权利；中国特色社会主义爱生教育向所有个体平等地提供教育资源，保障所有个体平等地享用教育资源。

第一节　全纳与平等是中国特色社会主义爱生教育的基本原则

一、所有个体平等享受教育权利

中国特色社会主义爱生教育是建立在马克思主义以人为本理论基础之上的。中国特色社会主义爱生教育之所以与西方爱生教育有不同之处，就是因为其理论基础的不同，理论基础的不同导致教育理念、基本原则以及价值取向的不同。

首先，中国特色社会主义爱生教育是建立在人民群众整体基础之上，是与中国特色社会主义的实践密切相关的。马克思在《关于费尔巴哈的提纲》中指出："人的本质并不是单个人所固有的抽象物，在其现实性上，它是一切社会关系的总和。"[①] 从这个角度看，中国特色社会主义爱生教育，是在中国特色社会主义的实践中的教育，其教育内容与中国特色社会主义政治、经济、文化、社会、生态等内容是相互融合的。换言之，中国特色社会主义爱生教育是将人的发展构建在社会发展之上的教育，注重社会发展的特定现实对教育体系的真实影响，关注教育的社会特性，注重凸显教育的社会功能和价值本位。另外，中国特色社会主义爱生教育，在给学生传递知识的同时，更注重对学生社会主义核心价值体系的传播，注重对学生中国特色社会主义文化的传播，在此基础上，不断引导学生树立共产主义崇高信念，引导学生树立科学、远大的理念，引导学生形成与社会主义核心价值体系相统一的价值观念。

其次，中国特色社会主义爱生教育是建立在每一个独特个体之上的教育，是与每一个个体的真实生活密切相关的。马克思在对人的本质问题考察时，扬弃了费尔巴哈关于只是从客体的或者直观的形式去理解，而是对人的本质问题从人的感性活动、从实践、从主体方面去理解。从这个角度看，中国特色社会主义爱生教育充分关注教学活动中人的感性活动，充分关注社会实践对人

① 《马克思恩格斯选集（第1卷）》，56页，北京，人民出版社，1995。

的内心世界发展、对人的全面发展所带来的影响，同时也充分关注人的情感、价值、理想、道德等主体性方面的问题，将人的主体性问题与社会实践结合，从社会实践中寻找来自主体性问题的困惑。中国特色社会主义爱生教育在关注重视个体的同时，更将每一个个体的主体性问题构建在现实性基础之上，没有将个人的主体性问题消融在自我意识之中，而是“在现实的世界中使用现实的手段才能实现真正的解放”[①]。

中国特色社会主义爱生教育之所以将全纳与平等作为其基本原则，主要是对当代世界教育和中国教育现实问题的回应。在这个技术主宰的时代，工具理性越来越强大，价值理性越来越式微，教育越来越远离其价值原点，越来越失去其本质特性。在人的思维异化的情况下，教育的思维也逐渐异化了，教育将其本身作为一个目的性工具，而不是作为一个价值性工具，教育过程片面强调科学技术以及实用知识的活动，而不是人的情感及人的灵魂深处的一些本真的内容，因此，在当代教育体系中，我们过多地看到教育的符号论、机械论，较少地看到教育的完整性，较少地看到教育的整体性以及教育的人文本性。在市场经济所带来丰富物质享受的今天，人们越来越喜欢丰富物质条件所带来的感官享受，因此，人们对市场经济及其价值的渴望已经超越了教育本身，特别是在教育体制机制不够完善的情况下，教育中的功利主义越来越盛行，教育逐渐成为一部分利益集团谋求利益的工具和手段，教育的崇高性和纯洁性在强大的市场、物质欲望面前失去了本来的坚挺。更为重要的一点，教育中的生命情节与价值定位

---

① 《马克思恩格斯选集（第1卷）》，43页，北京，人民出版社，1995。

也受到了很大的影响。教育是最具生命的事业，教育的根本使命在于促进生命全面和谐、自由充分、独特而又创造的发展。然而，在当今的教育中，我们过多地看到教育的科学本性，或者说知识论调，而较少地看到教育的生命本性，这是一个非常危险的信号。人的成长与发展是建立在每一个特定生命个体之上的发展，人的发展受限着生命的发展，首先是获得促进生命发展的手段和技能，其次才是专门的专业性知识。过多地重视知识的获得，必然消减学生生命能力的发展。在当前整齐划一的教育体制下，在以考试为主要手段的评价体制下，在以分数为主导方面的评价指标下，每一个个体的生命都是片面的发展，不完全的发展，生命的灵动消失了，生命的自由消减了，生命的价值失落了。因此，教育应该走出异化的洞穴，回归其价值本性，即关注人文价值与科学价值的统一，关注社会价值与自我价值的统一，关注获取知识与生命发展的统一，关注更多的生命个体的发展，关注生命发展的平等性，从而实现教育的价值理性与工具理性的合一。

中国特色社会主义爱生教育，旨在关注每一个学生的成长与发展，为每一个学生的发展提供一个公平的教育环境。中国特色社会主义爱生教育理论的出发点就是要全面实现教育以人为本，满足每一个学生基本的教育需求，实现全民教育的目标，因此，爱生教育旨在从教育体制机制上构建一个全面保障弱势群体入学的机会，旨在通过爱生的教育理念引导政府与社会全面行动起来，构建一个有机统一、互动和谐的爱生体系。在这个体系中，政府主要承担教育投入和宏观管理工作，教育部门主要承担学校的日常教学管理工作，社会组织主要承担爱生教育基金筹措以及爱生教育的宣传及咨询服务工作。中国特色社会主义爱生教育的实践归宿，就是将爱生教育理念、价值融入当前的中国特色社会主义教育体系中，丰富中国特色社会主义教育体系的内容。中国特色社会主义爱生教育在实践中充分关注学生的生命发展，将学生的生命及健康作为其首要的价值目标；同时中国特色社会主义爱生教育关注边疆民族贫困地区，致力于解决边疆地区入学难的问题；中国特色社会主义爱生教育关注学生的道德品质，将学生的道德品质发展与专业知识的发展等同起来，致力于解决当前教育价值的失落问题。因此，从总体上来看，中国特色社会主义爱生教育不仅致力于满足最广大人民群众的教育需求，更致力于解决中国特色社会主义发展对有独特创新性人才培养的需求。

二、所有个体公平享受教育资源

当前，中国正在进行一场伟大的革命，这场革命给中国社会带来了巨大而复杂的变化。中国社会的经济成分、组织形式、就业方式、分配方式、利益格局日趋多样化，人们的价值观念也逐渐向独立性、多样性、差异性发展。在这样的社会转型过程中，社会阶层结构逐渐多样化，人们的收入差距越来越明显，贫富差距问题也越来越突出，这样的变化所带来的一个重要特征，就是教育的不平等，教育资源的差距越来越大，人民群众接受优质教育资源的机会差距越来越大，人民群众接受优质教育获得发展的机会差距越来越大，维护教育公平已经成为当前中国改革面临的重大课题。因此，党的十八大之后的新的中央政府积极推进八大领域改革，教育领域改革的三大重点之一就是维护教育公平。[①]可见，让所有个体享受平等的教育已经成为教育改革的核心所在。

当前，教育资源配置不平等问题可以追溯到政治机制对教育的影响，市场经济体制改革对教育的影响。正如马克思所说："一切人，或至少是一个国家的一切公民，或一个社会的一切成员，都应当有平等的政治地位和社会地位。"[②] 政治机制对教育发展的影响逻辑路径可以这样理解：任何社会的教育权利都是政治权利让渡的一种表现行为，这种表现行为有的很直接，有的很间接，但不管怎么样，政治权利让渡到教育权利，权利的力量与价值都会发生很大的变化。在政治权利为主导的社会中，教育权利要依附于政治权利，并完全执行政治权利；在政治与社会权利的格局发生重大变化的情况下，特别是当今小政府大社会的政治生态下，教育权利往往要依附于社会权利，而对政治权利的依附性较小，因此，政治权利所倡导的实现每一个人享受平等的教育权利经过社会权利的分化已经失去了本来意愿，当然这种意愿不是制度本身造成的，更多的是社会管理部门从自己的利益需求出发，来构建符合其自己利益发展的体系，形成了往往不具有全民性、普适性的政策集团，久而久之，政策集团在政策制定和实施过程中，对教育本身的异化以及教育不平等问题已经缺失应对的措施和对策，因此，教育贫富分化问题必然出现。

① 胡锦涛：《在中国共产党第十八次全国代表大会上的报告：坚定不移沿着中国特色社会主义道路前进，为全面建成小康社会而奋斗》，见本书编写组：《中国共产党第十八次全国代表大会文件汇编》，北京，人民出版社，2012。

② 《马克思恩格斯选集（第3卷）》，143页，北京，人民出版社，1972。

由于经济体制对教育发展的影响基本上也可以遵循这个逻辑，在传统的计划经济时代，教育作为社会公共资源的一部分，也加入宏观的计划分配中。教育资源的计划配置一个优点就是能够确保教育资源配置的均等性，但是一个缺点就是不利于优质教育资源的积累和创造。随着中国社会主义市场经济体制的建立与完善，教育资源市场化配置逐渐走入人们的视野。市场化的教育资源配置方式有利于促进教育体系内部资源的流动，有利于扩大教育资源的使用价值，有利于增加教育资源的社会价值，有利于优质教育资源的形成与扩大。在教育资源流动过程中，传统的教育管理体系并没有及时更新，因此，一些优质的教育资源在配置过程中失去原有的均等性原则，而是向着优化性原则、差异化原则发展，在这种情况下，优质教育资源越来越集中，教育资源配置使得一部分地区拥有较多的优质教育资源，一部分地区失去原有的优质教育资源，因此，教育配置的不平等问题出现，受教育者的受教育差异也出现。

中国特色社会主义爱生教育充分关注教育资源配置的平等性问题。爱生教育更多地关注边疆民族贫困地区、更多地关注弱势群体和贫困儿童，在教育资源配置上首要目标是向这些地区、这类人群倾斜。爱生教育之所以关注教育资源配置的平等性问题，主要原因是教育资源的生成主要是靠外部力量，而非内部力量。优质教育资源配置到贫困地区、配置到弱势群体中之后，产生的效果是非同小可的。优质教育资源的配置可以促进本地区人力资源的开发，有利于本地区培养适用本地区经济社会发展需要的各种人才，从而带动本地区经济发展，带动广大人民群众共同走向富裕之路。优质教育资源的配置可以促进本地区文化的交流与发展，有力推进具有本地特色、本民族特色的文化形成（例如在爱生教育实施过程中，很多少数民族地区结合本民族文化，创造了符合社会主义主导价值体系的民族文化，并促进民族文化与社会主义主导价值体系的融合），这样对凝聚社会力量，形成有利于推进社会主义核心价值体系建设的文化环境有重要的意义。优质教育资源的配置可以促进学生内心世界的和谐发展，在爱的感染下，在平等接受教育过程中，贫困地区儿童在内心深处能够感受到社会的温暖、集体的阳光，能够感受到社会主义制度对其带来的实惠，他们能与发达地区的孩子共同享受教育改革的红利，从而能够更好地促使他们努力学习，更好地为中国特色社会主义事业奋斗。优质教育资源配置有利于边疆民族地区贫困地区的社会稳定，优质教育资源就是先进文化的一种体现，在贫困地区配置优质教育资源，实质上就是用先进文化引导贫困地区的精神文明建设。通过优质教育资源的配置，能够更好地团结一切可以团结的人，能够团结一切支持教育发展的人，这样对凝聚社会正义力量，形成价值共识、形成教育共识，促进社会稳定发展都有重要的现实意义。①

中国特色社会主义爱生教育充分关注学生发展的平等性问题。发展权利是人的基本权利，任何人的发展都是建立在教育基础上的。当前，由于教育资源配置的不均等问题，带来学生受教育过程的不均等问题，带来学生受教育结构工程的不均衡问题，带来学生就业不均等问题以及后来的经济收入、政治地位的不均

① 资料和数据来源于笔者主持的云南省教育厅教育基金重点项目（2009—2012年）《爱生学校视野下的学校发展规划》的课题实地调研。

等问题。因此，爱生教育不仅关注教育资源配置的均等问题，更关注学生未来发展的公平性问题。为了更好地实现学生未来发展公平性问题，爱生教育在教育理念上凸显了公平、和谐、发展、质量的理念，在教学过程中，强调教学质量，采取多种措施保障教学质量，促进学生综合素质的全面发展，确保在教学结果上与发达地区同步。另外，爱生教育在教学过程中充分关注学生的身心健康，目的在于为未来平等发展奠定基本的前提条件；爱生教育在教学过程中还充分关注学生的动手能力、实践能力和创新能力，目的在于使学生在未来的竞争力中拥有基本能力和基本素养，拥有发挥自身潜能的机会。

第二节　中国特色社会主义爱生教育的全纳性

一、爱生教育重在保障孩子入学机会公平

“全纳”是指学校积极关注并帮助每个适龄儿童，特别关注处境不利的弱势儿童的受教育权利，使他们从学校教育中受益。“全纳”的概念最早出现于特殊教育领域。1994 年，联合国教科文组织在西班牙萨拉曼卡市联合召开了“世界特殊需要教育大会”，第一次明确提出了“全纳教育”，认为“学校应该接纳所有的儿童，不应考虑其身体的、智力的、社交的、情绪的、语言的或者其他任何条件，这就应该包括残疾儿童或天才儿童、流浪儿童和童工、边远地区或游牧人口的儿童、语言或种族方面属少数民族的儿童，以及来自其他不利处境或边际区域群体的儿童”

（UNESCO，1994，6）。[①]会议中形成的《萨拉曼卡宣言》强调了以下观点：每个儿童都有受教育的基本权利；每个儿童都有其独特的个性特点、兴趣、能力和学习需要；学校要容纳全体儿童并满足他们的特殊教育需要。经过十多年的发展，全纳教育已超越了特殊教育的范畴进入了普通教育范畴，主张教育应尽可能促进所有儿童的学习和参与，不应将某一部分儿童贴上“特殊”的标签，然后将他们排斥在普通教育之外。[②] 全纳教育反映了一种新的教育思想和教育所要追寻的目标：真正的教育应该是面向所有人的，民主、平等和尊重个体的差异是全纳教育的实质。在全纳教育思想的指导下，我国的爱生教育开展了许多行之有效的实践活动，包括倡导全纳理念，制定有针对性的全纳政策，并开展有效的教育实践活动使全纳教育真正深入人心。

爱生教育全纳性的起点公平是保证学生入学“进得来”，这是对爱生学校的基本要求。从政策角度看，“十五”期间，我国政府先后实施了“国家贫困地区义务教育工程”、“农村寄宿制学校建设工程”以及“两免一补”等重要举措来保障我国每一个孩子都享有均等的入学机会。但在实际的教育活动中，要真正做到使适龄儿童都能入学，爱生学校强调：

（1）学校要定期与公安、民政、计生等政府相关部门联络，掌握辖区内所有学龄儿童的数字及分布情况；

（2）对各类入学有困难的儿童，如孤儿、艾滋病家庭儿童、家庭有特殊困难及残疾儿童等有登记，并提供方便入学的便利措

① 赵中建：《教育的使命：面向二十一世纪的教育宣言和行动纲领》，135页，北京，教育科学出版社，1996。

② 李小波：《全纳教育对普通教育的挑战》，载《全球教育展望》，2003（5）。

施，如放宽入学年龄、提供双语环境以及生活关照等；

（3）学校有针对性地对家长宣传儿童（尤其是女童）入学的权利和意义；

（4）学校设计具体的工作流程保障入学有困难的儿童顺利入学。

由于入学上存在障碍的学生主要是那些有特殊困难的儿童，如家庭有特殊困难或残疾的儿童，所以学校和相关教育部门首先要了解入学有困难儿童的类型，并具体了解这些儿童所面临的具体困难；然后再通过实实在在的工作流程帮助这些儿童获悉政府的“两免一补”等支持贫困儿童入学的相关政策，对于部分有特殊困难的儿童还要提供更具体的帮助。

二、爱生教育重在巩固孩子在完成学业中的公平

爱生教育全纳性的过程公平体现为学生进入学校后“留得住”，全纳是一个持续的过程，不仅要纳入而且要关注纳入之后的持续状况。

普及和巩固九年义务教育是温家宝同志明确提出的“十一五”规划教育工作的三大任务之一，是我国政府“十一五”规划的经济社会发展主要指标中唯一提出的教育目标。目前，儿童入学问题上的难点其实就是因故离开校园的校外儿童，学校要积极和社区建立联系，帮助这些儿童回归学校。尽管学生辍学的原因是多种多样的，但家庭有特殊困难和厌学通常是其中最主要的影响因素。就家庭有特殊困难的学生来看，既可能是入学时就面临了很多困难的处境不利儿童，也可能是就学过程中因家庭突遭变故而不得不中止学业的儿童。厌学的情况则更为复杂，可能涉及

学生基础差、跟不上进度的问题，也可能与学生的行为问题相关。今天的儿童，是明天的社区成员和未来的中国公民，要真正实现我国整体人口素质的全面提升，需要依赖学校和社区的用心努力。爱生学校采取的途径是通过监测行动来斩断学生潜在的辍学可能。

“控辍保学”监测机制是针对就读过程中存在困难的学生设计的、防范学生辍学的制度保障体系。有了这样的体系，学校就能监控所有儿童，尤其是有特殊需要儿童入学后的保持率。而每当学生出现潜在的辍学的动向时，“控辍保学”监测机制就会形成预警机制，并及时进行干预。可以从监控指标来考察“控辍保学”监测机制的效果，一个是从儿童角度看保持率，另一个则是从教师的角度看教师对有特殊需要儿童的了解情况。对于那些可能会因为特定的原因而濒临辍学边缘的学生，学校和老师要掌握他们可能是谁，家里情况怎么样，学习过程中有什么困难。然后，根据对所遇个案的了解和分析，提供有针对性的干预措施。如对于有厌学倾向的学生，教师要在学习上给予个别辅导并及时进行正向激励；而对于家庭有特殊困难的儿童，学校和老师要进行追踪观察，需要时要协同多方力量避免儿童流失。只有每个老师都能通过对学生学习和生活状况的细心观察，注意到那些濒临辍学边缘的儿童，做到防患于未然，儿童的辍学问题才有可能真正得到关注和解决。

三、爱生教育重在维护孩子能力发展上的公平

爱生教育全纳性的结果公平体现为学生在学校里“学得好”，这是爱生学校的效率目标。无论学生背景和能力如何，都能够在

教育教学中受到平等对待，以获得未来发展中所需要的基本知识、态度与技能。为此，爱生教育“接受并满足学生不同的需要，既要采纳不同的学习方式和教学进度，也要通过恰当的课程设计、系统的安排、合理利用教学策略和资源，并与社区合作，保证全体学生都能得到高质量的教育”（UNESCO，1994，11～12）。为培养和发展学生的能力，爱生学校要求所有课程注重培养诚实、自信、爱心、尊重和责任等基本生活价值；通过养成教育培养学生形成良好的生活能力和习惯；所有课程尽可能渗透情感、道德和社会心理能力，特别是应对压力和挫折的能力；为学生提供了解社会多样性和复杂性的学习机会，培养学生对事物的批判性思考能力；注重学生参加社会实践，劳技课结合当地情况学习实用技术，培养学生的劳动能力。

爱生学校教育公平的一个重要体现是，所有学生尤其是学习有困难的学生都能感觉到教师对自己的信任和支持而得到发展。如对于农村初中辍学严重的现象，学校首先要做到使学校的教育教学更加贴近学生的生活实际，以吸引学生的学习兴趣，并尝试利用当地的职业教育资源进行教改，设计一些与职业技能相关的校本培训课程，探索进行职业教育训练的学习模式，使学生即使不升入高一级学校也能具有一定的生存技能。

第三节　中国特色社会主义爱生教育的平等性

一、爱生教育强调农村及贫困地区的教育质量提升

“平等”是指关注城乡教育的均衡发展，关注弱势群体的良

好发展，营造无歧视的、尊重学生多样性和差异性的学校环境。我国处于社会主义初级阶段，各地区社会、经济发展不均衡，城乡二元结构矛盾突出，尽管各地义务教育都有了新的发展，但城乡教育差距仍然存在，城乡教育发展的不均衡成为影响我国教育公平最主要的因素之一。

坚持义务教育的均衡发展是整个社会协调与和谐的基础。著名经济学家弗里德曼对教育与社会的关系有一个经典论述："如果大多数公民没有一个最低限度文化和知识，也不广泛地接受一些共同的价值准则，稳定而民主的社会不可能存在。教育对文化知识和价值准则这两个方面，均会作出贡献。"① 教育部副部长陈小娅曾讲过："教育是和谐社会的基础，也是消除贫困和推进发展的基础。"我国是一个农业大国，尽管随着城镇化进程的加快，农村人口逐年减少，但国家统计局公布的2010年第六次全国人口统计数据显示仍然有50%以上的农业人口，文盲、半文盲主要分布在农村地区。显然，基础教育的大头在农村，农村教育得不到正常健康发展，就不能实现真正意义上的基础教育发展。为此，党的十八大报告明确提出："大力促进教育公平，合理配置教育资源，重点向农村、边远、贫困、民族地区倾斜，支持特殊教育，提高家庭经济困难学生资助水平，积极推动农民工子女平等接受教育，让每个孩子都能成为有用之才。"② 我国政府近年来提出了一系列惠及广大农村贫困家庭子女的教育政策，如国家贫

① ［美］米尔顿·弗里德曼著，张瑞玉译：《资本与自由》，北京，商务印书馆，1986。

② 胡锦涛：《在中国共产党第十八次全国代表大会上的报告：坚定不移沿着中国特色社会主义道路前进，为全面建成小康社会而奋斗》，见本书编写组：《中国共产党第十八次全国代表大会文件汇编》，北京，人民出版社，2012。

困地区义务教育工程、西部地区“两基”攻坚计划、农村寄宿制学校建设工程、“两免一补”等。这些政策体现了全纳的理念，是政府对农村基础教育改革的关注重点。爱生教育实践的项目县主要选择在贫困、边远和少数民族集中的农村地区，目的正是为了要获得这些地区的爱生教育经验以推广并适应更广大的农村教育。

我国城乡教育的不均衡现象突出表现在农村基础教育经费投入少，农村学校办学条件差，尤其是寄宿制学校基础设施不能满足需求，农村学校教育资源短缺，师资水平整体偏低，优秀教师外流严重，教育教学质量不高，农村学生择校、转出及辍学问题明显，毕业生素质和能力不高。教育均衡发展的问题不是教育一个领域和学校一个层面就能够解决的，但教育要努力做能为之事，一所爱生的学校办学水平并不与硬件条件成正比，何况随着国家经济实力的增强和国家对农村教育的投入，硬件条件在逐步改善并有望在不远的将来实现均衡。所以，爱生教育对促进城乡教育均衡发展的着力点主要是致力于提高农村学校的办学水平和教育教学质量。主要体现在三个层次：一是通过学校全面贯彻全纳与平等的理念，营造学校安全、健康与受保护的教育环境，让每一个适龄儿童都要享受均等的受教育机会和良好的成长环境；二是通过学习、考察、实践提升校长的领导力和管理水平，使其具备科学规划学校发展，推进教育改革，加强家、校、社合作，丰富教育资源的能力，努力办出农村学校的特色；三是通过教师培训、城乡互动、送教下乡等方式帮助农村教师提高教育素质和教学能力，实践有效的教与学的新理念、新方法，改进教学方式，让每个学生最大限度地发挥特长和学习潜能，获得学业成功。实践证明，项目县的学校确实得到了极大的发展，在2010年教育部对云南实施的“两基”国检中，作为一个边疆、民族、贫困县的丽江市玉龙纳西族自治县，顺利通过验收，其中接受检查的基本是爱生教育的项目学校，尤其是在学校办学理念和学生发展方面得到了国检专家的好评。①

二、爱生教育强调促进民族文化的多元发展

在我国，少数民族事业一直受到党和国家的高度重视，胡锦涛同志曾提出：“新世纪新阶段的民族工作必须把各民族共同团结奋斗，共同繁荣发展作为主题。”② 江泽民同志曾多次讲道：“世界是丰富多彩的。如同宇宙间不能只有一种色彩一样，世界上也不能只有一种文明、一种社会制度、一种发展模式、一种价值观念。各个国家、各个民族都为人类文明的发展作出了贡献。应充分尊重不同民族、不同宗教、不同文明的多样性。世界发展的活力恰恰在于这种多样性的共存。”③ 党的十七大报告也提出了“尊重差异、包容多样”的理论概括。爱生教育的一个重要标准就是“学校建立友善、和谐、尊重学生多样化背景的校园文化”，其中特别强调要关注少数民族地区的文化传统。在某种程度上，对多元文化的尊重反映的不仅是一种文化平等，更是社会的平等。

文化是多样的、平等的和相互影响的。多元文化主义也是一

---

① 资料和数据来源于笔者主持的云南省教育厅教育基金重点项目（2009—2012年）《爱生学校视野下的学校发展规划》的课题实地调研。

② 胡锦涛：《在中央民族工作会议暨国务院第四次全国民族团结进步表彰大会上的讲话》，载《人民日报》，2005－05－28。

③ 《江泽民文选》，110页，北京，人民出版社，2006。

种意识形态、一种价值观，其功能在于动员社会力量，推动社会改革，追求不同群体中文化和物质上的繁荣以及人类本身的自由和尊严。[①] 一方面，民族文化是民族地区独具特色的传统文化，是民族地区经济社会发展的重要资源，充分挖掘、利用和发展民族文化，是民族地区新农村文化建设的重要任务，让少数民族儿童和青少年传承本民族文化、学习他民族文化也是学校教育的重要目标。学校课程设置和教材建设应当立足于民族地区的实际，少数民族的优秀文化成果都应当纳入课程教学中；要让少数民族学生通过学习含有本民族文化的课程和教材了解本民族的发展历史和现实，学习适应本民族社区的各种知识和技能；教师要对自身所处社区的民族及文化环境有所了解，并有传承民族文化与乡土文化、利用多样化的民族文化资源丰富自己的教学设计。学校的课程与教学要考虑到母语非汉语的学生在学习中遇到的特殊困难，实践证明，充分努力学习当地的少数民族语言和文化的老师，在教育教学中更容易赢得学生的信赖。丽江市玉龙纳西族自治县白沙乡白沙完小的民族特色校本课程是一个优秀的案例：白沙完小地处纳西族最早的聚居地白沙，学校学生基本为纳西族，这里沿袭着一些古老的民风民俗及生活方式。为了孩子能适应这样的环境，在这样的环境中健康成长，该校特别加强了本土知识课程，根据学生的实际需求，成功编写了一套校本教材《白沙——我的家乡（1)》，2009 年学校又出版了《白沙——我的家乡(2)》，该书以白沙儿童的现实生活为视角，把美丽的家乡环境、

---

① ［美］沃特森著，叶兴艺译：《多元文化主义》，1 页，长春，吉林人民出版社，2005。

丰富的传统民族文化、多彩的乡土技艺等内容以学生互动、合作、探究等形式编写成书本进行教学。如今这套教材已投入教学四年多了，学生体会到了学习的快乐，开阔长了视野，提高了生活技能，学生热爱家乡的思想感情也被激发。玉龙县黄山镇黄山小学的东巴文化传承班，也形成了一套特色传承模式，为东巴文化的保护和传承作出了贡献。[①]

另一方面，中国是一个多民族国家，各个民族的文化在相互交流和融合中发展着，全纳教育的学校强调要建立友善、和谐、尊重学生多样性的校园文化，要为学生提供学习不同民族的文化与习俗的机会，汉族学生也要了解和学习少数民族的文化传统，少数民族学生要学习主流民族在长期的社会历史发展过程中所创造的优秀文化成果；在校园里讲任何一种语言都不会遭到嘲笑和歧视，学生愿意了解和体验不同的文化、语言和习俗，不同的民族群体之间要相互了解，培养学生跨族群交流的能力。通过多元的校园文化建设消除因民族文化差异带来的误解和歧视以及对文化冲突的恐惧，使各种不同民族文化背景的学生一起学习，彼此尊重，相互欣赏，共同进步。

三、爱生教育强调关注弱势群体的受教育需求

本部分将弱势群体儿童分为两大类，一类是有身体残疾、智力障碍儿童，如肢残、盲聋哑、弱智的儿童，这类儿童归为有特殊教育需求的儿童；另一类儿童是指社会处境不利的学生，即学生的家

---

① 资料和数据来源于笔者主持的云南省教育厅教育基金重点项目（2009—2012年）《爱生学校视野下的学校发展规划》的课题实地调研。

庭经济、地域环境和文化等方面比较差的情况，其中除了包括传统观念中的孤儿、单亲家庭、家庭特别贫困的儿童外，还包括随着社会发展变化而出现的新的社会处境不利儿童群体，如流动儿童、留守儿童等。此外，还有一类儿童是因教育内部价值取向、教育评价体系而产生的学习成绩不良的儿童群体。以上各类儿童在学校中遇到的困难与问题有所不同，并且这些困难还和年龄、性别相关。

因为学校教育中儿童的多样性存在，我们的教育如果缺乏公正和平等，就会缺乏人文关怀，从而产生教育中的排斥现象。教育排斥现象是随着二战后大量民族独立运动、妇女解放运动等反社会排斥运动的掀起，近代人权思想、民主与平等的观念在成为人类社会的共识和追求后得到重视的，国际社会注意到了教育中也存在着很严重的排斥现象，世界上很多地方存在穷人、少数民族儿童、艾滋病儿童等被排斥在普遍教育之外的现象。1990 年联合国教科文组织在泰国举办的宗迪恩会议上，明确承认当前大量弱势群体和边缘群体被排除在各国教育系统之外。[①] 分析遭到教育排斥的群体，要么不能获得起码的教育机会，要么只能获得主流教育之外的相对低劣的教育，要么虽在教育系统之内，但却不能得到平等的对待。[②] 在我国西部地区实施的爱生教育重点关注如何在学校场域内消除教育的排斥现象，要求学校和教师要平等对待所有学生，满足不同学生的教育需要，特别强调不因为教师的言行和学校的做法使已在学校学习的弱势儿童因歧视和忽略被

① Mel Ainscow & Ssusie Miles：《全民教育全纳化：下一步在哪里》，载《教育展望》，2008（1）。

② 吕寿伟：《排斥与全纳——全纳教育视野下的教育排斥研究》，载《全球教育展望》，2011（9）。

排斥在学校教育关怀之外。

有特殊需要儿童的教育问题是教育中一个重要的领域，1994年联合国《萨拉曼卡宣言》首先针对残疾人的特殊教育需要指出了全纳教育的反排斥、反歧视性质。[①] 从我国的情况来看，由于城镇人口集中，资源和条件较好，政府都设有特殊教育学校，但边远农村地区很少有特殊教育学校，许多农村家庭因贫困难以送残疾儿童到特殊教育学校学习，普通学校也不愿接受这些有特殊教育需要的孩子。所以，农村边远地区的一些残障孩子根本就没有上学的机会，更不用说得到适当的、高质量的教育了。要使残疾儿童不被排斥在学校生活以及教学过程之外，义务教育阶段的普通学校应该承担起对所有儿童教育的责任和义务。爱生教育首先倡导学校不得以任何理由拒绝接受有特殊需要的儿童就近入学，学校的基础设施要考虑特殊儿童在学校的学习和生活需要。其次建议县级教育行政部门从考核和评价上对有特殊需要儿童学习的学校要给予支持和鼓励；教师要关注有特殊需要的儿童在学校中的表现是否有进步，真正做到对有特殊教育儿童的尊重和关爱。从玉龙纳西族自治县巨甸镇中心完小和丽琼老师班里的一件事可以充分地感受爱生教育全纳与平等的教育思想：

班上在排练“六一”儿童节的节目，班里的弱智学生金×，在排练时不能和全班同学步调一致，他不会走齐步，不会敬礼，有时还发出怪声。同学们开始抱怨了：“有金×参加，我们休想拿冠军!”有的同学甚至提出了取消他参赛资格的要求。和老师

---

① United Nations Educational, Scientific and Cultural Organization. *Final Report: World Conference on Special Needs Education: Access and Quality*. Paris: UNESCO, 1994, 1~8.

感觉到孩子们的焦虑和不安，同时也隐约感到这是对孩子们进行爱的教育的一次机会。于是，她说："他是我们集体中的一员，他和大家一样有平等和参与活动的权利，我们都知道了'全纳'与'参与'的意思。""可是……"孩子们心中仍有疑虑。和老师继续开导："世上无难事，只怕有心人，大家可以动脑筋想办法带带金××这个徒弟?"以后，课间休息时间，孩子们各负其责，手把手地教金×走齐步、敬队礼，有的拿出了糖果和点心作奖品，激发他的兴趣。孩子们终于捧回了团体冠军的奖状。"老师，如果我们在那次活动中真的撇下金×，即使得了冠军，我们心里也不一定这么高兴，对吗?"和老师说："正因为让所有的孩子都有平等参与的机会，我们的学校才成为了名副其实的爱生学校，这奖状里有你们的一份功劳!"在巨甸镇中心完小，这样的事例还很多，有了这样一种关爱、平等的氛围，即使是身处弱势的孩子，也一定能快乐成长。①

农村留守儿童的教育问题也是我国当代十分突出的社会问题。城镇经济的发展，农村的落后，使得外出打工的农民工大量涌现。所谓留守儿童，是指因父母双方或一方外出务工而留守在家乡，不能和父母双方共同生活在一起，需要其他亲人照顾的儿童。留守儿童正处于情感、品德、性格形成和发展的关键时期，《中华人民共和国未成年人保护法》的第十一条中规定，父母或者其他监护人应当关注未成年人的生理、心理状况和行为习惯。农村留守儿童大都由隔代亲属监管，由于年老体弱、知识欠缺等原因，监护人大多局限于让孩子吃

① 资料和数据来源于笔者主持的云南省教育厅教育基金重点项目（2009—2012年）《爱生学校视野下的学校发展规划》的课题实地调研。

饱穿暖之类的浅层关怀，往往漠视孩子交流思想的需求，使农村留守儿童的心理状况监护缺失。从心理学角度来看，良好的父母支持与儿童的认知发展、道德行为、社会情感、学业成绩等密切相关。父母亲情的缺乏对他们的心理和生理造成了很大的影响，留守儿童普遍反映出这样一些性格特点：冷淡、孤僻、乐群性低，情绪不稳定、行为习惯差、自控能力低，自卑拘谨、抑郁忧虑、冲动任性、承受力差，这些心理特征容易造成儿童逃学、厌学、出走、暴力、沉迷于网络等不良行为，成为新的农村低文化素质人员。怎样使这些儿童的人格发展完善，健康成长，成为一个对社会有用之人，基础教育要承担对他们的教育重任。在爱生学校项目县永平县留守儿童的教育问题就显得特别突出，杉阳镇阿海寨完小的爱生教育取得了很好的成效。他们不采取开除或劝其转学的办法，更不能对留守儿童放任不管，使他们过早地流入社会，而是通过多种方法对他们进行有效的教育和管理，如加强学校与留守儿童家庭的沟通，让儿童学会与父母进行交流的方法与习惯；加强教师对留守儿童的理解、关爱和心理疏导，产生共鸣，通过学校课程和实践活动培养他们的社会情感能力。

对于学习成绩不良的学生，不能以差生的歧视性眼光对待他们，差生是一种低能的标签，会从根本上摧毁这些学生的自信和自尊，使这些学生自愿性游离在学校教育活动之外。首先，爱生教育强调的给每一个人平等的机会，并不仅仅指机会平等，而是要肯定每一个人都能受到适当的教育，而且这种教育的进度和方法是适合每个人的特点，这也就意味着教育公平是使学生最大限度地获取知识，并突出学生作为个体所具有的个性。其次，“全纳教育要加强学生参与的过程，要促进学生参与学校的文化、课程和团体的活动并减少学生被排斥”[①]。让所有学生都能够积极、主动地参与到与自己有关的一切事务中，这是满足学生多样性能力发展的最重要和最有效的途径和方法。

在两千年前我国古代的大教育家孔子就提出了“有教无类”的朴素教育民主思想，“全纳就意味着教育内容、方式、结构和策略的改革与变更，要有一个涵盖相关年龄段所有儿童的整体观念，要坚信教育的责任是教育所有儿童”[②]。

四、爱生教育强调性别平等的教育教学环境

尊重性别差异是国际上公认的“爱生学校”评估标准，性别平等和具有性别敏感性（gender sensitive and equitable）是爱生学校建设必须达到的要求。目前，全世界的一个普遍现象是大多数不能上学的儿童仍然是女童。女童教育也是我国西部贫困地区和少数民族地区普及九年义务教育，实现“两基”战略性任务的一个必须解决的难点问题，性别平等是我国的基本国策，学校有义务在推动教育领域的性别平等中发挥积极的作用。

从理论上看，性别平等意味着男女的不同行为、期望和需求得到了充分的考虑和认同；他们的权利、机会和责任不会因为出生时的性别而受到限制；在个人技能发展和作出决定上不会受社会性别刻板模式的影响；男女都能充分发展自己的潜能。但由于性别不平等隐含在习以为常的教育教学活动中，如果不戴上性别敏感（A gender lens）的眼镜是不容易发现这些问题的。如在中

① 黄志成：《试论全纳教育的价值取向》，载《外国教育研究》，2001（3）。

② Enato Opertti & Carolina Belalcazar：《全纳教育的地区与国际趋势：问题与挑战》，载《教育展望》，2008（1）。

国传统的教育模式中，女孩似乎天经地义要玩洋娃娃，而男孩则应该玩汽车、手枪，这在爱生学校的评估标准中被视为性别歧视；在爱生学校，教师应赋予女童和男童当干部的同等权利，学校也必须制定并执行反对欺侮、歧视和性骚扰的规定。爱生教育考察学校中性别平等的实现情况，可以从学生的性别平等意识、男女生对校园中性别不平等状况的感受、男性和女性的发展机会三个方面进行考察。

爱生学校要提供无性别歧视的教育教学环境，要考虑男女的参与水平、特殊需要以及发展现状的相同点和不同点，建立平等、相互尊重的合作关系，为女孩和男孩平等走向社会做好准备。确保教育教学内容及环境具有性别敏感性，主要从教师培训、课程材料、教学过程、教学环境以及学生未来择业等几个方面审视性别刻板印象的影响。创设性别平等的环境首先要学会戴上性别平等眼镜审视学校，通过观察师生互动过程、查看教学资料、入学、教学内容、课堂环境、学校设施、学校操场活动等可以发现，教材中存在性别刻板印象，教师对男女生期望不同，师生互动中存在性别偏见以及女生相对窄化的职业选择机会等。性别平等应落实到实实在在的教育教学过程中，如即使教材中存在对内心的刻板化描绘，教师应及时进行适当的调整，且能够运用性别观念带领学生反思这些偏见。并且，学校要为女生提供良好的角色榜样，如邀请优秀的女性来做报告，特别是提供多元的角色榜样。

性别平等的目标不光是男女生的平等发展，男女老师的共同成长也是重要目标。为此，学校的管理工作也要落实男女平等的国策，为男女教师提供平等的参与学校管理的机会，学校应为不同年龄、不同职业发展水平的女教师提供适切的支持，帮助她们建立积极的个人规划。学校要照顾女教师的特殊需要，如对孕产期的女教师给予特殊的关怀与照顾。学校中的一些女教师有了良好的事业发展状态，年轻的女教师才能够有明确的角色榜样，学生也才能够具体地感受到学校组织环境中的性别平等。在我国西部的农村学校中，由于女教师的比例相对较低，女校长更是少之又少，所以性别平等目标的实现更具有重要的现实价值。

五、爱生教育强调民族平等的教育教学理念

教育公平是当今中国社会最为关注的热点问题之一。爱生学校实践的试点学校选择标准之一是民族地区的学校，体现了爱生教育强调民族平等的教育公平思想。

从微观层面来理解教育的公平，就是要关注教育教学过程中的公平与平等。然而，在日常的学校教育教学中，并不是每一所学校的每位老师都会自觉地给予学生公平、公正的待遇。爱生教育就是要在学校情境中建立强调民族平等的教育教学理念，强化学校和教师实施公平与平等教育教学的意识和行为。

爱生学校要求在教育教学中贯彻无歧视原则，每一个个体都有自身的优势和不足，学校教育要最大限度地发展每个学生的特点和潜能。尊重儿童的身份背景和民族文化传统上的差异，并充分利用这些差异促使学校的所有儿童都能够得到更好的发展。按照美国哈佛大学发展心理学家霍华德·加德纳提出的多元智力理论，人的智力是由语言智力、逻辑数理智力、视觉空间关系智力、音乐节奏智力、身体运动智力、人际交往智力、自我反省智力、自然观察者智力等多种智力构成。“每一种文化都有一种特

定的指向性，文化不同，造就了不同的智力特点。”① 每一个民族都有独特的智力优势，我国民族的多样性需要多样化的人才培养模式。为此，教师要更多地关注和了解不同民族学生的生活背景、兴趣爱好、性格特点和学习习惯等，根据他们的特点生成有效的教育活动；在课堂教学中采用多元的评价方法，有效促进不同民族学生的自信心，鼓励他们发挥自己的优势与特长，使他们成为自尊、自强、自主发展的有用之才。

爱生学校通过保证不同民族学生的参与权来促进儿童在身体、心理、精神、道德及社交方面都得到充分发展。参与权是指儿童有参与社会生活的权利。在通常的学校管理情境中，呈现出以主流民族为主的管理思想和意志，少数民族学生往往处于被动状态，在长期的学校生活中被影响和被改变。爱生学校要求给予不同民族学生同样的发展机会和平台，如鼓励少数民族学生参与班干部竞选、参与学校重要活动、展示自己民族的特点等，这既促进了学校多元文化的融合，也真正保证了少数民族学生独特个性和才能的发展。

爱生学校要保证不同民族学生的话语权。现实生活中，儿童的话语权总是有意无意地、或多或少地被剥夺，然而儿童有权对影响他们的任何事情发表意见，这是教育公平公正的重要表现。学校要建立畅通的沟通机制和表达意见的渠道，鼓励不同民族学生学会表达他们的思想。在我国，有自己民族语言文字的少数民族学生，在基础教育或者义务教育阶段，享有本族语文和汉语文两种语言文字的教育权利，民族地区学校的教师要努力实施双语

① 董艳：《民族文化传承对智力发展的影响》，载《民族教育研究》，2006（6）。

教学，教师要做到倾听不同民族学生的意愿，尊重他们的隐私和民族习俗，满足少数民族学生的发展需要。

在学校范围内重视民族平等的教育教学过程和氛围，有利于培养民族学生开放、包容的品质和能力，为多民族社会的共生共荣奠定良好的基础。

第四节　中国特色社会主义爱生教育全纳与平等的法律保障

一、爱生教育履行了联合国《儿童权利公约》的要求

爱生教育的基石是联合国《儿童权利公约》，因为这是一部旨在保护儿童，防止儿童被忽视、受剥削和虐待，为世界各国儿童创建良好的成长环境的国际准则。

我国政府积极参与制定《儿童权利公约》，并有效地履行了公约要求。1979 年中国参与联合国《儿童权利公约》的起草工作，公约中就有中国代表提出过的数项提案，如不得利用儿童从事生产和贩运毒品（公约第 33 条），不得拐骗、买卖、贩运儿童（公约第 35 条）等。对于过分反映西方国家价值观的提案，中国代表提出了一些修正案，使之能够尽可能反映中小国家的情况。《儿童权利公约》于 1989 年 11 月 20 日第 44 届联合国大会第 25 号决议通过，1990 年 9 月 2 日生效，中国是有关通过《儿童权利公约》决议草案的共同提案国之一。1990 年 8 月 29 日，中国常驻联合国大使代表中华人民共和国政府签署了《儿童权利公约》，中国成为第 105 个签约国。1991 年 12 月 29 日第七届全国人民代表大会常务委员会

决定批准中国加入《儿童权利公约》。1992 年 3 月 2 日，中国常驻联合国大使向联合国递交了中国的批准书，从而使中国成为该公约的第 110 个批准国。该公约于 1992 年 4 月 2 日对中国生效。

公约将“儿童”界定为“18 岁以下的任何人”。公约的基本原则是：公约确立的权利一致适用于所有的儿童，不受种族、肤色、性别、语言、宗教信仰、政治主张等影响；儿童的“最大利益”，包括儿童的健康、幸福和尊严，是决策者考虑一切问题的重要出发点。公约里规定的儿童权利分为受保护权、受教育权、发展权与参与权四大基本类型。所有爱生学校的校长、老师和学生都要学习《儿童权利公约》的主要内容，知道儿童也有权利，而且受到法律保护，在教育教学环境和过程中努力落实儿童的生存权、受保护权、发展权、参与权，并将尊重儿童、保护儿童的意识和知识宣传到社区和家庭，营造全社会共同维护儿童权益、促进儿童健康发展的良好社会环境。

二、爱生教育促进了我国《义务教育法》的贯彻落实

我国的法律政策和公共事业都体现出了对教育公平的追求。国家统一实施的所有适龄儿童、少年必须接受的教育，是国家必须予以保障的公益性事业。《义务教育法》是我国实行九年义务教育制度的根本大法，其中明确指出了让适龄儿童、少年和青年接受义务教育是学校、家长和社会的义务。

全纳与平等的爱生教育理念充分体现了《义务教育法》的根本指导思想——均衡教育。《义务教育法》规定：凡具有中华人民共和国国籍的适龄儿童、少年，不分性别、民族、种族、家庭财产状况、宗教信仰等，依法享有平等接受义务教育的权利，并

履行接受义务教育的义务。普通学校应当接收具有接受普通教育能力的残疾适龄儿童、少年随班就读，并为其学习、康复提供帮助。对违反学校管理制度的学生，学校应当予以批评教育，不得开除。教师在教育教学中应当平等对待学生，关注学生的个体差异，因材施教，促进学生的充分发展。教师应当尊重学生的人格，不得歧视学生，不得对学生实施体罚、变相体罚或者其他侮辱人格尊严的行为，不得侵犯学生的合法权益。

安全、健康与受保护的爱生教育制度和措施能有效贯彻《义务教育法》对校园安全的要求。《义务教育法》规定：学校建设，应当符合国家规定的选址要求和建设标准，确保学生和教职工安全；学校应当建立健全安全制度和应急机制，对学生进行安全教育，加强管理，及时消除隐患，预防发生事故。

有效的教与学的爱生教育自觉担负起《义务教育法》明确规定的义务教育要承担实施素质教育的重大使命。《义务教育法》规定：义务教育必须贯彻国家的教育方针，实施素质教育，提高教育质量，使适龄儿童、少年在品德、智力、体质等方面全面发展，为培养有理想、有道德、有文化、有纪律的社会主义建设者和接班人奠定基础；教育教学工作应当符合教育规律和学生身心发展特点，面向全体学生，教书育人，将德育、智育、体育、美育等有机统一在教育教学活动中，注重培养学生独立思考能力、创新能力和实践能力，促进学生全面发展。

因此，爱生学校就是在贯彻落实我国的教育方针，贯彻落实《义务教育法》。

第五章　有效的教与学：中国特色社会主义爱生教育的教学质量

当前，中国还处在并且长期处在社会主义初级阶段，社会主义初级阶段最大的国情就是在当前现有生产力水平、现有的经济发展水平、现有的组织管理水平情况下，教育资源仍然非常有限，特别是优质教育资源更加有限，这就需要教育体系将有限的教育资源发挥出最大的效益，实现教育资源效益的最大化，体现社会主义的效率优先原则。教育资源效益核心体现在教学过程的有效性，教学过程的有效性是教育目标实现的基本途径，也是追求高水平教育质量的根本手段。中国特色社会主义爱生坚持有效教学，追求教育内涵发展，充分关注教学方法与教学效果，确保爱生学校的教学质量。

第一节　有效的教与学是中国特色社会主义爱生教育的基本要求

一、教师教学的有效性

教师是教学活动的主要实施者，是教学过程的策划者和组织者，因此教师教学的有效性是有效教学的前提和基本保障。爱生教育充分关注教师的专业发展，将教师教学有效性作为有效教学的重点任务来抓。

（一）爱生教育倡导教师首先要树立先进的教育理念

爱生教育理念本身就是西方先进教育理念在中国实践后，转变为中国化的爱生教育理论，在这个过程中，西方先进的教育理念与中国具体教育实情相结合，与中华民族传统文化相结合，与少数民族文化相结合，生成了具有中国特色的爱生教育理念。因此，中国特色社会主义爱生教育从一开始就是倡导教师要树立先进教育理念，主张通过先进教育理念、先进文化的交融共同促进教学与文化的结合，促进教学与实践的结合。中国特色社会主义爱生教育提倡学习借鉴所有先进教育理念的长处，主张教育理念要具体化、实践化，反对将先进教育理念的空泛化，主张教育理念要与学校教学具体实际相结合的有效教学，凡是有利于教师专业发展、有利于学生全面发展、有利于提高教学质量的理念都是中国特色社会主义爱生教育所倡导的。

（二）爱生教育主张教师不断提高教学反思能力

任何教学活动都是一个从感性认识到理性认识的过程，都是一个从简单到复杂的过程，从无数个教育表现到认识教育本质的过程。叶澜教授认为，一个教师写一辈子教案不一定成为名师，如果一个教师写三年教学反思，就可能成为名师。教师应在实践——反思——再实践——再反思螺旋式上升中，实现专业成长。爱生教育倡导教师要加强教学反思。要做到有效的教学反思，教师必须正确认识自己和改变自己。任何人都有自己既定的认知方式，这种认知方式决定了他在教学过程中运用什么样的方式去实施什么样的教学行为，因此，教师正确认识自己就是正确认识和评价自己教学行为和过程的开始。通过教学反思，教师可以反思教学目的设计得是否合理、教学导入是否合理、教学案例设计是否合理、教学方法是否合理、教学效果实现程度、教学过程是否考虑学生的接受能力等，从而全面评价自己教学效果的高低，并根据客观的评价结果，找到影响有效教学的主要环节，在以后教学中，针对主要环节实施有针对性地干预和调整，从而不断提升教学的有效性程度。

（三）爱生教育提倡教师要不断创新教学方法

任何一种教学方法都有其有效性，但是教学效果的有效性核心体现在学生身上，因此，要根据学生的认知特点和学习习惯，积极、主动地调整教学方法，不断创新教学方法，构建多样化的教学方法体系。在教学过程中，教师要注重学生的内在变化而不是外部表现，要通过教学方法引导学生学会正确的学习方法，改变落后的学习和思维；指导学生学会知识迁移，学会运用正确的方法与分析解决新的问题；引导学生在获得知识的过程中接受社会主义核心价值体系，树立正确的价值观念，而不是仅仅将教学方法的有效性与学生解决几个习题等同起来。

（四）爱生教育倡导教师尊重学生、关爱学生

爱是教育的起点，也是教育的归宿，任何教学方法都是构建在尊重学生、关爱学生的基础之上的。一个尊重学生、关爱学生的老师无论运用什么样的教学方法，其教学效果都是有效的。主要原因在于教学本身就是教师与学生合作交流的过程，教师尊重学生，认同学生，才能在内心深处激发学生的求知欲望，才能激发学生的学习兴趣和潜能；只有尊重学生，才能在教学过程中构

建民主和谐的氛围，才能引导学生表达自己的观点，引导学生不断学会用自己的思维去思考新的问题。云南爱生学校实施的生命教育、尊重教育，其本质上就是关爱学生的一种教育，其效果当然也是显著的。

（五）爱生教育要求教师要提高教学组织管理能力

任何教学目的的实现都是需要教师的教学组织与管理，教师有效的教学组织管理能力是保障教学有效性的基本途径。在教学过程中，教师要具备教学实施能力（主要包括课前有效准备、课堂有效的组织管理、课后有效的练习评价），将教学大纲、课程标准中的教学目标落实在教学组织管理活动中，通过开展有效的教学组织管理活动，推进教学目标的实现。教师还要具备课堂调控能力，对教学过程中出现的新情况、新问题要有快速、正确的反应能力和处理能力，从而将教学过程的风险降低到最小。教师要具备信息反馈能力，根据课堂上学生的综合反应，根据学生平时学业数据、行为表现等信息，进行整体加工分析，对每个学生形成科学合理的引导方式。教师要具有科学评价能力，正确引导学生的发展方向，正确评价学生的成绩和不足，让学生既能接受教师的建议，又能自觉地行成良好的学习习惯和学习态度。

二、学生学习的有效性

学习活动是教学活动的基础，学会学习不仅是教学目标落实的重要前提，也是教学有效性的重要特征。学会学习是新世纪人的发展基本要求，学习能力已经成为能力的重要内容之一，因此，教师引导学生学会学习是当前教育教学的重要内容。在教学中，教师要“让学习的过程始终伴随着学习的方法、技巧和兴趣，逐渐养成学习的意志力和良好的学习习惯。在此基础上，要致力于后三个方面（策略与思维、开发潜能与实践、向社会的推延的努力）”①。在教学中，教师要积极培养学生的学习能力，首先要调动学生的主体性，主体性的提升是一个学生自觉学习最根本的动力，只有主体性提升，学生才能自觉形成良好的学习习惯。教师要结合不同学生的爱好和特长，引导学生就其兴趣和特长开展一些探究活动或思考，从而不断培养学生的主动意识、参与意识、独立意识、反思意识和创造意识，帮助学生形成正确的学习观。

（一）有效学习不是一劳永逸的，有效学习还需要构建在终身学习的基础之上

学生不仅仅要学习书本知识，还要学习社会知识；学生不仅将学习定位在课堂之上、学校之内，在课堂之外，还可以通过学习，积极探索与书本知识相关的课外知识，从而丰富自己的知识素养，扩大自己的知识面；在学校之外，学生可以积极融入大自然，探索大自然的奥秘，通过探索大自然的奥秘，一方面可以丰富自己的知识，另一方面也可以培养热爱自然界、尊重生命、热爱生活的道德品质；学生也可以深入社会，探索社会关系中人与人的关系，增强自己分辨美丑、正确与错误的能力，帮助自己树立正确的世界观、人生观、价值观。

（二）有效学习还需要构建科学的学习方法和策略

可以运用多元智能理论，通过不同的方法，培养不同领域的

---

① 张玉坤：《“学会学习”与教学改革》，载《中小学教学研究》，2000（3）。

能力和潜能。在培养能力和潜能的时候，学生要注意非智力因素的介入，因为非智力因素生成的学习兴趣和习惯更具有持久性。另外，在学习过程中要善于运用现代信息技术，全面掌握大量数据和案例，通过数据和案例的分析来把握事物的本质及其内在规律，这样就会慢慢养成科学的分析方法，逐步构建有效的学习途径和策略。在学习过程中，学生可以将学习原有知识的方法、态度等迁移到另外知识的学习过程中，通过学习迁移，更多、更快地掌握其他知识，在这个过程中，学生学习迁移能力也必然得到极大的提高。

（三）有效学习要学会正确地评价自己

正确评价自己是正确认识自己能力的基础，学会正确评价自己，就可以正确认识自己的不足，正确评价自己的优点。针对自己的不足，采取有效的有针对性的措施，消减不足，规避不足，从而不断提升自己在弱项方面的能力；针对自己的优点，可以采取有效的措施，发扬优点，强化优点，将优点发扬为特长，将特长发扬为能力，久而久之，通过正确的评价自我，一个人的整体素质必然会得到明显的提升。更为重要的是，学会正确地评价自己，是自我意识独立性的开始，因此也是培养自己独立性、自主性的开始，同时也是一个人学会自我管理、自我决策、自我发展的重要手段和途径。

（四）有效学习重点在于提升实践能力

学习过程是书本知识转向社会实践的过程，学习的目的是通过书本知识、社会知识的习得来完善自我的认识、实践、评价体系，提升自己运用知识解决实际问题的能力。有效学习在认知过程上，就是促进理论与实践的统一，认识与情感的统一，价值与理性的统一。在认知结果上，有效学习，目的在于实现书本知识与社会知识的结合，实现理论知识与具体实践的指导。中国特色社会主义爱生教育充分关注学生有效学习与实践能力的结合，通过培养学生的学习能力，引导学生学会基本的生活技能、基本的生存技巧、基本的道德交往技能、基本的人际交往能力、基本的价值判断能力等。

（五）有效学习根本目标在于学会做人

学习是认识生命、生存、生活的根本途径，只有开展有效的学习，学习者才能正确地认识生命的价值、正确地掌握生存的技巧、正确地面临生活的困境，才能寻求人的发展的正确途径。只有开展有效的学习，学习者才能习得人际交往能力，才能正确理解社会道德规范、价值标准，才能在社会这个大集体中学会如何进行价值选择、如何进行价值判断、如何进行价值构塑、如何进行道德交往与情感交往，才能真正使自己成为一个社会人。因此，从这个层面上来讲，有效学习是学会如何做人、如何成为一个有用的人的首要条件和基本要求。

三、学校管理的有效性

以人为本，推进管理的人本化。学校管理的根本目标在于促进人的全面发展，主要是教师的专业化发展，学生的综合素质发展。因此，学校管理制度的制定要充分征求广大教师的意见，征求学生的意见，将学校管理制度的制定的首要价值定位于服务教师，促进教师专业化发展；定位为服务学生，促进学生的全面发展。在学校管理制度实施过程中要充分保障广大教师的利益，保障广大学生的利益，保障学校教学活动的有序开展，保障教学质量的有效提升。在学校管理制度执行中，确保学校领导与教师的统一性，维护制度的稳定和权威性，任何违反学校管理的人都要受到相应的处理。对学校中存在的集中性问题、典型性问题要开展研讨，征求多方建议，形成有利于维护教育公平的管理方案和管理办法。优化学校管理程度，实施简洁便利的管理制度，将管理制度建设成为提高工作效率的保障，而不是变形地转变为阻碍工作效率提升的机制。

（一）依法治校，推进教育民主法治制度建设

依法治校是推进社会主义法制建设，推进依法治国基本方略的必然要求，是教育事业深化改革、加快发展，推进教育法制建设的重要内容。推进依法治校，有利于推动教育行政部门进一步转变职能，理顺教育行政部门与学校之间的关系，进一步明确政府、教育行政部门、学校三方的权利和责任；推进依法治校，有利于教育行政部门、学校领导增强法治意识，形成依法行政的工作格局；推进依法治校，有利于学校建立依法决策、民主参与、自我管理、自主办学的工作机制和现代学校制度；推进依法治校，有利于维护教师和受教育者的合法权益，形成良好的学校育人环境。中国特色社会主义爱生教育认真推进依法治校，努力推进教育民主法治制度建设，主要表现在爱生学校教育倡导民主管理，学校管理实行民主化，广大教师和学生可以作为制度的建设主体参与学校的管理制度建设。爱生教育学校倡导参与精神，提倡教师和学生积极参与学校建设发展全过程，包括学校课程建设、课堂教学、德育工作、班主任工作、后勤工作、校园文化建设，通过全员参与的方式可以调动广大教师和学生的主体性、积极性，另一方面也可以形成全员监督、有效管理的机制。

（二）加强校园文化建设，构建学校精神

校园文化是一个学校发展主导精神的集中体现，是一个学校发展的精神支柱和主导动力，是一个学校发展的灵魂，是一个学校的精神表征。校园文化的构建是一个长期过程，要结合学校的地理环境、人文环境、前期基础，而不能一蹴而就。校园文化的构建是学校全体人员思想、精神、文化、价值观念在学校发展中的集中凝聚的深刻反映，而不是学校领导主观意志的体现。校园文化内化于学校灵魂的深处，而不是简单的外表的反映，当然学校外表在一定程度上可以反映。校园文化形成后具有特殊的稳定性，不因学校领导人的变化而变化，因此，校园文化对学生发展影响具有深远性。中国特色社会主义爱生教育提倡校园文化建设，鼓励校园文化建设与当地民族文化相结合、与学校发展历史相结合。在推进爱生教育实践过程中，很多学校都结合自己的优势和特色，大力加强学校校园文化建设，逐渐形成诸如以国学文化精神、红色文化精神、民族文化精神、民俗文化精神为代表的校园文化。

（三）加强教学管理建设，保障教学质量

教学管理是学校管理的重要组成部分，也是学校管理的中心工作，它涉及教师队伍管理与建设、课堂教学管理与评价、德育管理、班主任管理、学生管理、学生素质评价等方面。学校教学管理要有以下原则：一是教学管理要有系统性。学校的教师队伍建设、课堂教学管理、班主任管理等要有系统的规划，既要有明确的分工，也要相互协调配合；既要有与时俱进的发展性，也要有一定的历史继承性。二是教学管理要有开放性。立足于社会管理的大系统，将教学管理与社会系统有机结合起来，促进教学管

理方法、手段的社会化，立足于不同学校之间的交流，学习借鉴不同学校教学管理的特长和优势，在此基础上提升教学管理水平和绩效。三是教学管理要体现主体性。不仅要明确实施主体的权利和责任，更要将学生这个主体凸显出来，将促进学生发展，提升学生的主体性作为教学管理的首要任务来抓。四是教学管理要有平等性。教学管理的实施部门与教师、学生之间要建立在平等对话的基础上，要营造人人皆为管理者、人人皆为受管理者这样的和谐氛围，构建平等、和谐的教学管理体系。

中国特色社会主义爱生教育推进有效教学，其目的就是通过有效的教学管理制度，实施有效的教学方法，实现有效的教学目标。

（四）加强完善教育评价，促进学校发展

一个教学系统或管理制度是否有效，必须要开展科学的教育评价工作。科学的教育评价工作可以客观评价教学系统中的不同主体（管理者、教师、学生）的行为绩效和管理制度实施效果。科学的教育评价具有导向功能，具有方向标的作用，可以引导教育资源的配置方向，可以引导学校管理的注意方向。中国特色社会主义爱生教育在效果评价中，没有将学生的学业水平评价作为重要指标，而是作为其中的指标之一。因此，爱生学校在教学过程中能够放手开展实践活动、道德教育、文化教育，通过文化引领，培育学生的健康心态和优良道德品质。科学的教育评价具有诊断功能，通过教育评价，可以科学诊断学校在教学过程中存在的问题和不足，可以科学针对教学效果与教学目标的达成度，可以科学针对学校教学管理绩效、教师教学方法的有效程度、学生学习方法的有效程度等，从而引导学校针对不同的问题，采取相应的措施，不断促进学校的科学发展。

第二节　学校开展有效的教与学的途径与方法

一、爱生教育有效的教与学的内涵与要求

随着我国九年义务教育普及程度的不断提高，基础教育课程改革的逐步深化，追求优质的教育质量，成为了基础教育发展的主旋律。这种对优质教育的追求，不仅表现在经济发达的地区，同时也体现在农村和西部地区。公平正义和教育质量是紧密联系的，我们对儿童平等教育权利的保障，是为了让他们获得有质量的教育，如果儿童在学校不能接受到良好的教育，教育对他们的健康成长没有发挥应有的作用，这样的教育机会就没有意义。所以，实现教育的均衡发展，不仅是数量上的均衡，更是质量上的齐头并进。

从当前我国基础教育发展的基本情况来看，素质教育的思想、以人为本的科学发展观已经被绝大多数的校长和教师所认同，但是，如何在学校教育实践中体现这些先进的现代教育思想和理念，并不是一件容易的事情。传统的以教师为中心的课堂、僵化地按教材教学、机械记忆为主的教学方式仍然存在于学校教育之中，学校生活单一、课堂教学沉闷、学生学习兴趣不浓等问题已经成为了学校中产生学生辍学和导致学习困难的重要原因之

一。“正是由于教与学的问题，而使学校失去吸引力”①。

爱生学校建设最重要的目标之一就是提高教育教学质量，主要是通过“有效的教与学”来实现的。爱生学校“有效的教与学”是指“教师作为学习的引领者（facilitator），运用自己的专业知识和技能，激发学生的学习动机，组织学生的积极参与，充分利用课程资源，设计有效的教学策略，通过师生互动的教育教学活动，帮助学生取得最佳的学习效果，从而促进学生主动、全面、有差异的发展，实现预期的教学目标”。具体要求包括四个方面：拥有爱岗敬业、关爱学生、专业化水平不断提高的教师；开发渗透生活技能教育的课程；实施以学生为中心的有效教学过程；建立开放、持续发展的教学支持系统。②

如果用爱生学校有效的教与学的理念来审视教育教学过程和方法，那么教师思考问题的角度就会发生很大的变化。比如发现学生学习没有什么效果时，往往会去找学生身上的原因：学生不守纪律、不认真、不努力、不配合等。但爱生学校理念从另一角度去思考这个问题，即要更多地考虑教师教育教学是否存在低效性，学生的学习方法是否存在问题，学生的生活方面、精神方面是否遇到了什么困难或打击等。所以，爱生学校有效的教与学强调在常规的教学中关注每一个教学环节的有效性和学生对教学的适应性。

---

① 朱益明：《有效的教与学：爱生学校的核心》，载《基础教育改革动态》，2009（5）。

② 资料和数据来源于笔者主持的云南省教育厅教育基金重点项目（2009—2012年）《爱生学校视野下的学校发展规划》的课题实地调研。

二、爱生学校校长的领导意识与能力

建设爱生学校，将爱生的思想落实到学校教与学的活动之中，并使学生学有成效，这不仅需要有爱生的理念，更需要学校具备爱生的能力和行动。

学校作为一个以教学为中心层层展开的有机系统，校长首先必须要有统驭教学工作的能力，才能有序高效地管理好学校，切实提高教学的有效性，提高办学质量。爱生学校对校长统驭教学工作的领导能力主要从三个方面来衡量：校长对学校的教学改革的实践和方向有自己的见解，并充满信心；教师认可学校的教学改革，并积极参与；学生认可学校的教学。其建设策略包括三个方面：针对学校的教学改革，校长每学期专门组织一次座谈会，听取教师和学生的意见和建议；校长能够采取有效措施鼓励并指导教师从学生需求出发进行教学改革；校长能够及时学习和研究与教学改革有关的政策、理论和经验。例如，永平县厂街乡岩北村完小毕加平校长针对小学生课外作业求量不求质的现状进行了思考、学习、研究，探索了很多有效提升小学生课外作业效果的做法，如小学生的日记设计、快乐假期作文等，他在有效教学方面的爱生实践充分体现了一位农村校长的教育教学领导素质和能力。①

其次，校长要努力促进学校建立开放、互动、“研训一体”的教学支持系统。具体要求是从爱生学校的基本理念出发，在项

---

① 资料和数据来源于笔者主持的云南省教育厅教育基金重点项目（2009—2012年）《爱生学校视野下的学校发展规划》的课题实地调研。

目县教育行政部门的领导下，整合相关教师培训资源，利用现代远程教育技术，以学习者发展为中心，以教师专业发展为需求，以教师培训机构为依托，以导师制建设为突破口，为全县农村中小学教师的专业发展提供公平、方便、持续、互动、有效的支持和服务，从而不断提高教师的专业水平和能力，提高教育质量，促进儿童的全面发展。在学校资源有限的情况下，充分利用远程资源、社区资源，最大限度地吸收外部资源，形成开放的教学支持系统，是促进学校、师生发展的有效措施。校长要把现代信息技术作为爱生学校教师的有力工具和教学的重要手段，我国“农村中小学现代远程教育工程”中远程教育三种模式就是一个开放的教学支持系统，充分利用远教工程的成果和经验，可以从技术层面缩小由数字鸿沟造成的教育不平等，促进爱生学校的有效教学。远程教育内容资源本身的互动性与在课堂上教与学的互动，是提高学生学习兴趣和教学实效不可或缺的两个方面。

再次，校长要具有促进教师队伍建设和发展的能力。具体要求是，校长应了解教师的特长，能够用其所长；学校有明确的教师队伍建设规划和措施；校长支持教师参加业务培训，并积极创造条件；校长对学校教师队伍建设的想法能够体现在学校的管理制度和措施上。玉龙县巨甸县中心完小和四代校长是这样做的：“爱生传递，从我开始，充分尊重每一个教职工，为教师的发展和进步提供公正的机遇，为他们的工作和生活提供和谐的环境。每年一度的教师节、春节、中秋节，我都会给全校教职工一条慰问短信，短短的十几个字，既印证着他们辛勤的付出，又送去我真诚的祝福，传递着我们彼此的友谊，这条短信被老师们称为节日里最珍贵的礼物。我想，当我爱老师了，老师就能把更多的爱洒向学生、校园。”①

三、爱生学校教师实施有效的教与学的能力

邓小平说过：“一个学校能不能为社会主义建设培养合格的人才，培养德智体全面发展、有社会主义觉悟的有文化的劳动者，关键在于教师。”② 为此，他提出要尊重教师的劳动，提高教师的质量，发挥教师的作用。我国当前新的课程改革倡导以“学生为本”，强调学生学习的灵活性和系统性，作为课程最终实施者的教师，他们的思想、行为、观念等对课程改革过程以及对将课程政策转化为课程实践和课堂授课的方式，都有强有力的影响。因此，在课程改革中努力实现自身素质的发展和提升教育教学能力是当前教师队伍建设中的当务之急。

爱生学校有效的教与学的内涵充分地反映了我国基础教育新课程改革的思想和理念，爱生学校教与学活动的有效性对教师的素质和能力提出了较高的要求。以学生为中心的教育教学活动，并不是排斥教师的参与和指导，而是更加要求教师能够根据不同学生的特点和不同的学习内容，展开更有针对性和更有实效性的课程开发、教学内容选择、教学活动设计、教学过程组织和教学效果的评价分析。因此，加强教师队伍的建设是实现爱生学校有效的教与学的关键因素。

首先，具备爱岗敬业、关爱学生的专业道德和态度是评估爱生学校教师队伍的第一条指标。美国教育家布鲁纳说：“教师是

① 资料和数据来源于笔者主持的云南省教育厅教育基金重点项目（2009—2012年）《爱生学校视野下的学校发展规划》的课题实地调研。

② 《邓小平文选（第2卷）》，107~108页，北京，人民出版社，1993。

教育过程中最直接的有象征意义的人物，是学生可以视为榜样并拿来同自己作比较的人物。”所以，爱生学校的教师最基本的要求是要能够尊重学生的基本权利，教师应该积极地鼓励学生，避免用任何简单的教学方式和生硬的态度挫伤学生的学习积极性，在教育教学过程中，教师的语言中是不能出现“你真是无药可救”、“教你真倒霉”、“讲了多少遍还不会，像猪样笨”等无视孩子尊严的语言的。教师要平等对待每一个学生，具有倾听学生意见的意识与技能，保护学生隐私。了解每一个学生，特别是对少数民族学生、学习存在困难的学生和问题学生给予更多的关注。

其次，爱生学校的教师要具有教育教学的专业知识和专业能力。这些专业知识和能力包括：学科知识，教育学知识；了解、诊断和解决学生在学习过程中问题与困难的方法；帮助学习困难学生的策略；根据学生情况设计教学、因材施教的技能；开展参与教学、组织合作学习的能力；合理运用多种教育评价方式和评价结果促进学生发展的能力。爱生学校强调教师要学会采用以学习者为中心的教学法，使自己的教学活动适应和服务于学生掌握知识的基础、能力和学习特征，自觉和有策略地做好学生学习的指导者和帮助者，避免采用“灌输式”教学。教师应该努力创设让学生采用多种学习方式的条件，让学生在课堂上动口、动手、动脑，积极主动地、有兴趣地学习，同时教师要积极地在这样的课堂中观察与指导。爱生学校的有效教学不仅是在课堂上，还在课外，教师要开展丰富多彩的课外活动，使所有学生都在参与多样化的课内外活动中得到身心发展。要提升教师有效教学的能力，还需要在学校中建立一种制度化的教师学习的制度，建立一种合作的教师学习共同体，要研究课堂中、教学中、学生中的问题和现象，注重运用研究解决问题、改进教学。为了有效利用时间，每位老师都需要在课前对自己的教学进行设计和准备。

玉龙纳西族自治县拉市乡丽金小学华琴老师是一位在有效教学方面表现出色的爱生老师，她说道："我喜欢和学生待在一起，喜欢倾听他们的心声，喜欢采纳他们合理的建议。应学生的要求，我曾带他们一起游览过世界文化遗产丽江古城、鸟的天堂'拉市海'，回到课堂，他们将眼中的丽江古城、拉市海写得丰富多彩。我告诉学生，在老师的心目中最美妙的歌声就是孩子们琅琅的读书声，因此每学完一篇课文，学生们都会饱含激情地朗读课文。如今，我们班的学生已自觉地养成了每天清晨预备铃响后齐读一篇课文的好习惯。为了学生在课堂中学得快乐，快乐地学习，我会花费很多时间备课、搜集资料，与教师们交流、探讨。我在课堂上让孩子们变成了演员，成了辩论家，成了推销员……为了后进生的转化，我精心编排座位，选好小组长，培养班干部，让学生在合作中进步，在合作中互助。课间，我和学生们一同游戏，一同玩耍，孩子们欢快的笑声、活泼的样子让我找到了作为一名平凡的小学老师的乐趣。"①

四、爱生学校实施以学生为中心的教学过程

教学过程是学校教育的核心环节，有效的教与学是成功学习

---

① 资料和数据来源于笔者主持的云南省教育厅教育基金重点项目（2009—2012年）《爱生学校视野下的学校发展规划》的课题实地调研。

的基础，是提高教育质量的前提。中国爱生教育“有效的教与学”包含教师的“教”、学生的“学”以及“教”和“学”的互动后获得预期的结果。以学生为中心的教学过程，指把国际爱生学校强调的“儿童参与”、“互动教学”与我国教育传统中一贯主张的“教学相长”、“启发教学”结合起来，提高学校教学的效果和质量。

爱生学校倡导有效的互动教学，也即“参与式教学”方式，通过师生之间、生生之间的提问、对话、活动等方式激发学生的学习兴趣，帮助学生掌握一定的教学内容，使学生对教学内容形成个性化的理解。这种教学方式，曾经得到了毛泽东主席的欣赏，他主张减轻学生的学习负担，应使学生生动活泼地、主动地得到发展，在当时创办延安干部学校的决定里就提出：“在教学方法中，应该坚决采取启发式的、研究的、实验的方式，以发展学生在学习中的主动性和创造性，而坚决废止注入的、强迫的、空洞的方式。”

表 5－1　传统课堂与爱生学校课堂的比较

	传统课堂	爱生课堂
师生关系	疏远的，教师中心、经常背对学生。	友好而温暖。
教室里的人	同一年龄、同样教材、同样教学进度。	全纳学生，教师可合作。
讲台的摆放	固定的，在教室最前面。	根据需要多种摆放形式。
学生之间	竞争的，严格纪律，互不干涉。	相互学习，共同解决问题。

续表

	传统课堂	爱生课堂
座位安排	固定座位，桌椅成行、成排对齐摆放，有时男女生座位分开。	根据教学内容需要安排座位。
教学资源	课本、练习本、老师的粉笔。	使用各种各样的材料。
教学过程	老师讲，学生听；谁发言由老师决定。	学生讨论，多种形式。
时间分配	完全由老师分配；由学校的铃声控制，但有时拖堂；所有的课时间都一样。	有序但是灵活，可以有大课和小课之分。
反馈与评价	对应标准答案的提问，标准的笔答考试。	多种提问和反馈的方式；多元的评价，如日常观察、成长记录袋等。

小组合作学习是大规模班级组织教学的一种有效方式。合作学习不是作秀，也不是课堂气氛活跃就好，它背后还有着更为深厚的理念支持。在合作学习的课堂上，每个人都是主人翁，合作学习是一种变革，把学习从教师专制指挥下解放出来，带入到一个旨在提高学生合作解决问题的能力的课堂。合作学习的课堂鼓励大家进行讨论，鼓励同学之间相互支持，合作是完成学习任务的手段。合作学习的课堂似乎是老师把权力交给了学生，正是这样老师获得了推动学习的主动权。学生在一起学习的时候，逐渐学会相互鼓励，提出创造性的解决方案。

大班额的参与式教学的关键在于培养学生养成良好的学习习惯，可引导教师总结各种参与式教学的有效经验，如利用手势调控讨论进程、根据教学内容分组，以多样的分组方式增进学生间的互动，学生的发言提问都能得到鼓励性反馈，每个学生能展现自己的学习成果，帮助学生学会自控的方法等，使参与式教学真正发挥实效。

在多样化的学校里，不同学生的背景也是一种教育资源。如正常儿童与特殊儿童的相处，能培养其社会责任感，增强儿童友善、关爱的态度和情感，在帮助他人的过程中体会到助人的快乐；不同民族、不同来源的学生在交往中可以培养和塑造民主平等、尊重差异、宽容共处的良好社会属性，这对培养社会主义新农村的新型人才具有重要意义。在全纳教育的课堂教学上，倡导师生互动、生生参与、小组合作的教学形式，以提供每个学生平等的机会，使每个学生都能认识到自己的特点并充分发挥自己的潜能。

第三节 爱生学校以学生发展为取向的质量体系

一、坚持德育优先，培养学生立德做人

随着市场经济的发展，经济全球化、社会阶层与结构的不断调整、社会价值观的深刻变化、东西方文化的交汇激荡以及信息社会开放的多元文化环境，都使学校教育处于一个非常复杂的社会变化之中，如何在新的环境下进行社会主义、爱国主义和民族精神的教育，培养社会主义建设者和接班人，这对学校的教育工作，包括德育工作提出了新的要求。为此，陈至立指出，学校德育工作极其重要，德育为首的教育观念一刻也不能动摇，德育工

作一刻也不能放松，我们对加强和改进德育的新途径、新手段的探索也是不能停止的。中央教育科学研究所素质教育研究课程组的《素质教育的理论、政策研究报告》，就德育教育问题提出了“要注意在教育方法上的提高和改进，充分吸收德育研究的新成果，以全球的视野和开放的态度改进德育，使德育工作摆脱长期缺乏实效的困境”。

爱生学校有效的教与学不只是关注学科知识和学科技能，更关注儿童的态度形成。在当前价值观多元的时代，爱生学校更加注重培养儿童正确的学习态度和积极的生活态度，引领儿童的终身发展。正如联合国《儿童权利公约》所指出的，教育必须为儿童参加未来社会的生活做准备。在现代社会中，理解、和平、宽容、性别平等和友谊是人类的基本精神。因此，教与学的活动不仅要基于传承社会文化知识，也要培养时代所需要的文明和素养。

爱生学校有效的教与学的一个重要手段就是要在所有课程和教学过程中渗透实施生活价值教育。其基本理念是：每一个人在成长的过程中都能够学会新的生存技能，都可以成为具有爱心、热爱和平的人，并能够在自己的行动中体现这些价值。为此，它提供了包括合作、自由、幸福、诚实、谦虚、爱心、和平、尊重、责任、简朴、宽容和团结十二种个人和社会核心价值，强调通过价值教育实现儿童和青少年的成长和全面发展，并为人类社会的可持续发展与进步铺平道路。生活价值教育的目的具体表现在以下四个方面：一是帮助个人思考和反思不同的价值，通过联系自身、他人、社区以及整个世界来理解价值的实际内涵；二是加深个人对社会相关选择的理解，作出对个人的激励，确立个人对自身和社会的责任意识；三是启发个人去选择他们自己的个人、社会、道德和精神价值，并了解发展和深化这些价值的实践方法；四是鼓励教育工作者和父母将价值观教育看作给孩子们提供生活哲学的教育，促进他们全面成长和发展，使他们带着尊敬、自信和目标融入社会之中，实现自己的人生价值。永平县龙门乡中心完小的“国旗下的成长”活动就具有很强的德育教育意义。他们的爱生教育活动是这样的：趁全体师生在升国旗时产生的爱国激情，从不同角度，对全校师生进行号召、指引和鼓舞，激励大家投入崭新的学习生活。每周都有一个主题，由校长、值周领导、教师代表、学生代表轮流进行生动的演讲。演讲的主题主要包括爱国主义、集体主义、社会主义、革命传统、中华传统美德、民主法制、劳动观念、创新意识、心理健康、禁毒防艾、良好习惯、安全卫生、团结友爱、文明礼貌、护林防火、环保、感恩、爱心、理想、科学、三生（生命、生活、生存）等。这些在学校常规活动中融入的道德教育，能够有效地促使学校全体师生的思想观念和行为方式朝着健康的方向发展。[①]

二、坚持素质教育，保障学生全面成长

一百多年前，马克思和恩格斯就提出了人的全面发展理论，从唯物史观出发论述了人的全面发展的必然性，“现代大工业的本性决定了劳动的变换、职能的更动和工人的全面流动性……承认工人尽可能多方面的发展”[②]。在此基础上，马克思批判了资本

① 资料和数据来源于笔者主持的云南省教育厅教育基金重点项目（2009—2012年）《爱生学校视野下的学校发展规划》的课题实地调研。

② 《马克思恩格斯选集（第2卷）》，213页，北京，人民出版社，1995。

主义私有制所造成的人的片面发展，强调超越资本主义中人的片面发展而实现全面发展，指出“生产劳动同智育和体育相结合，它不仅是提高社会生产的一种方法，而且是造就全面发展的人的唯一方法”①。列宁根据侧重阐述了教育对人的全面发展的重要意义，主张通过普及教育实现人的全面发展，“没有年轻一代的教育和生产劳动的结合，未来社会的理想是不能想象的，无论是脱离生产劳动的教学和教育，或是没有同时进行教学和教育的生产劳动，都不能达到现代技术水平和科学知识现状所要求的高度”②。毛泽东强调人的主体性和能动性，“不要把分数看重了，要把精力集中在培养分析问题和解决问题的能力上，不要只是跟在教员后面跑，自己没有主动性”③，并提出了学生德智体全面发展的教育方针。邓小平在总结前人关于社会主义建设、人的全面发展思想的基础上，主张教育要与国民经济的发展要求相适应，更好地为现代化建设服务，“要做到这点，各级各类学校对学生参加什么样的劳动，怎样下厂下乡，花多少时间，怎样同教学密切结合，都要有恰当的安排”④，强调学校教育要注重理论同实践的结合，并指出在经济社会发展中培育有理想、有道德、有文化、有纪律的“四有”新人。江泽民结合现阶段社会主义建设实践，明确提出了在社会主义现代化建设中开始推进人的全面发展的要求和任务，从人的全面发展的内在规律性中总结出“推进人的全面发展，同推进经济、文化的发展和改善人民物质文化生

① 《马克思恩格斯选集（第23卷）》，30页，北京，人民出版社，1979。
② 《列宁全集（第2卷）》，461页，北京，人民出版社，1984。
③ 《毛泽东论教育革命》，68页，北京，人民出版社，1967。
④ 《邓小平文选（第2卷）》，17~108页，北京，人民出版社，1993。

活，是互为前提和基础的"①。以胡锦涛为代表的领导集体把推进人的全面发展进一步具体化、现实化，提出了"坚持以人为本，树立全面、协调、可持续的发展观，促进经济社会和人的全面发展"。"我们所要建设的社会主义和谐社会，应该是民主法治、公平正义、诚信友爱、充满活力、安定有序、人与自然和谐相处的社会。"由此可见，人的全面发展理论是社会主义教育思想的重要组成部分，也是制定社会主义教育方针、确立社会主义教育目的的理论基础，而要促进人的全面发展，重点是办好社会主义学校教育。②

学校教育的性质和根本任务就是为学生的全面发展服务。③由于历史、社会和文化原因，我国的教育发展在取得巨大成就的同时，同经济社会发展的需要和人民的期望相比，仍存在着不小的差距，从学前教育到研究生教育的各个阶段，都不同程度地存在着一些问题，如教育思想与方法落后，片面注重知识灌输，片面注重考试和考分，忽视对学生求知欲的启迪和引导，忽视对学生自学能力、实践能力、合作能力和创造能力的培养等。因此，深化教育改革的任务十分紧迫，其中尤为重要和迫切的是要切实更新教育思想观念和方法，全面实施素质教育。

一般说来，素质即人所具有的维持生存、促进发展的基本要素，它是以人的先天禀赋为基础，在后天环境和教育的影响下形

① 江泽民：《论"三个代表"》，180页，北京，中央文献出版社，2001。

② 素质教育调研组：《共同的关注——素质教育系统调研》，90页，北京，教育科学出版社，2006。

③ 陈小娅：《在新的历史起点上担负起推进素质教育的使命》，2005年11月江苏南通深入推进素质教育研讨会上的讲话。教育部师范教育司：《爱生学校的理论与实践》，北京，北京师范大学出版集团，2010。

成并发展起来的内在的、相对稳定的身心组织结构及其质量水平，主要包括身体素质、心理素质和社会文化素质等。中央教育科学研究素质教育的理论、政策研究课程组在其《素质教育的理论政策研究报告》里将素质教育的概念概括为：素质教育就是培育、提高全体受教育者综合素质的教育。它以促进人、社会、自然的和谐发展为价值取向，以德、智、体、美、劳全面发展的合格公民为培养目标，以全面贯彻党和国家的教育方针为根本途径，以教育质量的全面提升为显著特征。全国人大常委会副委员长路甬祥认为，全面实施素质教育就是要为人的终身学习与发展打好扎实基础，要使教育者成为素质提高、个性发展、具有创新精神和能力的社会主义事业的建设者和接班人，成为适应全球竞争与合作环境的新时代所需要的人才。[①] 原国务院副总理李岚清同志在1997年《全国中小学素质教育经验交流会》上的讲话中也指出："现在的问题是，全面推进素质教育，对校长、学校领导班子和教师队伍的素质要求更高了，既要转变教育思想、观念，又要在教育手段、方法上有创新和突破；既要研究学生的全面性，又要研究教育内容、要求和适合学生发展的教育教学方法，还要学会使用现代化的教育技术。"可见，素质教育的理想诉求和学校场景中素质教育的实施现状之间存在着较大的差距，而爱生学校的教育实践，除了充分体现素质教育的意义和要求外，其操作方法和实践经验更是落实素质教育的一个有效抓手。

爱生学校的教育理想是要为所有儿童搭建通向现代社会的桥

① 路甬祥：《更新教育思想观念，全面实施素质教育》，载《中国教育报》，2005-12-20。

梁，因此，爱生学校强调教学的目的不仅要立足于学生学习阶段的习得，更要着眼于学生终身的生存与发展。具体说来，就是要让学生在学习知识的同时，体验处理个人和社会事物的方法和态度，形成“心理社会能力”；在学习过程中培养实践与创造能力，这些能力不能够脱离课堂教学独立存在，必须以课堂学习为载体，渗透在语文、数学、科学、思想品德、体育、音乐、美术、劳动技术等课程之中，如在科学课和科技活动中培养探究技能，所有课程中渗透表达沟通与合作技能，为学生提供了解社会多样性和复杂性的学习机会，培养学生批判性思考问题和创新的能力，开设有针对性的生活技能课程，提高学生应用知识解决问题的实践能力。通过改革老师的教学方式，提倡启发式、参与式和体验式教学，调动学生的学习积极性，在打好双基的基础上，注重培养学生的能力，培养学生独立思考的能力、实践动手能力和创新精神。同时要引导学生改变他们的学习方式，使他们能有意识地遵循教育规律和各个学科的学习规律，不断提高自己的学习兴趣和热情，培养学习能力，积极主动的学习，不断提高教育质量。

原教育部基础教育司副司长郑增仪在考察和评估爱生学校建设情况的成效后，对爱生教育进行了总结：“‘爱生学校’的理念与中国正在推行的素质教育的核心是一致的，那就是促进儿童的全面发展，激发儿童的智慧潜能。”①

① 资料和数据来源于笔者主持的云南省教育厅教育基金重点项目（2009—2012年）《爱生学校视野下的学校发展规划》的课题实地调研。

三、坚持因材施教，促进学生个性发展

受教育者的发展过程是各方面素质协调发展的过程。素质教育注重在教育过程中把人的全面发展放在中心地位，而个性优化发展可使每个学生的素质和个性尽可能达到结构合理的、多层次的优化发展，是深化素质教育的必然要求。

在当前社会转型时期，社会阶层正在发生分化，家庭形态和特点也发生着变化，这些直接影响到了作为儿童的学生群体。学生入学基础、个体生活环境及其社会经历也发生着分化。学生群体中的多样化特点日趋增多，也就是说，学校教育面向的学生具有更多的差异性。这些差异性表现在原有的学习基础不同、学校外的学习条件不同、学习的动机和目标不同等。因此，有效的教与学，意味着需要为这些不同的儿童提供最适合于他们的教与学，而不能仍然固守以往统一的教与学要求、内容和过程，需要对学生进行合理的分类、分组，实施有差别的教与学活动。最直接的就是要实施“分层的教学”，甚至个别化教学。需要教师面向不同的学生，提出不同的学习要求，给予不同的辅导，进行不同的学业评价，从而使每个学生都能够在不同起点上选择不同的学习速度，取得相应的学习结果。这种因材施教的教与学，真正体现出了教育面向每个儿童的全纳性和平等性。

以学生为中心的教学过程需要教师考虑学生的经验和需要。学生是学习的主体，课堂教学要以学生为中心，了解学生是一切教学活动的起点。无论什么人学什么东西，都必须凭借自己已有的知识和经验。学生的经验和背景是有差异的，包括学生已有的知识基础和认知风格，也包括学生学习与生活的家庭和社会环境

以及一定年龄段学生的身心发展特点等。每个学生都是独特的，不同的生理结构、心理特征、文化背景使得每个学生在学习和社会交往中表现出不同的行为，进而影响了他们的学业表现和其他方面的发展。认识学生不同的学习风格，了解和尊重学生的多元和差异，在课堂上给予每个学生平等参与的机会，特别是要关注学业成就低、处境不良学生以及特殊儿童的需要和参与机会，善于挖掘其潜能，使每个孩子都享有同等的发展权利。教师的课堂教学不仅要关注学生学习目标的实现，还要关注课堂教学过程评价以及教学方法、策略的运用，及时发现学生学习状况，调整教学策略。在爱生学校中，十分强调通过建设宽容、和谐的师生关系，营造学生主动学习、平等参与、互动合作的课堂教学环境，这对于促进学生的个性发展有着很好的效果。

四、坚持多元评价，加强学校质量监测

2011 年全国基础教育工作会议上明确提出了课程改革、德育、考试评价、教师队伍建设是实施素质教育的四个关键环节。我国也正在积极探索具有中国特色的、符合素质教育精神的教学质量评价标准和体系，多元智能理论告诉我们，每个人都是独一无二的，要全面、多元地评价每个学生的发展，对学生的评价强调从侧重甄别和选拔向促进发展转变。但“学校作为实施素质教育的主阵地，其内在动力、创新能力和生机活力尚未得到有效激发。……学校的内部管理、教学组织仍然受到升学率的影响，有些地方甚至通过层层考核的办法将升学率细化到教育教学的每一

个环节”①。爱生学校的建设力图要改变这样的教育现状。

爱生学校有效的教与学可以帮助儿童实现自身发展，在这一过程中，如何评价和认识学生发展是一个关键环节。爱生学校期望所有儿童成功，它的信条是每个人都能不断取得进步，每个儿童都有责任帮助他人，儿童（学习者）本身以及他的发展永远比学科知识、教法和考试更重要。爱生学校并不强调创造竞争的气氛，而是强调学习者之间的合作。学校教育应乐观地看待孩子，相信每个孩子的身上都潜藏着智慧的种子，善于观察、发现孩子的优势智能，为每个学生提供表现的机会和舞台，尽可能地发掘每个人的潜力，让每一个孩子发展独特的潜能。评价的目的不仅是了解儿童学到了什么，更重要的是要将评价结果用于促进学习过程。评价可以使儿童了解自己的学习目标达成度，让教师了解每个儿童的学习情况，为其量身制定学习计划，适当调整教学策略。为此，教师要对学生提供基于及时反馈的教学适切评价。教师根据学生的性格特点和学习风格，对学生表现作出的有针对性的客观评价，旨在帮助学生认识自己的实际情况，并作出符合个体需求特点的行为改变。

爱生学校学生多元评价的方式可以从永平县龙门乡中心完小的案例中得到反映。龙门中心完小遵循反馈调节、纵向发展、效益优先、过程性、激励性、互动性、多元性等评价原则，以反映学生在学习各个领域的努力和进步程度，培养学生对自己认真负责的态度，学会反思和判断自己努力与进步的目标，树立学生的

① 素质教育调研组：《共同的关注——素质教育系统调研》，90页，北京，教育科学出版社，2006。

自信心，张扬个性，充分发展自我。学校给学生提供学习竞赛、文艺表演、体育比赛、道德修养、习惯养成、中华经典文化诵读、演讲、书法、绘画、手工制作、科技竞赛、社会实践等自我展示的平台和机会，鼓励学生积极参与各项活动，展示自己的才能和成绩，使学生在活动中获得成功的愉悦，为自己的进一步发展提供动力。

学校统一印制了学生成长记录袋，让学生在教师的指导下自主建设自己的成长记录袋。第一，每月每人至少收集一件最能代表自己成长的典型作品。如最佳作品、最佳作业、最佳试卷、优秀作文、获奖证书复印件、文艺创作或表演资料、良好习惯、好人好事、科学探究、科学幻想以及书法、绘画、手工制作作品，教师、家长或同伴对自己的评价资料等都可以作为典型作品。第二，学生对自己所收集的资料或典型作品的产生过程、放入理由进行说明。第三，学生建设以自己的特长为主题的记录袋。如我的学习进步了、我的兴趣爱好、我是未来的舞蹈家、我是未来的画家、我是未来的文学家、我是未来的歌唱家、我是未来的球星等。第四，在教师指导下，设计记录袋作品目录。如主页、情况简介、进步足迹等。通过作品目录能初步了解学生的概况，包括姓名、年龄、所在班级，介绍我最想做的事，我最想说的话，我的特长、兴趣、爱好、理想，我的靓照等。第五，同学之间对自己的记录袋成长作品相互交流分享，相互提出意见，相互学习，共同提高。第六，开展家长评价活动。召开家长会，对家长进行培训，并采用“夸夸你的孩子”、“你对你的子女成长状况如何评价”等方式组织家长进行子女成长记录评价。第七，教师进行综合评价定级。成长记录阶段成果等级分为 A、B、C、D 四个等级。A为“优秀”，B为“进步大”，C为“有进步”，D为“需努力”。每学期，家长、教师各评价一次。通过学生自评、同伴评、家长和教师评，使评价成为教师、管理者、学生、家长共同积极参与的交互活动。以学生自评为主，增强学生的自我意识，注重学生通过自评、互评，在评价中与同伴交流分享，取长补短，进行自我反思，自我教育。

学校每学期组织一次“爱生促我成长”大型成就展，给学生提供班级之间相互鉴赏、相互学习的平台。对做得好的班级和个人进行奖励和表彰。同时，教师也通过多方互动，了解学生发展的实际水平，寻求最佳的教育途径。在评价活动中，家长们会惊讶地问：“评价学生这事，我们也能参与?”这就是爱生理念的作用，有了家长的参与，孩子们会更好地健康成长。

龙门中心完小促进学生全面发展的评价体系，从原来单纯的学科成绩评价，转向评价学生在学习中的各个领域所表现出来的努力和进步，转向评价学生的个性发展和终身发展，更多地发现和发展学生各个方面的潜能，帮助学生认识自我，建立自信，促进学生在原有水平上的发展，由此走向了发展性课程评价，推进了素质教育，产生了良好的爱生效应及丰硕的成果。①

除对学生的评价外，爱生教育还重视对教师实施有效教学的评价，对教师的评价，强调教师了解学生的学习特点和需求，教师能说出班中学生的不同学习风格；教师对所有学生是鼓励和有信心的。为此，学校必须在管理上有激励教师进行教学改革与创

① 资料和数据来源于笔者主持的云南省教育厅教育基金重点项目（2009—2012年）《爱生学校视野下的学校发展规划》的课题实地调研。

新、促进教师专业发展的具体措施和制度。以发展为导向的教师激励机制是立足本校教师队伍整体的实际情况，旨在提升教师工作质量和专业发展水平的教师管理制度、措施和活动设计。

爱生学校标准从四个方面来衡量学校的以发展为导向的教师激励机制：一是每位教师的优点得到发现和发挥；二是教师感到学校对教师的评价是公平的；三是教师明确自己近期的发展目标和长期发展目标；四是教师的流失率逐年降低。教师的发展是为学生的发展服务的，所以考评教师的工作，必须把教师对学生的关注作为重要方面。

对学校教育质量的评价，首先需要了解学生对学校学习和生活的评价，只有当学生对学校有积极的评价，认为他们的学校生活非常愉快，他们对学校学习是有兴趣和信心的，才能说明学校是一个对儿童有吸引力的地方，学校的教育教学才是有效的；其次要保证爱生学校教育教学质量的评估，最重要的手段就是自我监测与评价。云南省制定了爱生学校标准学校诊断手册，帮助校长在实施爱生学校建设过程中的不同阶段，依据四个维度的标准，检查每一个标准的过程指标和结果指标的达成情况，通过自我诊断，更好地发现问题，找到问题的原因所在，从而有效地解决问题，最终促进学校不断发展。

第六章　安全与健康：中国特色社会主义爱生教育的校园环境

马克思主义向来重视生命，将生命作为人存在与发展的逻辑起点。中国特色社会主义爱生教育的首要原则就是尊重学生的生命，维护学生的生命安全和健康。在中国特色社会主义爱生教育的理论视域中，生命、健康与安全才是人存在与发展的根本，也是教育的根本；人的发展从某种意义上来讲就是生命、生存、生活的整体性发展，尊重生命、维护生命安全与健康是一切教育的出发点和归宿。

第一节　安全与健康是中国特色社会主义爱生教育的基本保障

一、生命的脆弱性

人是自然存在物和社会存在物的统一，作为自然存在物的人是作为社会存在物的人的前提和首要条件。因此，人的社会性的体现、人的社会价值的实现都是构建在人的自然性基础上的。正像达尔文发现有机界的发展规律一样，马克思发现了人类历史的发展规律，即历来为繁茂芜杂的意识形态所掩盖的一个简单事实：人们首先必须吃、喝、住、穿，然后才能从事政治、科学、艺术、宗教等。[①] 也就是说，人只有在自然生命存在、健康安全的情况下，才能接受教育，才能创新价值。马克思和恩格斯在对人进行考察时指出，“人是自然界的一部分”，“人直接是自然的存在物”[②]，因此，在马克思、恩格斯看来，自然的生命是人作为人的前提和基础，只有首先是一个活的生物体，成为肉体组织的主体，才有可能成为人。

人的生命同其他生命体的生命一样，都是自然界的一部分，都是在自然规律的约束下成长与发展的，没有绝对自由的生命，只有相对自由的生命。生命是短暂的，也是脆弱的，首要的原因就是无处不在的、无时不在的自然灾害对生命的戕害。人的生命作为自然界的一部分，从一开始就生活在自然规律的约束中。当今社会，由于人的主体性的过度张扬，导致了人与自然关系的恶化，久而久之，自然界承载着人类扭曲的价值观念太多太深，已经不堪重负，开始向人类释放自身的压力。因此，在这种情况下，人的生命必然要受到诸多自然灾害的影响，很多幼小的生命还没有茁长成长为社会栋梁，就因为自然界的伤害而失去美丽的笑容。

生命脆弱的第二个原因就是生命随时会遭受他人的伤害。人类生活的世界是一个极端主体性的世界，在这个世界，每个生命

① 《马克思恩格斯选集（第3卷）》，776页，北京，人民出版社，1995。

② 《马克思恩格斯全集（第42卷）》，95页、167页，北京，人民出版社，1979。

个体都在维护自身的利益，都在努力实现自身的价值，这当然无可厚非，但重要的是，由于人的主体性的膨胀，必将给人与人之间的关系带来紧张、矛盾和冲突，随时可能伤害脆弱的生命。健康的生命都是在一定社会约束下的自觉发展，而不是没有约束的放任发展。现代社会，生产力的发展、科学技术的进步，给生命个体带来日益丰富物质资料和多彩易变的精神生活，人的生命能力在一定程度上增强了，但事实上，在这种日益扩大的人类整体生命环境中，每一个生命个体的生命空间却变得更加狭小，这必然给生命体之间带来矛盾和冲突。在现代社会高速运转的快节奏下，每一个生命个体再也不能过着悠闲的生活，取而代之的是个体的忙碌。因此，每一个生命个体的生命压力变得越来越大，如果这种压力得不到及时释放，那么在一定的环境和条件下，生命扭曲现象就会产生，对自己、对他人都会产生极大的不良影响。在物质资料日益充足的同时，也带来了生命成本的增加，每一个生命个体再也不能回到原先的简单生活状况，而是适应了占有诸多生活资料的安逸生活，因此，对每一个生命体而言，生命的成本在增加，生命负担在开始加大，这使生命体的内心世界的和谐开始慢慢失去。更为重要的，就是当今人类生命环境恶化，在享受主义、个人主义极度盛行的现代社会，人作为一种社会动物，不断攫取自然资源和社会资源，不断地将自己的生命领域延伸、扩大，这样带来的显著问题就是人类整体生活环境的恶化，人们在追求有限的自然资源和社会资源的时候，必然在生命空间中交汇、碰撞、矛盾与冲突，最终可能演变为对他人生命的掠夺。

生命脆弱的第三个原因就是人的生命的未特定性，或者说学生生命发展的未成熟性。这种未特定性的好处在于人的生命可以强化，可以被进一步塑造，但是缺点就是未成熟的生命抵抗风险的能力较弱，具有较高的生命风险。人的未特定性是“指人的活动器官在构造和机能上具有非专门化的特点和性质。这里所说的人的器官的非专门化，是指人的器官并非为专门适应某项特定的、特殊的环境而服务的，因此，它不具备适应某一特定环境的特殊功能”①。人的生命的未特定化为教育的存在提供了空间，也就是说，教育能够帮助人学习某种原先没有的技能，使人不断适应新的生活和新的要求，从而提升生命技巧和生命能力。爱生教育关注学生的生命健康，就是运用教育方法和手段，来促进学生掌握生命、生存、生活知识的技能，不断适应社会发展变化所带来的挑战，不断减少来自各个方面的伤害。

二、维护生命安全

人是万物的尺度，人的生命高于一切，“任何人类历史的第一前提无疑是有生命的个人存在”②。维护生命安全是中国特色社会主义爱生教育的首要目标，促进每个学生生命发展、促进每一个生命体的和谐、幸福是中国特色社会主义爱生教育崇高的价值追求。教育不仅是传授知识、文化、价值观念的一种社会活动，也是一种完善人的生命、提升人的生存、完满人的生活的一种社会活动。教育开始于人的生命起点，结束于人的生命终点，教育伴随人的生命全过程。教育通过完善人的生命价值体系，不断促进人的未特定化发展，促进人的全面发展，因此，教育在本质上

① 冯建军：《生命与教育》，18页，北京，教育科学出版社，2004。

② 《马克思恩格斯选集（第1卷）》，35页，北京，人民出版社，1972。

就是一种完善人的生命的实践活动，是促进人的生命、生存、生活和谐全面发展的实践活动。中国特色社会主义爱生教育始终坚持马克思主义以人为本理念，始终将人的生存与发展作为社会发展的基础，作为教育发展的基础，爱生教育高度彰显教育的生命本性、生命特征，将热爱生命、尊重生命、发展生命的理念与价值贯穿在教学管理、教师发展、学生管理、德育工作等学校工作的全过程中，特别是将生命理念与价值渗透到相关学科的教学以及社会实践活动中。在教育教学中，爱生教育从最基本的生命知识、生存技巧、生活技能、社会道德、文化礼仪等知识传授，使人的自然生命得以强化，使人的社会生命得以灿烂。

（一）正确地认识生命

人的生命发展具有内在的逻辑性，无论人的自然生命还是人的社会生命，在其发展过程中都有独特的内在规律，生命个体只有了解掌握生命发展的一般规律以及自我个体生命发展的规律，才能规避生命的风险，积极开展生命实践，从而实现生命的价值与意义。要维护生命安全，首要的前提就是正确地认识生命，科学地对待生命，把握生命发展的规律，正确处理生命发展过程中出现的各种冲突和矛盾，学会化解生命困惑、生命危机的技巧，从而走出生命困境。认识生命的前提和基础就是热爱生命，因为，生命对每一个人来说都是美好的，在生命旅程中，生命个体会欣赏很多美好的风景，会实践很多有趣、有意义的事情，会感受很多快乐幸福的情感，会在不同的生命交往中体会到人生的价值、人生的意义、人生的幸福。认识生命就要把生命作为一种系统的生命来看待，因为生命本身不是生命本身的事情，生命的本身从宏观上来讲是生命、生存、生活的有机体，任何生命的发展都是基于生命、生存、生活三者的和谐发展，因此，认识生命，也就是认识生存和生活。认识生存，就是让生命个体掌握生存知识、学习生存技巧，为生命安全与健康护航。认识生活，就是让生命个体掌握生命交往中的法则和伦理，明辨生命伦理和生命意义，从而为实现生命的价值奠定现实的基础。

（二）掌握生命法则

中国特色社会主义爱生教育不仅关注生命的理论认识教育，更关注生命的法则和技巧教育，在实践教学环节和过程中通过一系列的活动，人工制造出很多生命危急情境，让学生在人为的较为真实的情境中学会如何维护生命安全。

1. 学会生存

因为只有生命个体在学会生存的情况下，生命安全健康、生命价值意义才能成为可能。生存法则讲究适者生存，每一个生命个体都要积极、主动地承担起发展生命的责任，都要积极、主动地学习生存技能、掌握生存技能、提升生存技能，从而提升生命能力，把对生命的各种伤害降低到最低；在学会生存中，还要把握生存有度，每一个生命个体的主体性和独立性的前提就是学会与他人相处，学会和自然和谐相处。

2. 尊重生命

每一个生命体的形成都是一个奇迹，都有其存在发展的合理性和必然性，我们要学会尊重这个奇迹；每一个生命个体不仅要尊重自己的生命，更要尊重他人的生命，因为每一个生命体都是宝贵的，每一个生命体对社会、他人都存在着潜在的价值，生命体的潜在价值一旦转变成为现实价值，必然会对社会发展产生积极的效果。

3. 不伤害

如果说尊重生命是一种维护生命的被动原则的话，那么不伤害原则实际上就是一种主动原则。因为任何生命个体只要不积极主动地危害他人的生命，那么生命安全健康系数将会大大提升。但是在现实生活中，由于心理特征的差异、经济利益的纠纷、语言行为的碰撞、文化风俗的差异、价值信仰的不同等原因，人与人之间往往造成很多矛盾与冲突，这些矛盾和冲突会对生命带来不同程度上的伤害。因此，维护生命安全与健康，就要学会化解生命矛盾和冲突，坚持不伤害原则。

（三）达成生命安全目标

中国特色社会主义爱生教育坚持生命发展的宏观性，主要从社会系统出发来考量生命的存在和发展，也就是说，中国特色社会主义爱生教育不仅仅关注生命体内部的事情，不仅仅从生命个体的角度出发去维护生命安全，更主要的是从社会大系统层面去构建维护生命安全的保障体系。从自然环境来看，科学技术快速发展所带来的对资源过度开发和使用，以及所带来的自然资源的枯竭、环境恶化等诸多问题，对人类生命产生极大的危害，因此，要维护生命安全，就要从尊重自然、与自然和谐相处、维护生态平衡等方面出发去考量。为了达到这样的目的，中国特色社会主义爱生教育将维护生命与尊重自然、保护自然结合起来，让学生从小就养成热爱自然、尊重自然、与自然和谐相处的品质。维护生命安全还要从维护生命系统平衡出发去思考，因为生命系统的发展与其内部要素或结构密切相关。在某种程度上，生命系统是生命、生存、生活构成的有机体，生命系统的发展是三者相互配合、共同发展的结果，因此，要从生命、生存、生活三个维度（层次）去推进生命系统的发展，维护生命系统的安全、稳定与发展。当然，生命的自组织结合之间的和谐发展也是非常重要的，构成生命自组织的诸如生命心理、生命意志、生命情感、生命态度、生命信仰等要素要形成一定的秩序，按照既定的秩序，生命个体才能自觉认识到自身的存在和个体生命的独立性、完整性和非特定性。

（四）维护生命健康和谐

达成生命安全的目标就是维护生命存在，但是生命发展不仅仅是生命存在问题，也就是说，生命存在只是人作为有机体意义上的存在，人的生命还要向社会生命完满的方向发展，那就是维护生命的健康和谐。中国特色社会主义爱生教育在维护学生生命存在的基础上，还充分关注学生的身体健康、心理健康，充分关注学生全面发展。在身体健康上，中国特色社会主义爱生教育从健康医学、营养学专业知识角度出发为学生的身体健康发展构建一套较为完善体系。在教学中，学校不仅传授学生健康医学、营养学方面的专业知识，还教会学生日常的个人卫生知识，帮助孩子养成良好的生活习惯和健康习惯。同时，学校还积极开展体育和课外实践活动，有的学校根据少数民族传统体育样式，自编了适合学生发展的民族操，让孩子在日常教育中接受传统体育的教育，既提升了学生的身体健康水平，又培养了学生的民族情感。更为重要的是，爱生教育在学校评价指标上，将学生的健康水平作为学校办学成效的重要条件，在结合联合国教科文组织提供的学生健康指标的基础上，中国特色社会主义爱生教育在学校中全面实施中国政府资助的农村学生营养改善计划，重点突出学生的营养条件和身体健康水平，并从营养学、健康学等学科出发，构建了中国特色的社会主义爱生教育健康评价指标。在心理健康上，中国特色社会主义爱生教育开展了多种形式的心理健康教育，爱生学校从课堂教学、团队活动、学校管理、德育工作、班主任工作等方面出发，密切关注学生的心理需求和心理变化，将维护学生的心理健康作为学生工作的重点，特别是对家庭困难学生、留守儿童等重点学生开展了各个方面的经济资助和心理关怀，有力化解了学生的心理问题。在全面发展上，中国特色社会主义爱生教育超越了当前愈演愈烈的实验教育，主要原因在于爱生教育学校没有升学压力，教育行政部门在考核评价中没有将学生的考试成绩作为评价学生发展、学校发展的重要指标，而是通过评价不断突出学生的道德品质、身体素质、心理健康、个性特色等综合素质的发展。

（五）推进生命自由发展

人的生命的未特定性，是人的生命不断走向完善的前提与基础，也是人的生命走向自由发展的必然条件。按照马克思主义的观点，矛盾是推进事物发展的根本原因，其实生命也是如此，“人的生命是一个由多重矛盾关系所构成的否定性统一体”，“是一个不断自我否定的辩证发展历程”，[①] 也就是说，人总是在不断地否定自我的生命、生存、生活状态，总是不断打破原有的生命安全、生命价值、生命意义体系，总是在打破旧的生命约束中完成自我否定、自我创新，总是在稳定——变化、秩序——自由、肯定——否定这样周而复始中螺旋式上升，从而一步一步将生命

① 高清海等：《人的“类生命”与“类哲学”》，42页，长春，吉林人民出版社，1998。

的自由状态向前推进。[①] 中国特色社会主义爱生教育在关注学生生命发展的基础上，更加关注学生生命发展的主动性、主体性、独特性、超越性。在教学过程中，学校鼓励教师善于观察、发展学生个性特征和潜能，积极鼓励学生发展自己的个性，展示自己的特长。在这个过程中，不仅让学生的自我价值得到了体现，而且也有力地促进了学生的个性品质发展以及特长的形成，这对学生未来良好的发展奠定了基础，更为学生不断提升生命能力，不断突破生命约束，不断走向生命自由积累了经验。

第二节　营造安全、健康、卫生的校园环境

一、安全和卫生的学校基础设施和环境

（一）安全与健康校园的含义

《现代汉语词典》中的“校园”泛指学校范围内的地面，爱生学校里的“校园”是指以教师教、学生学以及学校管理活动为核心而建立起来的包括学校周边环境在内的所有教育、教学与管理设施所构成的各种条件的总和。

从学术意义界定“安全”的概念，我们可以参考《韦氏大词典》的解释：安全，即指人和物在社会生产生活实践中没有或不受或免除了侵害、损伤和威胁的状况。广义上讲，安全应该是指人类在任何生产、生活或其他一切生存发展活动中不受任何危险和伤害、没有尊严的威胁，能身心健康、安全地从事活动。而相

① 周家荣：《三生教育的生命伦理本质》，载《湖北社会科学》，2012（6）。

对狭窄的安全定义，则是指人们在生产生活过程中，能将人员伤亡或经济损失控制在可接受的水平状态。

在《辞海》中“健康”的概念是：“人体各器官系统发育良好、功能正常、体质健壮、精力充沛并具有良好劳动健康食物效能的状态。通常用人体测量、体格检查和各种生理指标来衡量。”世界卫生组织的章程给“健康”的定义：“健康不仅为疾病或虚弱之消除，而是体格、精神与社会之完全健康状态。”

学校校园作为学生的求知乐土，焕发着活力与朝气，是温暖的育人净土，被人们称为无忧象牙塔和美丽的世外桃源，中国特色社会主义爱生教育的校园，首要任务就是营造安全、健康、卫生的物理环境，爱生教育的校园尤其美丽，正如苏霍姆林斯基在《帕夫雷什中学》中写道：“绿树葱葱的校园全景是美的；绿叶映衬着的串串琥珀般果实的葡萄丛是美的；各楼之间甬道两旁的排排蔷薇是美的；学校果园中繁茂果木一年四季都是美的；盘绕着野葡萄蔓的学校正门门廊也是美的……”① 学生身心浸润在安全、健康和优美雅致的环境中是一种润物细无声的滋养。爱生学校把保障学生的健康和安全作为学校一切工作的基础。从儿童的视角出发，在尊重儿童的前提下采取积极的预防措施，保护学生的安全，促进儿童的身体发展和心理健康，使儿童感受到无论是身体方面，还是心理和情感方面学校都是一个可以获得支持和帮助的场所。

随着时代的变迁，校园与现实社会的联系越来越密切，难免

① ［苏］苏霍姆林斯基著，赵玮等译：《帕夫雷什中学》，453 页，北京，教育科学出版社，2007。

存在着危险，加之小学生生理、心理和认知能力都处于不成熟阶段，自我防御能力差，安全意识薄弱，更容易受到伤害，校园已不再是人们公认的远离危险和威胁的天堂。[①] 早在 2003 年共青团中央、全国少工委、国家教委和公安部四部委联合在全国推广的“中国少年儿童平安行动”在全国范围内统一开展了专门针对少儿意外伤害事故的调查，调查结果显示，对于儿童受到意外伤害的场所而言，父母最担心的地方就是学校。[②] 近年来，国内外那些触目惊心的校园意外伤害事件，无不给学校的安全管理敲响了警钟。

为解决农村中小学普遍存在的校园环境卫生条件差、相关生活设施不配套等问题，国家自 2006 年起实施“新农村卫生新校园建设工程”，持续加大投入，不断改善农村中小学办学条件和环境，努力把每一所中小学校建设成为平安、卫生、文明、和谐的校园，切实保障全国广大少年儿童的全面发展和健康成长。

（二）中国特色社会主义爱生教育校园环境的愿景

中国特色社会主义爱生教育校园环境的愿景包括：建筑物完好而没有危险，校园干净而舒适，有足够的饮用水，无性别和能力歧视的卫生设施，完好的黑板，摆放安全合理、大小合适的安全家具和处于教师监控下的操场，学校了解学生的健康状况，有医疗保健人员的帮助，反对吸毒、酗酒和抽烟，心理和情感上感到安全。有保障学生安全、健康的教学、生活和卫生的基本设施和设备（教室、体育场地与器材、食堂、饮用水设施、厕所等）；

---

① 马和民：《小学危机管理实务》，1～2 页，北京，中国轻工业出版社，2009。

② 同①。

学校有医务室及专兼职医务人员；校园中有符合学生身心健康发展的布置和温馨提示；学校有卫生部门检验合格的饮用水；学校的建筑和校舍的维修符合国家的相关标准及规定；学校的建筑和校舍的维修符合国家的相关标准及规定；学生因教育教学设施设备不安全造成伤害事故，如体育器材致伤等的发生率下降；学生的突发意外和伤害能够得到及时有效的救助；学生可以方便地看到安全和健康的警示标志；学生可以喝到数量足够的、符合卫生标准的饮用水；学生，尤其是女生和行动不便的学生感到厕所使用方便、安全。

二、影响校园安全与健康的主要因素

（一）静态有形因素

静态有形因素通俗来讲即显性因素，大致包括操场，房屋建筑，教育教学设施（桌椅板凳、黑板、教鞭），地面，饮水设施，交通设施等。

一个安全的环境，能使儿童快乐地成长。爱生学校在工作开展中，把学生在校的“平安”问题放在了工作的首位，从生活的细小处着手，做到爱护、关心学生，努力创建一个平安的校园。

案例：永平县厂街乡岔路村完小创建平安校园

（1）校内楼道粘贴安全警示语。为避免楼道、楼梯出现拥挤的现象，学校在教学楼、学生宿舍的过道上粘贴了安全提示语，让全体学生提高安全意识。

（2）校门外设置交通安全警示牌。有些学校大门外有公路横穿而过，过往的车辆速度快，对师生的出入造成威胁，所以在门口设置了安全警示牌，学生放学都有值周教师、班主任和带班领导到门口维持秩序。

（3）木质床铺上加上护栏。有些学校学生宿舍床铺简单，床边无护栏，学生睡觉易滚床，学校结合实际，给床边加上铁护栏，楼梯加上扶手，学生安全得到保障。

（4）木质窗子换新衣。学生宿舍的窗子是木条窗，冬季学生睡觉挨冻，学校利用项目部补助的300元，给宿舍挂上了窗帘，学生可以度过一个温暖的夜晚。

（5）“我卫生，我健康；健康从这里开始”两句温馨的话让学生主动把生活用具放进明亮、卫生的橱柜里，学生的良好生活习惯得到培养，健康得到了保障。

（6）校园围墙得到修缮。校园尽管有大门但还无法封闭，校园里随时有社会上不正当的人出入，师生人身安全受到威胁，晚上入睡不安心，家长反映强烈。学校经过商议后，利用“十一”黄金周修缮了两道围墙，广大教师松了一口气——“现在晚上值班安心多了”。

（7）学生活动场地得到改善。农村学校特殊的地理位置，使得学生的活动场地受到限制，为了增大学生的活动空间，尽量减少学生拥挤带来的安全隐患，合理美化、绿化校园，为学生创设良好的学习生活环境，学校对校园的原绿化区进行了重新改造，课余，学生玩得更开心了。[①]

（二）动态无形因素

动态无形因素通俗来讲即隐性因素，大致包括教师、学生、

---

① 资料和数据来源于笔者主持的云南省教育厅教育基金重点项目（2009—2012年）《爱生学校视野下的学校发展规划》的课题实地调研。

学校领导者及其与之相对应的教育教学行为，学校管理行为，学生课间游戏、生活行为等。

安全的环境，不仅包括物理环境的安全，也包括学生的人身安全和心理情感上的安全。儿童多样的能力和背景导致的同学之间的欺负行为，这仅仅是校园暴力的一个方面。虐待、性侵犯、体罚以及心理上的惩罚，也是儿童感到不安全的原因。

对于消除校园暴力，教师可以采取如下行动：从小教给学生健康的、非暴力的行为方式；学习和运用有效的、非暴力的方式教育学生，不要让学生误以为暴力是解决问题的有效手段；教师自身作出榜样，不用暴力的方式解决矛盾；和学生之间更好地沟通，例如学会倾听学生们的心声；监督媒体、学校、同辈群体和社区组织对学生的影响；树立对所有学生的期望；对帮助他人和用非暴力方式解决问题的学生进行鼓励和表扬；对酒精、毒品等问题有所了解；教给学生处理紧急问题的有效方法；向专家寻求帮助；给学生提供练习生活技能的机会，特别是如何用非暴力的方式解决问题的训练。

案例：丽江玉龙纳西族自治县文海完小

1. 学校为儿童提供保护、健康向上的环境

（1）学校爱生领导小组带领全体教师不定期检查校园的各个角落、每间教室。清除了危害学生安全的设施，学校领导通过多方努力，修建了一所全新的厕所及引进了安全、卫生的自来水，解决了师生的如厕和饮水问题。学校还借社会各界爱心人士的大力支持，对学校所有教室安装了太阳能供暖系统，所以宿舍修建了洗澡间，极大地改善了师生的生活条件。

（2）学校在华润集团的资助下成立了“爱心图书室”，师生

可以定期借阅，创建了学生有书读、爱读书的良好校园文化环境。

（3）利用墙报、板报等多种方式，在校园内外进行爱生理念宣传，展示活动成果。

（4）学校每个周一都带领学生到校园周围进行以“爱我校园，美化校园”为主题的爱国卫生活动。

（5）每周五放学的时候，全校学生要集队，对学生做安全教育。[①]

2. 学校注重学生的养成教育

（1）通过国旗下的讲话、班队主题活动等形式的教育，广大学生养成了良好的卫生习惯：不乱扔垃圾，不随地吐痰，搞好个人卫生等，使学校得到了“校园无垃圾”的美称。

（2）学生养成了良好的文明习惯，见到老师、同学都能自觉地问好，班级之间更友爱、和睦了。

（3）学校更加重视住校学生的生活，严格培养他们的饮食及就寝等习惯。

（三）行动策略

现代管理学之父德鲁克说：“管理是一种实践，其本质不在于‘知’而在于‘行’；其验证不在于逻辑，而在于成果；其唯一权威就是成就。”

爱生学校应该是一个能保证儿童生理、心理和情感安全的场所。如果学校不能提供给学生这样的环境，学生可能就无法发挥

① 资料和数据来源于笔者主持的云南省教育厅教育基金重点项目（2009—2012年）《爱生学校视野下的学校发展规划》的课题实地调研。

最大的潜能，进行最为有效的学习，相应的，入学率和学习质量就会下降。

为了避免儿童受伤害，使他们健康地发展，学校、教师和家长要改变观点，不再认为自己知道如何让儿童们感到安全，而是从儿童的需要出发，了解他们需要什么；不再从成人的观点来看待环境，而要从脆弱的儿童的角度来看待环境；不要等到伤害发生了再来想办法保护儿童，而是要事先积极预防伤害的发生。

（四）建立起两种视角

1. 儿童的视角

学校或者教室中哪些场所存在着安全隐患？操场不被注意的角落会发生什么？可能心细的学生早有发现，但是却不知怎么告诉老师；可能学生们对某个地方感到害怕，私下议论，老师却一无所知；可能在成人眼中无足轻重的问题，对学生来说却是极大的困难。所以，学校管理者不应该主观地认为自己知道如何让儿童们感到安全，而是要从儿童的需要出发，了解他们需要什么；不应该从成人的观点来看待环境，而要从脆弱的儿童视角来看待环境；不要等伤害发生了再来想办法保护儿童，而是要积极预防伤害的发生。

永平县博南镇曲硐完小从学生视角出发，发现并排除了校园周边的安全隐患，重新调整了校园规划布局，进一步绿化、美化了校园。①

曲硐完小有学生 626 人，其中 93% 是回族学生，学校校园非

① 资料和数据来源于笔者主持的云南省教育厅教育基金重点项目（2009—2012年）《爱生学校视野下的学校发展规划》的课题实地调研。

常优美。在实施爱生学校项目前，校园内布置了很多的盆景，虽然美化了环境，但是孩子们没有了活动玩耍的空间，常常在盆景的空隙中跑来跑去，存在安全隐患。自从项目实施以来，学校以儿童的发展为本，积极听取学生的意见，改进了绿化方案，既要绿化也要保障学生安全，于是搬走盆景，留出空地给学生使用，深受学生的欢迎。另外，因学校回族学生居多，所以，学校针对回族学生特点开设了兴趣班，兴趣是最好的老师，通过提高学生的兴趣，也提高了学生学习成绩，正效应就像雪球一样越滚越大，学生良好的行为习惯也潜移默化地培养了出来。[①]

2. 弱势群体的视角

苏联教育家苏霍姆林斯基曾说过："亲爱的朋友，请记住，学生的自尊心是一种非常脆弱的东西。对待它要极为小心，要小心得像对待一朵玫瑰花上颤动欲坠的露珠，因为在摘掉这朵花时，不可抖掉那闪耀着小太阳的透明露珠。"在爱生教育的校园里，无论是从事学校管理还是班级管理，教师首先应有一颗爱心，尤其是对待不太寻常的孩子更要耐心加细心，因为，这些孩子往往有着极强的自尊心，比正常孩子敏感和脆弱，更渴望得到拥抱与关怀。针对单亲家庭的孩子，教师给予更多的关爱，关心他们的身体，询问他们的学习，了解他们日常生活的安排及与父母的关系等。针对有心理阴影的学生，教师就开导他。针对与父母失和的孩子，教师一方面教育他们理解父母，学会感激，主动与父母沟通；另一方面将家长请来，了解家长对孩子的看法，并

① 资料和数据来源于笔者主持的云南省教育厅教育基金重点项目（2009—2012年）《爱生学校视野下的学校发展规划》的课题实地调研。

转达孩子的想法，帮助家长与孩子消除隔阂，有时还建议家长如何与孩子相处，因为家庭教育是学校教育的保障，家庭的不幸福，孩子或多或少会有问题。在爱生学校里，教师对学生嘘寒问暖，帮助他们解决学习上、生活中的困难。不仅如此，教师还引导同学互助互爱，使每个同学都感到班级就是温暖的家。在爱生的校园里，由于教师的言传身教，再加上学生的热情、天性善良，团结友爱的风气很快在班级形成。

但是，长期从事教师工作的老师都知道，不是所有的学生都会在老师短期的教育引导下很快进入良性循环的境地，面对这种情况，作为教师必须具有更为细致的爱心和更为长久的耐心，如此才能使教育对象逐步转化，进入良性循环状态。

案例：我们的学校变了

一四班郑××；家长：杨××

随着爱生学校项目的实施，越来越多的不幸儿得到比其他正常儿童更多的关注和照顾，拥有和正常孩子一样的接受教育的权利。从侄女那里得知，她们班里就有一名小儿麻痹患儿，虽然她的动作极不协调，成绩总跟不上其他同学，但老师从不准同学欺负她，老师也总是给她最特别的照顾，每天放学，都有同学轮流帮她拿书包，都有同学主动搀扶她下楼。从侄女的言谈中我欣慰地发现了，11 岁的她已经懂得了什么是尊重，什么是平等，什么是善良，什么是爱。①

① 资料和数据来源于笔者主持的云南省教育厅教育基金重点项目（2009—2012年）《爱生学校视野下的学校发展规划》的课题实地调研。

（五）建立起两种机制

1. 防预机制

“达摩克利斯之剑”对应的英文是 The Sword of Damocles，用来表示时刻存在的危险。此典出于古希腊的一个历史故事：公元前 4 世纪西西里东部的叙拉古王迪奥尼修斯（公元前 430—367 年）打击了贵族势力，建立了雅典式的民主政权，但遭到了贵族的不满和反对，这使他感到虽然权力很大，但地位却不牢靠。有一次他向宠臣达摩克利斯谈了这个问题，并且用形象的办法向他表明自己的看法。他为了满足一下宠臣达摩克利斯的贪欲，把宫殿交托给他，并赋予他有完全的权力来实现自己的任何欲望。这个追求虚荣、热衷势利的达摩克利斯在大庆宴会时，抬头看到在自己的座位上方天花板下，沉甸甸地倒悬着一把锋利的长剑，剑柄只用一根马鬃系着，眼看就要掉在头上，吓得他离席而逃。这时迪奥尼修斯王便走出来说道：“这把利剑就是每分钟都在威胁国王的危险象征，至于国王的幸福和安乐，只不过是外表的现象而已。”因此，人们用“达摩克利斯之剑”借比安逸、祥和背后所存在的杀机和危险，告诫人们要经常反思潜在的风险并化解之。

对于全人类来说，战争是“悬”在我们头上的“达摩克利斯之剑”；对于学校管理者来说，学校安全是“悬”在所有与学校有关的人们头上的“达摩克利斯之剑”。如果校园中，从管理者的校领导到基层的教师和学生，每个人都像宠臣达摩克利斯一样沉浸在“安全校园”的环境之中，而没有人去注意头顶这把悬着的利剑，那么，一旦这把利剑从马鬃上落下，其后果将不可挽回的。①

学校对安全作出应答是远远不够的。对学校而言，最重要的是能够具有危机管理的意识，预测随时可能发生的危机，了解危机的征兆和苗头。

2. 救助机制

一是建立安全事故发生后的紧急处理系统，聘请消防、医疗与交通系统的工作人员做安全知识讲座；紧急情况拨打110、119、120或999电话；设置必要的消防、医疗器械与设施以备不时之需。二是建立起相应的学校安全管理规章制度。制定行之有效的管理制度，使学校的安全工作达到规范化、制度化，并能及时处理突发的安全事故，切实有效地降低安全事故的危害。

第三节　营造团结友爱的心理氛围

一、引导各族师生建立团结友爱的心理环境

（一）学校在师生心理健康教育方面的作用

党的十六届四中全会通过的《中共中央关于加强党的执政能力建设的决定》，提出了建设“社会主义和谐社会”的目标。学校作为整个社会体系的重要组成部分，是建设和谐社会的重要音符。和谐校园的建设因势而生，人的全面发展是构建和谐校园的最终目标。和谐的校园关系、师生关系、教师与家长关系，有利

① 马和民：《小学危机管理实务》，186页，北京，中国轻工业出版社，2009。

地提升了学校的社会满意度。在和谐校园的建设中，大家关注学校有没有安全问题，大多停留在表面显性的层面，往往忽视师生的心理健康这一隐性安全问题。心理健康问题一般具有隐蔽性、滞后性、潜伏性和长期性而被忽略，给师生、学校、家庭和社会带来无法估量的后果。因此，袁贵仁在2013年全国教育工作会议上的讲话中谈到：提升学生身心健康水平，加强心理健康教育的问题。要重视心理健康教育课程和心理健康教育辅导室、心理咨询中心的建设，启动中小学心理健康教育示范校创建工作，促进学生健康成长。教育部副部长刘利民在《全面推进中小学心理健康教育工作为青少年健康成长奠基》中也谈到心理健康教育工作的重要性。在中国特色社会主义的爱生教育学校里，必须努力营造友善的心理氛围。

学校是有计划、有组织地进行系统教育的组织机构，是师生主要的生活和学习场所，学校环境对师生的心理健康教育起主导作用。一是物质环境。校园与教室的布置符合学生身心健康发展的布置和温馨提示，农村的很多学校也建起了形式各异的心理咨询室，心理咨询室的布置对师生心理健康教育影响很大。物质环境的整洁与用心，是师生心理健康教育的坚实基础。二是制度环境。爱生学校努力营造一个平等、民主、活泼、严肃的学校气氛，促进学生的养成教育，最终确立特有的校风。三是文化环境。学校文化实质上是一种德育隐性课程。通过学校文化，对学生进行道德熏陶，帮助学生在潜移默化中接受道德规范，实现道德成长。

（二）教师的个性特征及教育实践活动对学生心理健康教育的作用

教师作为心理健康教育的主体实施者，是学生的知心导师，教师的言行是学生最直接的榜样，滴水穿石般静静地影响着学生的心理健康水平，教师在心理健康方面为学生起到表率作用。教师的个性和人格特征最直接地影响学生心理健康成长，具有积极乐观人格的教师，很容易感染学生，并为学生营造一个愉悦的学习环境，很好地帮助学生树立正确的价值观和强大的自信心。学生的良好行为是在鼓励、公正、严格、清晰沟通的气氛中养成的。具有不良人格的教师，容易给学生造成心理压力，使学生产生焦虑、自卑等消极心理，严重影响学生人格的健康发展，甚至造成多种适应不良症。学校应对教师的体罚、欺辱、不尊重、忽视等容易对学生心理造成伤害的行为有明确的禁止规定。

（三）学生自身的心理发展水平对心理健康教育的作用

小学生的自我意识和主体意识不断增强，越发萌动主动探索外部世界的冲动，爱生学校更多地体现出学生参与、学生为主。但是儿童的自我认知能力和自控能力较差，他们拥有一颗丰富、敏感、脆弱、可塑性极强的心灵。这就要求学校更加细心地呵护他们幼小、善良的心灵，爱生学校有关爱和保障弱势群体的政策，全校师生要具备了解并且掌握应对校园欺辱、敲诈、勒索等负面行为的技能；学校在学生中间公开讨论欺辱和粗暴问题，增加儿童的合作能力和主动性，能够减少学校内的欺辱行为的发生；经常创造儿童反映其心声的机会，及时了解和掌握学生的心理状况，并且给予有针对性的帮助。

二、完善避免师生受到伤害的措施

学校应该是一个友爱、快乐和安全的学习、玩耍环境或“庇护所”。如果一个学校的气氛不友善，没有支持性，那么学生和教师的心理健康就会受到负面影响。在学校中，容易使学生的心理健康受到负面影响的行为有体罚、欺辱、歧视、忽视、敲诈勒索等。这些行为可能会导致学生产生恐惧、羞辱或者自卑的不良情绪，从而可能厌恶学习和学校，甚至形成反社会的意识和行为。

从学校层面出发，学校要保护师生不受诸如暴力、骚扰、性侵犯等的侵害；对体罚学生等行为有明确的惩治措施；对暴力、骚扰、性侵犯学生等现象有恰当的预防和应对措施；学校内无诸如侵犯个性和隐私、歧视、忽视等心理侵犯性行为发生；学校有保护师生免遭伤害的政策和途径，师生了解这些政策和途径，便于促进学生个性全面、和谐发展，身心潜能充分发挥。

从师生角度出发，要提高师生的心理健康水平，防止心理和行为问题的发生，优化心理素质。一是面对学生开展预防性和发展性的心理健康教育，使学生不断正确认识自我，增强自我调控、承受挫折、适应环境的能力；培养学生健全的人格和良好的个性心理品质，提高全体学生的心理素质和心理健康水平。二是面向老师，彰显人文关怀，学校的管理工作应尊重教师的个性发展权利，促使学校管理不断走向人性化与制度化的完美结合。

第四节　开展以技能为基础的安全教育

一、健全应急避险的管理制度

教育的根本宗旨是为了人的幸福与发展，如何杜绝校园重大伤害事故的发生，创建一个平安、和谐的教育环境，是每一个教育工作者义不容辞的责任。爱生学校都有切实可行的应急避险预案；学生在校园的所有场所活动时能得到有效的关注；学校定期组织有教师、学生和家长参与的安全评估活动；学校每次评估后都有改进措施。

（一）制定应急避险管理制度

爱生学校都会依据自身学校的情况有针对性地制定应急避险管理制度，包括以下方面：

1. 值班制度，每天有一名校领导和两名以上的教师值班，巡查和处理安全健康方面存在的问题，确保学生在校园的所有场所活动时都得到有效的关注。

2. 门卫制度，建立校外人员入校登记或者验证制度。

3. 校内安全定期检查制度和危房报告制度。

4. 消防安全制度和消防工作责任制。

5. 用水、用电、用气等相关设施设备的安全管理制度。

6. 食堂物资定点采购和索证、登记制度与饭菜留验和记录制度。

7. 实验室安全管理制度，这些制度和操作规程应置于实验室显著位置。

8. 住宿学生安全管理制度，配备专人负责住宿学生的生活管理和安全保卫工作。

9. 学生安全信息通报制度，重大疫情和突发事件及时上报，并将学生非正常缺席或者擅自离校情况及学生身体和心理异常情况及时告知其监护人。

10. 绿色保障制度，学校的通道和相关活动设施充分考虑残障儿童等弱势人群；建立校园关爱组织，对弱势群体提供及时的帮助和支持等。

（二）学校应急预案

学校应急预案应该包括如下方面：

1. 组织机构。学校应成立安全领导小组，主要包括组长、副组长、通讯联络组、安全救助组、疏散引导组等，每个人的职责十分明确。通过组织管理，使学校的每一个教职工在事故发生时都能发挥作用。

2. 安全领导小组要保持通信畅通。

3. 事故发生时的紧急处置。一是及时报告。包括受损情况和救援进展。二是现场处理。包括分配救援任务；组织采取防御措施，必要时疏散人员；估计救援需求的构成和规模，组织协调等。三是安抚家长。第一时间通知家长；派有说服力的代表做好家长的安定工作。四是应对新闻媒体。不瞒报、谎报突发事件；由应急处理小组统一对外发布情况；安排专人负责接待媒体；采取滚动发布的原则。

4. 事故后的心理重建工作。

二、为学生设置以技能为基础的安全教育内容

（一）教师接受安全知识的教育和技能培训

对所有教师进行安全知识的教育和技能培训；定期有针对性地对家长和教师开展安全专题讲座和宣传活动；教师具有应对突发事件的基本知识和技能。

（二）在课程和教学过程中渗透安全教育的内容

为学生设置了有针对性的应对突发事件的技能训练（专门课程、专题活动或讲座）和实践演练；确保学校组织的各种活动中

无意外伤害（如交通事故、溺水等）的发生。

案例一：永平县厂街中学安全与健康情况

学校安全宣传、检查、督促到位，制度健全，责任明确，措施得力，无安全责任事故发生。经常与卫生院、安监局、公安机关、司法机关、疾控中心合作，对学生进行相关安全教育。课外文体活动、运动会等有计划地开展。每年都与学生及学生家长签订安全责任书，与教师签订机动车安全使用责任书，每星期都向学生宣传交通安全、食品安全、消防安全、教学安全等方面的知识。学校每星期都对宿舍、教室、食堂、厕所、垃圾堆等场地进行消毒，有健全的旧器材管理制度，专人负责。

积极向上级主管部门、政府争取资金，解决运动场地不足、住宿楼排危等困难。

2009年，该校被永平县推荐为“依法治校示范学校”。①

案例二：永平县厂街中学安全教育

安全教育十分重要，学校把安全工作放在各项工作的首位，时刻对学生进行安全教育，做好学校安全工作，确保学生人身安全，维护社会稳定。在安全教育工作中，学校校长是学校安全工作的第一责任人，政教主任具体负责安全工作，工作人员是安全工作的具体责任人。学校有安全工作领导机构，健全的安全工作制度，分工明确，责任到人，安全工作时时有人抓，处处有人管。

具体做法：

（1）开学的第一节课上安全教育课，讲安全知识，如防火、

---

① 资料和数据来源于笔者主持的云南省教育厅教育基金重点项目（2009—2012年）《爱生学校视野下的学校发展规划》的课题实地调研。

交通等。有教案、有记录，每两周上一次安全教育课。

（2）利用板报、墙刊搞安全知识专栏，增强学生的安全意识。

（3）每年邀请县交警大队、乡派出所、乡安全监督办公室相关人员进行安全教育讲座2次。

（4）时刻注意火灾隐患，每周检查一次明火和电源线路。随时更换电线路。

（5）对危房、危床及时维修。

（6）每次集体活动不忘安全教育。

（7）学校对体育设施定期检查。

（8）学校设有安全工作检查记录，检查内容、存在问题及整改措施填写齐全。

（9）集体活动和课余活动制定安全防范措施，确保万无一失。

（10）制定饮食卫生管理制度，经常对食品进行检查，坚决杜绝“三无”食品和过期食品在学校出售。

（11）各班每月都召开安全教育主题队会，使学生增强安全责任感，认识到安全的重要性。

（12）加强值周值班工作，衔接到位。

学校不遗余力地对安全工作定期详细检查，发现问题及时处理，牢固树立“安全第一”的思想，把学校的安全工作放在各项工作的首位，建立了学校安全档案。把安全工作落实到实处，让学生有一个良好的学习和生活环境，努力把各项活动搞得更好，让家长放心。

面对存在的问题，学校重新确定了发展方向，转变师生、家长的观念，克服一切困难，努力创建爱生学校。严格按《中国爱生学校标准》逐步建设学校，确立了“以人为本，全面发展，提升质量，突出特色，以爱生和永续教育为理念”的办学思想；努力创建“学生舒心，家长放心，教师安心，社会满意”的温馨家园。①

第五节　促进学生健康成长的管理策略

一、学生主体性原则

学校健康教育应树立以学生和谐发展为本位的思想，充分尊重和理解学生，以实现学生在真正意义上的主体性健康发展。学校健康教育必须重视学生的主体性发展，这是中国特色社会主义核心价值观的根本表现。学生的主体性发展体现在学生具有自我构建、自我发展和自我完善的意识和行为能力上。学生的主体性决定了在学校健康教育中受教育者不是全然被规定和被束缚的对象，而是能够凭借自身的理性去自主养成健康习惯的主体。学校有以学生为本的健康管理制度和为学生开展以技能为主的健康教育，学校严格执行各种有关学校卫生和健康方面的要求；教师接受过健康教育的知识和技能培训；学校设有心理咨询室，配备专兼职的心理健康辅导教师；建立学生健康体检制度，并开展定期

---

① 资料和数据来源于笔者主持的云南省教育厅教育基金重点项目（2009—2012年）《爱生学校视野下的学校发展规划》的课题实地调研。

体检；建立学生健康档案，并定期对学生的健康状况进行评价，评价结果要及时反馈给家长；建立传染病防控和食品卫生安全的基本制度等。

二、健康教育技能的提升

学校健康教育是通过校长、教师、家长和学校所在社区领导的广泛合作，给学生提供完整的、积极的经验和知识结构，包括设置健康教育课程，创造安全的学校环境，提供合适的健康服务及健康教育规划，让家庭和社区更广泛地参与，以促进学生健康。健康教育是学校教育的重要组成部分，可以通过多种多样的健康活动，全面改善学生健康状况。健康教育的形式有三：

一是学校健康知识教育。按照学生的认知水平，围绕知识、态度、技能、行为等方面需求，设置系统课程，规定教学时数；每次教学有明确目标、重点、难点。教师可根据需要，灵活运用多种教学方法，加深学生理解，提高兴趣。教学不仅限于课内，还可通过社会实践进行，如组织学生参加世界艾滋病日、爱牙日、无烟日、禁毒日等活动。活动中教师做好言传身教，启发观察思考；活动后及时总结，使教育内容得到升华。

二是学校健康服务。配合学校的保健活动，如体检、免疫接种、突发事件应急处理等，提供知识宣传教育。以集体或个体的方式进行，帮助学生在树立信念的基础上，促进行为改变。集体指导针对普遍存在的问题和困惑（如不良卫生习惯），以课外活动方式，或在团队活动中穿插进行。个别指导针对个体存在的特殊问题，采用启发、说服的方式，促使不良行为转变。

三是学校健康环境。为促进学生积极参加健康活动，培养主动的健康意识，首先是物质环境改善，包括校内的各种活动和措施，课程安排、规章制度的完善，减轻学习负担和改善教学设施，以利于学生健康；其次是创造良好的人际环境，教师良好的言传身教、师生间协调的人际关系，使学校形成一种团结和谐的气氛。

三、符合学生特点的体育教学活动

体育教学是学校教育的一项重要内容，而且是国家体育事业的重要组成部分。体育教学是学校教育的一个重要组成部分，对于提高整个中华民族的整体素质也有着重要的意义。中国特色社会主义的教育方针就是要使学生“德智体”全面发展。早在1957年，毛泽东与少先队员在一起时就曾说：“世界是你们的，也是我们的，但是归根结底是你们的。你们青年人朝气蓬勃，正在兴旺时期，好像早晨八九点钟的太阳，希望寄托在你们身上。”八九点钟的太阳是生命力旺盛的寓意，没有强健的身体，孩子们将来何以成为国家的支柱？苏联教育家苏霍姆林斯基也非常关注健康和体育，他在《帕夫雷什中学》一书的《课堂上的体育和运动》篇中谈到：“只有当整个教育教学工作都贯穿着对学生健康的关怀时，体育运动才能在他们的全面发展中起到一定的作用。”① 充分显示出体育运动是重要的教育手段。目前，学生的体育锻炼没有得到足够的重视，很多学生的体质每况愈下。在这种

① ［苏］苏霍姆林斯基著，赵玮等译：《帕夫雷什中学》，236～238页，北京，教育科学出版社，1983。

情况下，袁贵仁于2013年全国教育工作会议上的讲话中谈到：学生体质不好，全面发展无从谈起，强国梦难以实现。一是健全学校体育工作评价机制。重点加强学生体质监测和公告制度。教育部将研究制定专项督导办法，加大督导评估力度，将各地各校学生体质健康状况以及体育经费投入、条件改善、阳光体育运动开展等情况向社会公布，向家长反馈。二是切实保障学生体育课和体育锻炼时间。各级各类学校要开齐开足体育课，把每天一小时校园体育活动作为学校教育工作的重要内容，列入学校课表。要因地制宜地开展丰富多彩的体育活动，培养学生的体育习惯，形成一两项终身受益的运动爱好。

体育课是对学生进行体育教学的基本组织形式。通过体育课以增强学生体质，掌握体育的知识和技能。体育课程的内容和负荷量要适合学生的年龄、性别、健康状况和体力特点；遵守体育锻炼的基本原则，结构合理，形成适宜的运动密度和生理负担；教学内容的实施有助于增进健康、匀称发育和正确姿势的形成；保持连续性，在每周课程表中应同其他课程有机地结合；授课应有适宜的运动场和专用设备，学生应着运动服进行锻炼。学生的运动量取决于课程的强度、密度和时间三因素的综合情况。古人云：“教人未见其趣，必不乐学。”由此可见，兴趣是学生学习的动力，根据小学生年龄特点，采取游戏的形式对其具有特殊的吸引力，能够激发他们练习的兴趣和积极性。教学内容上力求丰富多彩，提高学生对体育活动的满意度。

四、因地制宜的课外体育活动

课外体育活动是学校体育的主要手段和组织形式之一，是实现学校体育目标的基本途径。开展好课外体育活动，对于增进学生健康，增强体质，促进身心正常发展，巩固体育课所学技术、技能，陶冶思想情操，丰富课余生活等具有重要意义。山区农村小学的体育教学现状是“没有条件，创造条件也要上”，农村小学要在没有体育场地和体育器械很少的情况下因地制宜地开展体育教学活动，充分利用现有的体育场地、器材资源。

项目学校在科学使用、规范管理联合国儿童基金会下发的体育活动器材的同时，各体育教师就地取材，发挥自己的聪明才智，最大限度地丰富了孩子们体育课的学习及活动内容。玉龙纳西族自治县黎明乡茨科完小安排了固定的时间用于学生娱乐和开展课外活动。除体育课、课间操、课间十分钟、中午休息一个半小时的时间外，每天下午还专门安排了一节活动课，用于学生自由参加自己喜欢的文体活动，学生活动时间占在校时间的30%。每逢重大节日，学生还参与社区的文艺演出活动。

课外文体活动的广泛开展，不仅使学生身心得到愉悦、体魄得到锻炼、个性得以彰显，而且促进了学生文明行为习惯的养成和学校教学质量的提高，增强了学校对学生的吸引力，使学生对学校产生留恋之感、惜别之情。①

---

① 资料和数据来源于笔者主持的云南省教育厅教育基金重点项目（2009—2012年）《爱生学校视野下的学校发展规划》的课题实地调研。

第七章　参与与和谐：中国特色社会主义爱生教育的民主管理

“参与与和谐”是爱生教育理论在教育环境和管理模式上的一种探索，它主张通过全员参与学校管理来凝聚学校、家长和社区的合力，共同构建内外部关系和谐、符合学生成长规律和特点的校园环境，从而使其成为实现爱生教育其他三个维度，即“全纳与平等”、“有效的教与学”、“安全与健康”目标的基础条件和管理保障。

第一节　参与与和谐是中国特色社会主义爱生教育的基本方式

一、参与是中国特色社会主义爱生教育的基本方法和途径

中国特色社会主义爱生教育倡导参与精神，追求和谐目标，从根本上来讲，是当前中国特色社会主义政治理念在教育系统的

反映和体现，也是一种实践和探索。在当前中国政治生态系统中，协商民主已经成为推进中国政治文明发展的重要理论支点和实践抓手，之所以协商民主成为政治谱系的热点，一个重要的原因就是因为当前中国民众政治参与度较低，政治参与热情不足，政治参与精神低迷，因此，党的十八大提出要加强协商民主建设，[①] 其目的在于通过协商民主来推进社会民众的参与，提升主体的政治参与度和参与水平。同样，在当前中国教育生态系统中，构建平等公正、参与合作、互动和谐的教学环境已经成为推进中国教育改革发展的重要导向，之所以参与式教育成为教育改革的热点，一个突出的原因就是传统的教师主体性的过度彰显，消减了学生的参与性、独立精神和个性特征，因此，推进参与式教育已经成为教育改革发展的时代诉求。

倡导参与精神、实践参与理念，是一个促进社会系统资源、价值不断流动的过程。在这个过程中，社会民众通过合理的途径参与到政治、经济、社会、文化等社会生活的方方面面，评价社会系统，合议社会系统发展成效与问题，并为社会系统的发展提供整体性意见，最终促进社会系统的和谐发展。也就是说，倡导参与、实践参与并非给社会系统带来矛盾，相反，通过参与激发了主体性和民主意志，促进社会要素的合理流动和社会结构的优化。同样，教育系统推进参与教学目的也是在于促进教育资源的优化配置，促进教育系统的和谐发展。在这个过程中，教育系统的各种主体精神得到尊重，价值得到实现，教育公平得到彰显。

① 胡锦涛：《在中国共产党第十八次全国代表大会上的报告：坚定不移沿着中国特色社会主义道路前进，为全面建成小康社会而奋斗》，北京，人民出版社，2012。

（一）参与是中国特色社会主义爱生教育对教师教学方法的基本要求

教学活动是一种主体与主体之间思维方式相互对接交流、心理相互沟通的过程，是主体与主体之间相关交换信息的过程，是主体与主体之间共同理解研习获得知识的过程，是主体与主体之间价值观念、情感态度相互交流的过程，因此，教学过程应该是教学主体之间的参与互动过程，是主体间行为，或主体际行为。但是，受传统知识论影响，教师在教学过程中，片面强调单一的知识获得过程，过多地追求以教师传授为主导的教学方法。当然这种教学方法对单纯性的专业知识的传授具有直接性和便利性，但是它忽略了接受知识的对象是具有不同思维方法、不同情感态度的学生，因此，在以教师灌输为主导的教学方式下，学生被视为整齐划一的没有生命、没有情感的产品，这种统一的产品被赋予同样的特征。

中国特色社会主义爱生教育倡导参与教学理念，尊重每一个学生的观点，平等对待每一个学生，鼓励每一个学生充分地展示自己，将每一个孩子都视为独一无二的、有个性的生命个体，将每一个生命个体的需求和发展纳入教学目标管理体系中。在教学过程中，爱生教育充分关注每一个学生的思维，肯定每个学生的自我认识和自我评价，积极引导学生参与课堂教学、团队活动、学校管理中，鼓励学生在课堂上积极发言参与讨论，阐明自己不同的观点；鼓励学生参与小组学习，将自己的学习心得和学习方式与其他同学交流；鼓励学生参与集体活动，让他们在参与活动中学会帮助别人、容纳别人、欣赏别人；鼓励学生参与社会活动，帮助他们观察分析社会问题，培养社会实践能力和动手能力。通过一段时间的参与教育，一些性格内向的学生开始活跃起来，很多关系不好的学生之间开始友好起来，一些厌学的学生开始找到自己的人生价值和生活乐趣，与传统的灌输式教学方法相比，爱生教育推进的参与教育，使学生的主动性、积极性、创造性得到极大的提升。

（二）参与是中国特色社会主义爱生教育提升学生主体性的方法

在传统的教学思维下，学生是接受知识的主体，是教学行为的受动者，在师生教学关系中处于被动的地位，这种观点是对学生主体性的一种漠视，也是对学习主体性的偏见。在教学过程中，教师发出主体性的行为后，也就是说教师在传授知识后，作为教师行为接受者的学生，不是简单的接受，而是有加工的接受；不是全部接受，而是有选择的接受；不是统一的接受，而是有创造的接受，因此，在教学过程中，学生的主体性是无时无刻不存在的，教师要充分尊重、关注、培养学生的主体性，让主体性成为引导学生将知识内化的重要动力，让主体性成为培养学生学习兴趣、独特思维和创新能力的起点。事实上，“人的主体性是一种与人生相伴的并不断得到发展和完善的人类特征。建构主体教育论就在于：不仅将人视为社会历史的主体，更将人看作是实践的主体，并在教育活动中将教师和学生（或儿童）都看成是不可重复的独立的主体，因此，自己要确立人在自我认识、自我发展、自我完善过程中的主体地位，他才能成为真正的社会和历史的主体，并通过改革客观现实、超越客观现实的创造活动，去进一步确证自己的主体性地位”①。

中国特色社会主义爱生教育充分关注学生的主体性，充分尊重学生的主体性，在社会实践活动中、在参与式教学中、在人与人价值交往中，积极培养学生的主体性，主要表现在爱生教育对每个学生的情感、态度、价值观念都持包容态度，鼓励学生与学生之间要经常交流情感，鼓励学生与学生之间要相互学习良好的道德品质；对每个学生的自我认识、自我评价能持宽容态度，通过学生在自我认识和自我评价中的积极性成分引导学生自己把握自己的方法，自己提升自己的自觉性，自己提升自我的价值实现。

（三）参与是中国特色社会主义爱生教育培养学生创新能力的方法

创新精神是人基于社会实践、参与合作所培育的精神，创新能力是人在社会实践中不断体现出来的，也是人在参与合作中不断生发出来的。创新精神来源于与众不同的个性化思维、求异性思维，是价值主体思维方式对传统的、权威的、统一的、既定的思维、理论、观点、模式、行为的一种挑战和质问，同时在一定程度上也是对传统的一种继承性超越。中国特色社会主义爱生教育倡导创新精神，积极培养学生的创新能力。在参与教育中，教师首先积极培养学生的独立性、自觉性和能动性，因为独立性、自觉性和能动性是自我能力、自我控制、自我发现、自我创造能力的一种体现。在参与的整体环境中，教师非常鼓励学生独立地

① 王坤庆：《教育哲学：一种哲学价值论视角的研究》，156页，武汉，华中师范大学出版社，2006。

创造具有自我风格的成果，鼓励学生独立自主地提出自我的观点，这种观点同时也要接受其他学生的质询、评价与挑战。在培养学生独立性的基础上，教师鼓励学生学习借鉴其他同学的学习方法、思维方法，鼓励学生积极进行交流合作，在思想交流中不断碰撞、不断争鸣、不断修正、不断完善，提升自己对知识的不同理解、对问题的不同看法、对社会的不同观察、对价值观念的不同判断的能力，从而使得学生能够在综合他人经验和判断的基础上提出自己的观点。教师鼓励学生用不同方法思考同一个问题，对不同方法思考问题的过程进行分析，客观评价不同方法所带来的不同结果，同时对不同方法所带来结果进行客观的效果评价，从而让学生在思考中学会分析，在分析中获得经验，在经验中获得方法，在方法中获得技巧，在技巧中获得成长，在成长中生长新的观念、新的思维。

（四）参与是中国特色社会主义爱生教育培养学生道德品质的方法

有参与就会有交往，有交往就会有价值观念、道德品质的交流和彼此统摄。因此，交往可以认为是在参与基础上的人与人关系构建、情感交流、价值活动的社会活动过程，它是人存在发展的最基本的方式。在交往过程中，人首先要学会一定的知识文化，学会适应特定的习惯和行为准则，从而不断提升自身的能力、心理品质和道德素养。另外，人在交往过程中能够学会处理社会关系的技巧，学会尊重他人、关爱他人，学会和他人平等相处，学会以自己特有的思维方式去思考人生，学会以自己能力去创造价值、实现价值。事实上，参与本身就是一个双向构建的过程，参与的主体方面，总是在以自己尊崇的价值观念、道德品质去统摄他人，另一方面，同样在接受对方价值统摄的基础上，以自己尊崇的价值观念、道德品质去影响他人，在这个双向互动过程中，互动双方的主体都在构建彼此的价值观念和道德品质，这是道德品质研习的过程，也是价值观念升华的过程。中国特色社会主义爱生教育非常重视学生道德品质的培养，通过构建一系列互动交流的平台、举办一次次团队集体活动、开展丰富多彩的实践活动，让学生在彼此的意识统摄和自我的价值塑造中不断完善自己的道德品质。

二、和谐是中国特色社会主义爱生教育的基本原则和目标

和谐教育是中国特色社会主义的重要要求。党的十八大报告提出，必须坚持促进社会和谐，社会和谐是中国特色社会主义的本质属性，要把保障和改善民生放在更加突出的位置。[①] 因此，促进教育和谐发展是社会主义和谐社会的重要任务和内容，也是保障和改善民生问题的主要抓手。当前，市场经济追求利益的思想对教育领域产生了很多负面影响，教育功利主义日益彰显，教育逐渐沦为市场的附属产品，教育领域中的一些权钱交易、寻租行为不断滋生，教育权力与财富权力结合的速度越来越快，从整体上影响了教育事业教书育人的神圣性。在市场手段成为社会资源配置主要手段的社会大背景下，教育资源受市场手段配置的影响性也越来越大，在市场方式进行教育资源配置体系中，出现了

① 胡锦涛：《在中国共产党第十八次全国代表大会上的报告：坚定不移沿着中国特色社会主义道路前进，为全面建成小康社会而奋斗》，见本书编写组：《中国共产党第十八次全国代表大会文件汇编》，北京，人民出版社，2012。

优质教育资源配置的不均衡性现象，而这种不均等的教育资源配置方式所带来的结果就是教育质量的不均衡，而由此带来的最大问题是教育的不公平问题。除了深受市场配置方式的影响之外，教育资源配置的另外一个方式就是行政权力配置方式，在一定意义上，当前的教育资源配置方式仍然是以政府为主导的配置模式，这个模式从理论上来讲是维护教育公平的最好形式，但是以政府权力为主导的配置模式，往往却是形成教育不均衡问题的主要根源，主要原因在于很多优质的教育资源在政府权力的干涉之下实现了自由流动，不过这种自由流动不是向薄弱地区和薄弱学校，而是更加集中在大城市和超级名校。一个不争的事实就是，在政府权力的认同下，一些超级名校将区域内所有优质学生囊括其内，从而形成了不断滋生扩张的锁链。还有一点就是，当前教育领域官场化现象日益滋生，本来学校是教学的场所，是科研的殿堂，但是一些教育管理者利用拥有的来源于行政权力让渡过来的权力进行有限的资源配置，从而形成学校中管理者趾高气扬、教师忍气吞声的现象，本来为教师、教学服务的管理者，摇身一变成为凌驾在教师之上的发号施令者。更为重要的是，在当前我党大力推进素质教育的大背景下，仍然有很多学校穿着素质教育的外衣，干着应试教育的活，这是中国基础教育一个非常严峻的问题，中国创新能力之所以呈现现在的状况，与这种只关注考试、只关注学生分数的应试教育有很大关系。在以上种种环境下，当前中国教育不和谐问题日益凸显，加强和谐教育，构建中国特色和谐教育新模式已经成为时代的必然，中国特色社会主义爱生教育就是这种新模式的一个代表。

（一）和谐发展理念是中国特色社会主义爱生教育的基本原则

从立足的理论基础上看，中国特色社会主义爱生教育以马克思主义以人为本思想为指导，坚持育人为本，直接以爱生作为学校办学的核心理念；深入贯彻落实素质教育，将学生生命安全和身心健康作为其四大理论支柱、四大发展目标之一；深入贯彻落实科学发展观，将学生全面发展、学校的和谐发展作为学校发展的根本原则和目标。因此，从这个意义上来说，中国特色社会主义爱生教育在立足的理论基础上就坚持了和谐发展理念，将人的和谐发展作为教育的出发点和归宿。从在课堂教学上看，中国特色社会主义爱生教育坚持师生平等原则，倡导教师教学中的启发性，倡导尊重学生个性因材施教，倡导学生教学中的参与性，着力构建良好和谐的师生关系；在教学方法上，爱生教育主张有效教学，反对一切不符合发展素质的过度教学、低效教学，爱生教育主张从课堂教学结构的设计到课堂教学资源的配置等教学全过程中实现效益最优化。

从学校管理上看，中国特色社会主义爱生教育实行全员参与的民主管理机制，学校教育管理制度制定的出发点是基于维护教师的合法权利，维护学生的全面发展，学校教育管理制度文本是学校所有教师、学生以及学生家长共同参与的结果，学校教育管理制度评价是依据多元评价原则开展的，教师教学效果不仅仅依据学校管理者的评价结论，更重视学生的评价以及社会评价。

从文化传承上看，中国特色社会主义爱生教育非常重视文化建设，着力通过文化建设来塑造学校精神，打造学生特色。在文化传承上，注重民族文化与中国主导文化的结合，注重传统文化与现代文化的融合，注重物质文化与精神文化的交汇，从而形成了以社会主义先进文化为主导的不同文化对接、不同文化和谐共存与发展局面。

（二）学生和谐发展是中国特色社会主义爱生教育的根本目标

中国特色社会主义爱生教育的最显著的特色和亮点就在于它高举爱生旗帜，高度张扬学生本位，高度彰显教育的大爱本质，将马克思主义以人为本理念具体化、现实化，将教育发展目标中的育人为本实践化、操作化。

爱生教育的促进学生和谐发展的第一要义就是关注学生的生命发展，致力于促进学生的生命、生存、生活的和谐发展。在爱生教育的视域中，生命体的和谐发展不是仅仅在于生命本身，而是在于构成生命有机体的生命、生存、生活这三大结构的相辅相成和协调配合。为了实现三者的和谐发展，爱生教育构建了三大体系、促成三者的融合、和谐，通过生命教育关注学生生命，维护学生生命存在；通过劳动技术课和社会实践活动，培养学生的生存能力，提升学生的生存技能；通过德育和团队活动，培养学生形成良好的道德品质，提升学生社会生活能力和技巧。

爱生教育的第二要义就是将学生主体精神、道德品质、学业水平三者有机结合起来，构建了三位一体的培养模式。也就是说，通过教学参与，教师引导学生自觉认知与实践，从而提升学生的主体性；通过社会活动参与，形成良好的道德交往环境，从而不断培养学生良好的道德品质；通过学习参与，学生学会独立自主地思考问题，较有创造性地学习专业知识。

爱生教育的第三要义在于关注学生的身体健康和心理健康的和谐。爱生教育通过营养改善计划来提升学生的健康水平，维护学生的身体健康；通过心理疏导、团队活动、心理健康课程等方法，传授学生心理健康知识和技能，帮助学生学会正确地看待学习、生活中出现的各种问题和困惑，不断引导学生学会心理自我调适，从而实现身体和心理的和谐发展。

第二节　和谐校园是中国特色社会主义爱生教育的现实载体

一、和谐校园的内涵和具体表现

（一）和谐校园的内涵

学校是儿童成长的乐园，而唯有内外部关系融洽、各方力量相互理解和支持的和谐校园，才能实现全纳与平等、有效的教与学以及安全与健康等爱生教育的目标。因此，和谐校园是爱生教育从理论到实际的时空条件和现实载体。

关于“和谐”的内涵，不同的人会有不同的解读，在此不予赘述。其基本含义，是指围绕某种价值追求所形成的各方力量之间的合作与支持关系。这里所说的“价值追求”是指对某种思想、理论或具体利益的关注和追求，“各方力量”是指围绕某种价值追求的各种利益相关者。所谓各方力量之间的“和谐”，是指相互之间是一种双向甚至多向良性互动，相互尊重、理解、支持、合作的关系；而不是彼此之间淡淡、疏离与误解，一方对另一方单向控制，甚至相互之间对立与冲突的关系。

在中小学校中，作为利益相关者的各方力量包括教师、学生、家长以及学校所处社区中的人们特别是热心的有识之士。这些不同主体和力量共同的核心价值追求都是学生的健康成长和全面发展。党的十八大报告提出：“坚持教育优先发展，全面贯彻党的教育方针，坚持教育为社会主义现代化建设服务、为人民服务，把立德树人作为教育的根本任务，培养德、智、体、美全面发展的社会主义建设者和接班人。”① 中小学校各方力量的核心价值追求，就是落实党的教育方针，立德树人，促进学生的全面发展。

爱生教育的根本宗旨是实现所有学生的全面发展。② 从爱生教育理论的和谐校园建设角度出发，和谐校园的核心价值追求是实现学生各种素质能力之间的协调发展。这是中小学校对人才培养的一种内在和谐要求，也是和谐校园内涵的题中应有之意与和谐校园建设的根本宗旨，还是爱生教育理论对党的教育方针的一种创造性的理解。过去人们谈到学生德智体美全面发展，经常会从学生的品德、智力、体质与审美能力都得到发展的角度来说，这是一种指向结果的理想培养目标。但是，人们可能忽视的一个角度，就是在实现这一目标过程中德、智、体、美之间相互促进、相互支持、协调发展的关系。这种和谐关系的核心，是品德与智力的协调发展。爱生教育理论主张以品德引领智慧，以智慧促进品德养成。具体来说，一方面，中小学校教育学生树立做人必备的基本品质和服务社会的基本价值取向，这是学生知识增长和智力提高的方向和动力；另一方面，做人品质的培育和社会服务价值的实现，最终要依靠知识的增长和智力的发展。品德引领智力发展的方向，并为智力发展提供精神动力，而智力发展为学

---

① 胡锦涛：《在中国共产党第十八次全国代表大会上的报告：坚定不移沿着中国特色社会主义道路前进，为全面建成小康社会而奋斗》，见本书编写组：《中国共产党第十八次全国代表大会文件汇编》，北京，人民出版社，2012。

② 李金芬、沈旸：《爱的追寻——爱生学校建设实践探索》，4 页，昆明，云南教育出版社，2013。

生的品德养成和价值实现提供条件和途径，这就使学生的品德与智力之间形成了相互支持、相互促进、和谐共生的良性互动关系，这是学生素质能力和谐发展的生动体现。然而，在现实中，注重知识传授和考试分数而忽视学生的品德养成的应试教育现象并不少见，其结果是培养出知识水平高而道德水平低的学生。党的十八大提出的“立德树人”①，正是对这种德智失衡现象的纠偏和对德智正确关系的引领。其次，学生素质能力的和谐发展还体现在智力与身体素质的相互促进和共同发展。爱生教育理论认为，既要引导和教育学生以体育锻炼支持学习活动和智力发展，也要以学习进步和认识提高来强化体育锻炼意识，从而实现智力与体质的协调发展。目前存在的较突出问题，是有的学校注重智力培养而忽略体育锻炼，这并不利于学生的健康成长。正因如此，教育部才提出了开展全国性的“阳光体育”运动。此外，审美能力与智力之间、品德养成与体育锻炼之间等关系，也都是学生素质能力和谐发展不可或缺的方面。

学校、家长和社区要切实贯彻党的教育方针，认真落实立德树人这一根本任务，促进学生素质能力的协调发展和全面发展，就必须形成和发展“和谐的家、校、社区伙伴关系”，这是爱生教育对和谐关系的一种界定。这种伙伴关系的具体内涵，指的是家、校、社区之间一种双向甚至多向互动的良好人际关系，一种相互尊重、理解、支持与合作的融洽氛围和团体合力，这一关系和氛围，就称之“和谐校园”。中小学校园的和谐，外在表现是

① 胡锦涛：《在中国共产党第十八次全国代表大会上的报告：坚定不移沿着中国特色社会主义道路前进，为全面建成小康社会而奋斗》，见本书编写组：《中国共产党第十八次全国代表大会文件汇编》，北京，人民出版社，2012。

各种人际关系的融洽、友好，根本上则是学生与老师、管理者与教师、学校与家长、社区与学校等各种关系之间相互的尊重、理解和支持。具体来说，校园和谐关系包括三个层面：一是对于核心价值观的认同和共识，这是前提和基础；二是对彼此需求和具体行为的了解和理解，这是一种中介环节；三是相互之间的支持和帮助，这是最根本的目标。唯有三个层面环环相扣，才能形成平等友爱、融洽相处、安定有序、充满活力、积极向上的学校氛围，也才能使校园充满活力，使师生的积极性、创造性得到尊重、鼓励和支持。

综上所述，爱生教育理论提出的和谐校园，指的是学校师生、家长及社区各方以学生德智体美全面发展为核心价值追求，所形成的相互尊重、理解和支持的良好人际关系和融洽校园氛围。

（二）校园和谐关系的具体体现

1. 教师与学生关系的和谐

教师与学生关系的和谐是学校内部最重要的师生关系的和谐。学校的核心工作是人才培养，而人才培养的基本主体是教师和学生。因此，师生关系的和谐是学校最重要的和谐。教师与学生关系的和谐，一方面表现在学生对教师的尊重、爱戴和信任，对教师教育教学行为的认可、理解与支持；另一方面，更重要的是表现在教师对学生人格的尊重，对学生的关心、包容和欣赏，对学生学习兴趣和学习需求的理解、引导和帮助以及对不同学生学习能力和智力水平差异的包容和个性化教育。之所以强调教师对营造和谐师生关系的重要性，是因为教师处于中小学校师生关系的主导和优势地位，师生和谐关系的营造关键在于教师的态度和行为。

2. 学校其他内部关系的和谐

除了师生关系，学校内部还有其他方面的关系也应当是和谐的。第一，以校长为中心的管理团队与广大教师之间关系的和谐，主要是体现管理者引领、服务教师与教师理解、支持管理者的关系。在实际工作中，有时会出现管理者进行过强的单向控制而缺乏教师参与和支持的情形，严重时甚至会造成管理者与教师之间的对立和冲突，这并不利于学生的健康成长。其次，教学、德育、后勤等不同工作领域的管理者和服务人员之间，为顺利完成促进学生全面发展的中心任务而加强彼此的理解、支持与合作也是重要的。第三，在管理者、教师和服务人员内部之间，也需要提倡和形成一种相互欣赏、尊重、理解、帮助和支持的关系。唯有这样，才能共同为学生的全面发展创造良好的学习和生活环境。第四，学生之间，特别是存在差异性和多样性的学生之间、男女不同性别的学生之间，也需要团结友爱、相互帮助、和谐相处。

3. 学校与家长及社区的和谐

和谐校园不仅指内部关系的和谐，还指学校与外部关系特别是家长及社区关系的和谐。与家长的和谐主要体现在家长要了解学校的办学方向、发展思路，理解和支持学校的工作和对学生的学习要求，并愿意积极主动为学校的发展献计献策和贡献力量。从学校与社区关系来看，学校应与村委会、街道办事处、政府部门、周边企业和社会组织建立良好的关系，得到他们的理解、支持和帮助，争取各种经济和社会资源以改进学校硬件条件和文化环境，为学生的学习创造有序、安全和积极向上的校内外环境。为获得社区的支持和帮助，学校要以自身的人才培养、文化建设和社会信誉，支持、服务和辐射社区的发展和周边环境的改善。

4. 教师和管理者自身的内在和谐

和谐校园不仅体现在各种外部人际关系上，还体现在教师综合素养的内部和谐上。教师对于职业发展、经济待遇、事业理想、教育爱心、生活情调等各种物质利益和精神利益，是否达到了内在的平衡和协调，这也是必须予以重视的一个问题。现实中会遇到一些教师内部不协调的现象和问题，比如，有的老师关注个人职业发展和经济待遇，但缺乏事业理想和教育爱心；有的老师富有事业理想却缺乏必要的生活情调，整天盯着教学和学生，造成自身的职业倦怠和学生的焦虑情绪；有的教师热爱教育事业但缺乏对教育规律的把握和对学生健康发展的关心，结果只是看中分数而不是学生的全面发展，等等。这些问题都会使教师因为缺乏某一（或某些）方面的良好素养，而造成自己内在发展的失衡和不和谐，导致教育教学的失败和个人职业发展的失衡，并最终影响学生的全面发展。

不仅教师如此，学校的管理者，特别是校长及领导班子成员也同样要在自身价值追求和综合素养各方面，做到内在的平衡与和谐。如果管理者只是为了追求自身的政绩和利益，忽视对教育事业的忠诚与责任，和谐校园的建设也只会是一句空话。学校教师和管理者唯有把握自身的内在和谐，才能以一种正确的价值观和平和的心态，积极营造和谐的校园环境。

5. 学校师生与校内外自然人文环境的和谐

和谐校园还体现在师生与校园内外自然和人文的环境和谐相处。这一方面体现在爱惜和保护自然环境，与自然环境中的生命友好、和谐相处；另一方面，在建造人文景观时，应注意其与师生教学、学习和生活要求和特点相适宜，避免出现一些人为设计和建造的景观显得不伦不类的现象。

二、和谐校园建设的理论基础

（一）和谐社会理论的基本内涵和要求

“和谐校园”是联合国爱生学校管理项目在中国本土化过程中提出来的一个学校建设目标，它的提出符合中国特色社会主义理论重要构成部分——和谐社会理论的基本精神和要求。

构建和谐社会是我国政治、经济、文化发展和社会进步的标志，是我国人民在科学发展观指导下对于社会建设目标的必然选择，也是实现中国梦的一个理想奋斗方向。“和谐社会”作为一种中国特色社会主义社会建设理论，有其自身的时代背景和理论内涵，这是我们理解和建设和谐校园的认识基础。

和谐社会理论最先是中国共产党在党的代表大会文件中提出来的。在新的历史时期，面对冲突不断的世界形势和我国社会、经济和生活深刻变化的新情况，中国共产党第十六届四中全会明确提出，不断提高构建社会主义和谐社会的能力，是为了更好地落实科学发展观，更好地正确处理各种社会矛盾，为我国经济社会的全面发展创造更有利的环境和条件，不断满足人们日益增长的物质文化和精神文化需求。十六届四中全会通过的《中共中央关于加强党的执政能力建设的决定》提出：“坚持最广泛最充分地调动一切积极因素，不断提高构建社会主义和谐社会的能力。要适应我国社会的深刻变化，把和谐社会建设摆在重要位置，注重激发社会活力，促进社会公平和正义，增强全社会的法律意识和诚信意识，维护社会安定团结。”党的十八大报告进一步明确指出：“必须坚持促进社会和谐。社会和谐是中国特色社会主义的本质属性。要把保障和改善民生放在更加突出的位置，加强和创新社会管理，正确处理改革发展稳定关系，团结一切可以团结的力量，最大限度增加和谐因素，增强社会创造活力，确保人民安居乐业、社会安定有序、国家长治久安。”① 值得特别重视的是，党的十八大把社会和谐提到作为中国特色社会主义本质属性的高度加以论述，说明和谐社会建设在中国特色社会主义理论体系中的特殊地位和重要价值。

那么，和谐社会的具体体现和基本特征是什么呢？根据中国共产党全国代表大会报告等中央有关文件精神，可以概括为六个方面：

（1）民主法治，就是社会主义民主得到充分发扬，依法治国的基本方略得到切实落实，各方面积极因素得到广泛调动；

（2）公平正义，就是社会各方面的利益关系得到妥善协调，人民内部矛盾和其他社会矛盾得到正确处理，社会公平和正义得到切实维护和实现；

（3）诚信友爱，就是全社会互帮互助、诚实守信，全体人民平等友爱、融洽相处；

（4）充满活力，就是能够使一切有利于社会进步的创造愿望得到尊重，创造活动得到支持，创造才能得到发挥，创造成果得到肯定；

---

① 胡锦涛：《在中国共产党第十八次全国代表大会上的报告：坚定不移沿着中国特色社会主义道路前进，为全面建成小康社会而奋斗》，见本书编写组：《中国共产党第十八次全国代表大会文件汇编》，北京，人民出版社，2012。

（5）安定有序，就是社会组织机制健全，社会管理完善，社会秩序良好，人民群众安居乐业，社会保持安定团结；

（6）人与自然和谐相处，就是生产发展，生活富裕，生态良好。

概括起来说，所谓和谐社会，就是以民主法治、公平正义、诚信友爱、安定有序、充满活力、人与自然和谐相处为特征的社会。从某种意义上，和谐社会理论是中国共产党对我国特定历史时期曾经风靡一时的“斗争哲学”的反思和重构。

进一步分析，如何从学术上对和谐社会理论的内涵进行系统阐述？目前有关文献并不是很多，但也有一些文献值得参考和借鉴。比如，有的研究者从梳理古今中外和谐理论的视角，认为现代和谐理论可以作为和谐社会的理论基础，现代和谐理论追求的是“实现人与自然和谐（生态和谐），人与人的和谐（人态和谐）以及人自身的和谐（心态和谐），谋求达到经济效益、生态效益和社会效益的统一”①。根据这一观点，从大的范围来说，中国特色社会主义和谐社会理论理应关注的是人与自然、人与人以及人自身三个层面的和谐相处。其中，人与自然的和谐相处是生态文明的体现，人与人的和谐相处是社会文明的体现，而人自身内在的心态和谐是个人自由和全面发展的体现，三者从不同的层面上呈现了和谐社会的内在属性和基本要求，最终目标是实现经济、生态、社会等集体效益与个人幸福的协同实现。

（二）和谐社会理论对和谐校园建设的启示

和谐社会是指导我国社会建设和发展的纲领性文献，当然也

---

①　刘宗棠：《和谐社会与和谐理论》，载《贵阳师范高等专科学校学报（社会科学版）》，2005（1）。

是作为社会有机组成部分的中小学校园建设的指导思想。中小学校作为一种以人才培养为中心的基础教育机构，在社会建设和发展中发挥着基础性和奠基性的作用。和谐社会建设目标的实现，需要以中小学校的和谐发展为基础。也就是说，中小学校之所以要建设和谐校园，根本上取决于其对和谐社会建设的重要而独特的作用。中小学校作为一个教育机构，是中国特色社会主义和谐社会的有机组成部分，是中国特色社会主义民主政治的基层实施单位，是追求公平正义、诚信友爱以及与自然友好相处的榜样力量、社会安定有序的“稳定器”以及充满活力和创造精神的“智力库”。因此，和谐校园建设是和谐社会建设系统工程中一个重要的子工程，是和谐社会建设不可或缺的一个有机组成部分。具体而言，以和谐社会建设理论为指导，和谐校园所追求的价值目标与和谐社会的价值目标根本上是一致的，就是为了创造一个各方面关系和谐融洽的环境，从而激发师生发展的积极性和创造性，最终促进学生的全面发展和健康成长。所不同的是，和谐校园注重的是学校作为教育组织的特定关系的和谐与人才培养目标的实现。

维护民主法治，是学校和谐的保障。维护民主法治，学校的民主管理要做到：充分发扬民主，依靠广大师生办学，虚心听取广大群众的意见，做到决策民主化、制度化、规范化、程序化；积极推进“人本主义开放”教育管理策略，以“关爱每一个人、创造性地开展工作、让每一个人都得到成功的发展”为核心理念，牢固树立“管理就是服务、管理就是支持、服务就是让他人受益”的管理意识；增强法制观念，遵守国家的法律法规，严格依法治校，做到事事有章可依，有章必依，在法律面前人人平等。以和谐的理念与方式处理好学校的内外部关系，以平和的心态处理好学校的各种教育行为，对待处理各种人与事，要入情合理，热情感人，创造民主、宽松的管理环境。①

三、和谐校园是爱生教育理论的现实载体

爱生教育理论的教育目标是所有学生的全面发展，围绕这一目标设计了四个维度的内容，即全纳与平等、有效的教与学、安全与健康以及参与和和谐。从四个维度各自内涵可以看出，全纳与平等、有效的教与学、安全与健康都在不同侧面、不同程度上体现了相互理解、支持与帮助的和谐精神和要求。“全纳与平等”维度所强调的平等上学、性别平等以及尊重差异性与多样性，体现了教师与学生之间、学生与学生之间的和谐相处；“有效的教与学”维度更是集中体现了教师与学生之间以及教学服务人员与师生之间的相互理解、支持和帮助；“安全与健康”维度体现了人与人之间、人与学校内外环境之间的和谐相处。可见，“参与与和谐”是爱生教育其他三个维度的凝练与提升，是实现其他三个维度目标的基础条件和现实载体。只有在一个学校内外部各方面力量之间关系融洽、相互理解、支持和帮助的氛围和环境里，才能促进教育的全纳与平等、教学过程的有效性以及学生的安全与健康，这正是和谐校园的独特价值和使命所在。具体来说，和谐校园对于实现爱生教育“所有学生全面发展”的目标，体现在两个主要方面的支持：

首先，和谐校园能够为学生提供平等、包容、相互理解和支

① 邹循东：《构建和谐校园要点概述》，载《学校党建与思想教育》，2012（6）。

持的人文氛围和心理环境。中小学生的成长具有差异性和多样性，在智力水平、能力发展倾向、身心发展进度等方面，都有个体之间的差异。按照爱生教育的理念，教师应当视学生为主动的学习者，一切教学活动和教育活动都以学生为中心，能够以平等的眼光和包容的胸怀来对待学生，对学生的差异性和自主发展需求给予充分理解、悉心指导和大力支持，只有这样才能使学生的成长获得宽松的、向上的氛围。学生在这样的环境中学习和生活，将会是快乐、自由、健康和安全的，这是爱生教育强调构建和谐校园的根本原因。与和谐校园相反，有些教师把学生视为被动的接受者，根据成绩差异对不同的学生进行差别对待的现象，在现实中并不少见，这并不利于学生的健康成长。

其次，和谐校园意味着为学生营造良好的物质环境。家长资源和社区资源对学校的支持，更多的是以物质条件改善和文化建设的方式来体现的，这能够为学生的成长提供便捷、安全、现代化的校园环境。由此，才能将软性的人文氛围与物质条件结合起来，共同建立起学生成长的乐园，促进学生的自主、全面发展。

第三节　全员参与是中国特色社会主义爱生教育的管理模式

一、全员参与学校管理是构建和谐校园的重要途径

和谐校园的构建，需要依靠学校师生、家长和社区各方力量的共同参与，通过“全员参与式”的民主管理模式来凝聚各方力量，促进和谐发展。这种管理模式既符合民主参与的国际教育管

理趋势，也是社会主义基层民主政治建设在中小学校的一个缩影。

师生、家长、社区之间伙伴关系的建立，主要是通过对学校人、财、物各种资源的计划、协调、控制等管理行为来体现的。要实现师生、家长、社区相互之间的理解、支持和帮助，前提和基础是这些主体和力量都参与到学校的管理过程中，特别是要创造儿童参与的途径与方法，形成保障师生参与的管理制度与文化，促进学校与家长和社区伙伴关系的建立。为此，爱生教育理论主张师生、家长和社区充分发挥参与学校管理的权利，积极参与到学校的管理过程中，以主人翁的责任感和使命感促进学校的民主管理，并最终营造起各方力量和谐相处的和谐校园。结合前述和谐校园中共识、理解与支持三个层面的和谐关系，全员参与管理构建和谐校园的作用主要体现在以下三个方面：

首先，师生、家长和社区共同参与学校管理有助于保证学校“为实现所有学生全面发展”的办学方向。实现所有学生全面发展是和谐校园的和谐价值观，但学校是否按照这一价值和共识进行办学，受到很多内外部因素的影响。教师、学生、家长和社区不同程度地参与教学计划设计、课程安排、文化建设、校园维护等各种涉及学校发展的重要事项，就能够提醒学校管理者办学行为必须遵循学校核心价值观，也能及时发现学校违背核心价值观的办学行为并推动学校加以纠正。反之，如果学校的重要决策都由管理者一手制定而缺乏师生和家长的参与，学校的教育教学行为都完全由教师实施而缺乏学生的参与，那么决策失误和教学无效的问题将难以避免。

其次，师生、家长和社区共同参与学校管理有助于促进相互之间的了解和理解。相互直接的了解和理解，是师生、家长和社区之间伙伴关系的重要体现，是彼此相互支持和帮助的前提。只有在管理过程中进行交流、讨论和辩论，才能增进对彼此做法和想法的了解，从而增进相互之间的尊重和理解。如果师生置身于重大决策的过程之外，那就无法深入了解管理者的意图，也无法表达自身的愿望和主张，就会影响对学校改革措施和管理行为的理解和认可。

最后，师生、家长和社区共同参与学校管理有助于促进相互之间的支持和帮助。建立共识、彼此理解的根本目的，是在办学行为和教育教学活动中提供具体的支持和帮助。师生、家长和社区只有参与管理活动，才能知道学校办学行为和教育教学活动的关键环节、薄弱环节和需要帮助支持的具体内容，才能决定是否和多大程度上提供具体支持和帮助。

二、全员参与学校管理的理论基础

（一）社会主义基层民主政治理论的支持

全员参与学校管理是国际上中小学校管理的一种重要趋势，但在爱生学校项目管理中国化的过程中，中国特色社会主义民主政治理论特别是其中的基层民主政治理论为其提供了重要的理论支持。

社会主义民主政治理论特别是基层民主理论是我国建设和谐社会和促进社会管理的理论基础。党的十八大报告指出："必须坚持人民主体地位，要发挥人民主人翁精神，最广泛地动员和组织人民依法管理国家事务和社会事务、管理经济和文化事业、积极投身社会主义现代化建设，更好保障人民权益，更好保证人民当家作主。”① 十八大报告还就完善基层民主进一步指出：“在城乡社区治理、基层公共事务和公益事业中实行群众自我管理、自我服务、自我教育、自我监督，是人民依法直接行使民主权利的重要方式。要健全基层党组织领导的充满活力的基层群众自治机制，以扩大有序参与、推进信息公开、加强议事协商、强化权力监督为重点，拓宽范围和途径，丰富内容和形式，保障人民享有更多更切实的民主权利。全心全意依靠工人阶级，健全以职工代表大会为基本形式的企事业单位民主管理制度，保障职工参与管理和监督的民主权利。发挥基层各类组织协同作用，实现政府管理和基层民主有机结合。加快推进社会主义民主政治制度化、规范化、程序化，从各层次各领域扩大公民有序政治参与，实现国家各项工作法制化。”② 这段话表明，基层民主参与是我国民主政治发展的重要目标之一，基层民主参与的中心内容是自我管理、自我服务、自我教育、自我监督，基本方式是有序参与，基本保障是依法参与。如果没有法律保障下的有序参与，就没有基层民主，就无法发挥人民的积极性、主动性和创造性。

在基层民主的基本要点中，值得我们着重关注的是参与精神。公民参与是现代民主政治的核心和灵魂，民主的实质就是普通公民通过广泛参与公共事务管理来实现和保障人权。按照参与式民主理论，之所以强调公民参与，是因为公民参与能促进人类发展，强化政治效率感，弱化人们对于权力中心的疏离感，培养

① 胡锦涛：《在中国共产党第十八次全国代表大会上的报告：坚定不移沿着中国特色社会主义道路前进，为全面建成小康社会而奋斗》，见本书编写组：《中国共产党第十八次全国代表大会文件汇编》，北京，人民出版社，2012。

② 同①。

对集体问题的关注，并有助于形成一种积极的、具有知识并能够对政府事务有更敏锐的兴趣的公民。[①] 在我国，只有通过人民的积极参与，民主政治才能真正运转起来，才能真正实现“人民当家做主”这一社会主义民主政治的核心和本质。因此，社会主义民主政治体现了公民参与的精神，蕴含了参与式民主的精髓，基层民主更是如此。

结合对参与式民主与社会主义民主政治的深入考察，万斌等人认为，参与式民主是中国民主转型的一种基本路径，是中国民主政治体制改革的重要突破。就当前中国民主建设而言，第一个重点内容就是基层民主建设。近年来，我国在农村和城市分别推动村委会自治和居委会自治建设，实际上就是通过在基层社会的自治发展，培养具有民主意识和民主能力的公民，并通过社会层面的自治，在适当的时候上升到政府体系中的民主参与。这一举措为当前中国的精英主义政治转变参与式民主政治提供了一条切实可行的、渐进发展的路径。[②] 具体来说，基层民主是指我国广大人民包括工人、农民、知识分子等各方面的人士，在城乡基层政权机关、企事业单位和基层自治组织中依法直接行使的民主权利，包括政治民主、经济民主、文化民主、教育民主等内容，广泛渗透于社会生活的各个方面。它具有直接性、自治性、无限性等特点。其中直接性指的是人民的直接参与，即基层民主主要建立在每一个成员的意愿都完全表达的基础上。为满足这一要求，只能实行直接民主，让每一个成员都有权参与、作出决定并

---

① 万斌、董石桃：《参与式民主和中国社会主义民主政治的发展》，载《浙江社会科学》，2011（11）。

② 同①。

实行监督。按照这一逻辑，参与式民主是基层民主政治建设的重要突破口。

（二）社会主义基层民主与学校民主管理的互动

中小学校作为基层教育机构，理应率先推进参与式民主，其必要性和价值主要是体现在两个方面：

一是，中小学校推进参与式民主管理对基层民主建设具有示范和辐射作用。师生、家长、社区成员参与学校管理，是基层民主建设的一个有机组成部分，对学校所处城市社区和农村的基层民主建设具有重要的引领和示范作用。按照社会主义基层民主政治特别是参与式民主政治的基本要求，推进学校民主政治建设，并发挥积极的示范和辐射作用，是中小学校在社会主义基层民主建设过程中的责任和作用所在。

二是，中小学校推进参与式民主管理有助于培养具有参与精神的未来公民。社会主义民主政治建设犹如建造一座宏伟的大厦，大厦的建设需要从一砖一瓦的垒筑开始，社会主义民主政治建设也需要从一个一个儿童的教育开始。人才培养是中小学校的根本任务，学校的管理模式也是人才培养的一种方式。中小学校是学生体验参与式民主政治的实验场，对培养具有参与精神和能力的未来社会主义建设者和接班人具有重要的意义。学生在学习期间参与学校和班级公共事务的管理，是对未来进入社会后参与社会公共事务的一种模拟和实验，在这一过程中逐渐积累起来的参与管理的意识、积极性和能力，将为未来成为积极的、具有参与技能和兴趣的高素质公民打下良好的基础。

三、全员参与学校管理的基本内容

（一）相关参与主体的参与权

师生、家长和社区长参与学校管理模式，是指以师生、家长和社区为动力推进学校管理水平提升的一种策略与措施，它的基本内容是参与权、参与方式和参与保障三个方面。其中，儿童的参与是核心。

1. 学生参与管理权

在师生、家长和社区的参与权利中，处于首要位置的是学生的参与权。联合国爱生学校项目主张尊重与保障儿童权利实现，是联合国《儿童权利公约》的基本精神，它与我国素质教育政策的核心精神也是一致的，其目的都是为了真正促进所有学生的全面发展。儿童参与权是指儿童参与家庭、文化和社会生活的权利，其中核心是学校管理的参与权。1989 年联合国大会正式通过的《儿童权利公约》第 12 条规定："缔约国应确保能够形成自己看法的儿童有权对影响儿童的一切事项自由发表自己的意见，对儿童的意见应按照其年龄和成熟程度给予适当的重视"；第 13 条规定："缔约国应尊重儿童享有思想、信仰和宗教自由的权利"。这些规定是儿童参与权的集中体现。参与权与儿童另外三项权利（生存权、受保护权、发展权）相比，更有着某种特殊而重要的作用。"这是因为，参与权是儿童真正作为主体实现的权利，也是发展儿童主体性的根本途径。"①

---

① 毛亚庆：《学校管理的改进与创新》，154 页，北京，北京师范大学出版社，2013。

爱生学校中的儿童参与是全方位的参与，有研究者从学校管理、课堂教学两个方面做了深入、全面的分析。① 参考联合国《儿童权利公约》和我国的教育法律与政策，学生参与学校管理权主要分为四个方面：

（1）对学校涉及自身利益的重要决策发表意见的权利。这一权利随着学生年龄和学段的提高，参与管理的意识和能力逐渐增强。

（2）自主选择学习兴趣和发展目标的权利。基于学生不同的智力结构和成长环境，学生对不同学科的学习内容会有所专长和偏好，不同类型能力的水平有所差异，对未来职业发展也会存在不同的兴趣。因此，儿童具有主动发挥自身专长、不断增强某方面兴趣以及为未来职业意向而集中学习，以争取个性化发展的权利。这是儿童对个人发展方向的自主选择权。

（3）自主规划学习内容和营造成长环境的权利。学生有改善自己全部活动条件的权利，可以根据自己的学习兴趣和发展方向，参与对学习内容的设计和选择，参与对成长环境的设计、建设和维护。

（4）独立思考和主动学习的权利。这是指学生在微观的教学过程中，能对教材、教学内容和教师观点进行分析、讨论、删选、质疑和表达不同意见的权利。

对儿童个人来说，上述四种参与权的关系，依次是宏观、中观和微观三个层面上的自主参与。学校重大决策权是对学校宏观

---

① 毛亚庆：《学校管理的改进与创新》，166～181页，北京，北京师范大学出版社，2013。

发展方向和重要决定进行了解和发表意见的权利。学习兴趣和发展方向的选择权根本上是一种人生规划权，因为在校期间学习兴趣的不断延伸和强化，往往与未来进入社会后的职业发展和生活状态是密切相关的。学习内容和成长环境的设计权，目的是为了体现学习兴趣和实现发展目标创造学习条件和环境。独立思考和主动学习则是微观过程中的一种学习管理和自主发展。这些权利之间是相互递进、彼此支撑的关系。当然，限于年龄和成熟程度，儿童参与管理是有限度和范围的，需要在老师、学校和家长的引导、帮助和支持下来行使管理权。

虽然随着我国基础教育改革的发展，“以学生为主体，教师为主导”、“发展儿童的主体性”等观念在教育教学过程中逐步推行，为教育工作者认同，但是与《儿童权利公约》提出的儿童是“行使自己权利的主体”等有关参与权相比，差距仍然是明显的，具体表现为确定教学内容时，忽视儿童的经验与兴趣，完全由教师来决定；教学中教师处于支配地位，儿童只能被动机械地接受，教学方法与形式整齐划一，不能根据不同儿童个别差异、水平差异，尤其是发展速度、认知方式的差异采取因材施教的方法进行教学；很多时候儿童没有发表自己意见的机会与可能。[①] 这也是爱生教育理论将儿童参与权方在首位的重要原因。

2. 其他主体的参与权

教师参与权的核心是学校重大决策的参与权，这是教师反映自身意愿和维护学生权益的重要形式。其次，体现在教师对日常

① 傅淳：《爱生学校与〈儿童权利公约〉——以学生为本尊重与保护学生权利的教育理念与实践》，载《学术探索》，2002（3）。

管理行为的参与权。相对而言，家长的参与权更为有限一些，主要是体现在对涉及孩子利益的重大决策的知情权和一定的参与权。社区有关人士的参与权，则体现在就涉及学校与社区关系的一些事项，比如利用社区资源开设校本课程、利用学校文化资源辐射社区居民等方面的建议权。一些成为学校董事的社区代表，也可以行使对涉及学校与社区关系事项以及学校重大决策的参与权。

（二）相关主体参与学校管理的基本方式

学校管理参与权的实现途径和方式是多样的，各地各学校做了许多尝试和探索，积累的经验林林总总，不一而足。但归纳起来，学生参与学校管理的主要途径和方法不外乎以下几种：

1. 成立学生会、社团等正式的学生组织；

2. 担任学校各级管理岗位的助理或直接设立各种学校管理岗；

3. 参与班级管理。家长的主要参与方式是成立家校委员会，社区的参与方式是成立学校董事会、定期联系机制、聘请校外辅导员、结成友好互助对子等。

（三）参与学校管理的法律与制度保障

要实现全员参与学校管理，需要相关法律和制度的约束。其中有以下层面的保障：

首先，我国是联合国《儿童权利公约》的缔约国，理应遵守《儿童权利公约》关于儿童参与权的各种规定。《儿童权利公约》是爱生学校创建的理论基础，也是爱生教育实践的国际法理依据。《儿童权利公约》是国际社会为儿童权利及保护订立的一套比较全面的国际法律文书。它要求所有缔约国按照《儿童权利公约》，保障和保护世界上所有18岁以下儿童的权利，第一次把国际社会对儿童权利保护的主张和信念，变成了各国政府的承诺。它要求“接受和承认《公约》的国家，在法律上要对其有关儿童的行动负责”，这样就使儿童权利的保障完成了从可能性向现实性的飞跃，为各国政府在保护本国儿童方面，确立了卫生保健、教育、法律和社会服务等方面所应达到的最低标准。

其次，我国相关法律对儿童参与权的实现提供保障。我国《义务教育法》规定儿童有独立思考的权利，这是法律上的确认和保障。当然，我国没有像西方国家那样以专门立法的形式保障学生参与学校管理的权利，这是我国法律工作，尤其是教育法律法规中的一个缺陷和值得重视的问题，需要在今后加以完善。

再次，我国相关教育规章制度对学校民主管理做了规定。2013年1月16日，教育部印发了《全面推进依法治校实施纲要》的通知，纲要第10~12条明确规定了教师、家长和社会参与的有关条款，提出要完善民主管理和监督机制、建立中小学家长委员会制度、依法健全社会参与机制。

最后，学校规章制度也可以对保障参与权做相关规定。有的学校为了明确学生的权利并切实维护学生权益，对学生的权利做了规定。例如，重庆万州区三峡中学根据有关法律法规，结合学校实际，印发了《学生在校权利20条》，其中部分条文体现了学生参与学校管理的权利，如学生有权参加学校和班级的各种活动；有权知道书费、学费、辅导费、资料费等款项的用途，有权向学校领导、教育行政部门、社会各级组织反映情况等。① 此外，有的学校还通过制定学校章程以及其他文件和办法，对师生、家长和社区的参与方式做了规定，这些都是一种有益的探索。

第四节　校长队伍建设是中国特色社会主义爱生教育的重要路径

一、爱生学校校长成长的政策和理论基础

校长作为“学校变革的守门人”，在建设爱生学校的过程中肩负着重要的使命。校长对爱生理念的认识、接纳以及以爱生教育理念为指南促进学校管理改进和创新的能力，对于爱生学校建设起着不可替代的作用。而在爱生学校建设中不断提升校长素质和能力，正是教育家办学的一种现实路径之一。

党和国家高度重视中小学校长队伍的建设，把教育家办学作为校长专业发展的理想目标。前国务院总理温家宝多次提出要“教育家办学”。2009 年 1 月，温家宝同志在《百年大计　教育为本》讲话中指出：“教育事业还是应该由懂教育的人办。毛主席讲，办好一所学校，关键是校长和教师。要造就一批教育家，倡导教育家办学。”《国家中长期教育改革和发展规划纲要(2010—2020 年)》进一步明确指出：创造有利条件，鼓励教师和校长在实践中大胆探索，创新教育思想、教育模式和教育方

① 廖华平、黄春英：《中学生参与学校管理的理论探析》，载《教学与管理》，2009（3）。

法，形成教学特色和办学风格，造就一批教育家，倡导教育家办学。倡导教育家办学是一个有层次性的目标要求，最高境界是涌现出一批教育家，而对大多数优秀校长来说是按照教育家的精神办学。两个层次目标的基本要求，都是强调按照教育教学规律和学生成长规律办学。那么，教育家的条件是什么？中国教育学会常务副会长郭振有在《教育家办学：时代的呼唤》一文中引用了顾明远先生的观点，即“高尚的道德人格、先进的教育理念、卓著的教育成就”，并指出，倡导教育家办学，不可能人人成为教育家。但是，每一位教育工作者都应树立成为教育家的理想，并且为之不懈奋斗，都应以教育家应有的品格和精神做好自己所承担的教育工作。① 殷爱荪和周川描述了教育家的基本特征：真诚无私的教育爱；创造性的教育工作及其显著的工作实绩；独特的教育经验和思想；为人师表，成为教育目标的化身；一定的社会影响和声望。②

为了落实教育家办学的精神，促进义务教育学校校长专业发展，建设高素质义务教育学校校长队伍，深入推进义务教育均衡发展，教育部于2012年年底出台了《义务教育学校校长专业标准（试行)》（以下简称《标准》)，提出了以德为先、育人为本、引领发展、能力为重、终身学习五个基本理念和规划学校发展、营造育人文化、领导课程教学、引领教师成长、优化内部管理、调适外部环境六个基本内容。《标准》还指出，各级教育行政部门要将《标准》作为义务教育学校校长队伍建设和校长管理的重

① 郭振有：《教育家办学：时代的呼唤》，载《中国教育学刊》，2012（10）。

② 殷爱荪、周川：《校长和教育家》，274～276页，福州，福建教育出版社，2004。

要依据。根据教育改革发展的需要，充分发挥《标准》引领和导向作用，制定义务教育学校校长队伍建设规划，形成科学有效的义务教育学校校长队伍建设与管理机制。

综合来说，教育家办学和校长专业标准都是具有中国特色的校长队伍建设政策精神和教育理论，当前正成为各地校长队伍建设的重要指导思想和基本方向。而其思想内核和基本要求，与爱生学校建设对校长的要求基本一致的。因此，教育家办学和校长专业标准是爱生学校校长成长的政策和理论基础。换言之，做好爱生学校的校长，是教育家办学的一种现实路径。

二、校长在爱生学校建设中的基本职责

爱生学校建设需要学校教师和学生以及家长、社区人士的积极参与和支持。但校长作为学校建设和发展的第一责任人，首先应对爱生学校建设和管理承担起以下五个方面的主要职责：

一是理念引领。校长应当将爱生理念的内涵、来源等对全校师生员工进行教育和宣传，向家长和社区人士进行介绍和交流，使教师、家长和社区人士了解、理解和支持爱生学校的建设。

二是总体规划。校长应当带领全校师生乃至家长，对爱生学校发展进行总体思考和统筹规划，包括对学校现状做自我评估、对未来三年发展目标进行展望、对所要解决的主要问题和目标措施进行深入分析等。

三是沟通协调。校长还有一项重要职责是在广泛地宣传教育基础上，就一些重要问题与学校内部和外部各方做深入的沟通、协调工作，既要优化内部管理，又要调适好外部环境。其中，最重要的一项沟通、协调职责，是向社区争取支持和帮助，这在过

去往往被忽视。

四是榜样示范。爱生理念要求教师对学生给予关爱、包容、支持和鼓励，提倡学生民主参与学校管理，特别是树立全纳理念，对弱势学生无私关爱。这就首先要求校长以身作则，率先垂范，始终坚持从学生的视角出发思考学校发展，虚心听取教师、学生和家长的意见，要求老师做的首先自己要做到，使爱生教育的目标在校长身上实现“人格化”。

五是监督执行。爱生学校建设是一项需要全员参与、全过程推进、长期持续的工作。校长不仅要负责总体规划，还要建立持续的监督和执行机制，有力推动爱生学校建设的落实。

三、爱生学校校长必备的基本素质和能力

校长要忠实履行上述职责，成功推进爱生建设和管理，需要具备以下基本的素质和能力：

第一，以“爱学生”为核心的教育理念和认识视角。爱心对于校长是一种基本的素质，古今中外概莫能外。但对学生的关爱能否真正转化成为学校管理的基本视角，答案却是不一定的。校长可能个人对学生充满爱心，但不一定转化为学校方方面面工作的认识视角和切入点。其结果，管理仍然多以成人视角，难以形成全纳、参与、有效、健康、安全的校园氛围和成长环境。只有把对学生的关爱切实转化为学校德育、教学、管理、后勤等各方面工作的立足点和归宿，真正实现以学生为中心，一切以学生发展为重，爱生学校的校长才具备了教育家的基本精神。

第二，参与式的发展规划能力。制定发展规划、以规划引领学校的改进和发展，是爱生学校建设的重要特征。要做到这一

点，校长至少要有两个基本素质和能力：一是对教师、学生、家长和社区代表参与学校规划权的重视和认可。校长要有对参与权的尊重意识和包容胸怀，改变过去经常存在的忽视师生参与和社会支持的惯性思维，树立和强化民主意识和参与精神，对师生的参与权给予发自内心的尊重，认真对待和落实学生、教师、家长、社区代表的意见和建议。唯有这样，才能真正为师生提供参与的空间，才能有效地吸引学生、教师、社区成员主动和创造性地参与到学校管理中来，自上而下、自下而上地集思广益，实施参与式的发展规划制定。二是掌握参与式规划的各种方法和技能，比如SWOT分析、社区图等。对此，龙登丽在《学校管理的改进与创新》一书的第五章“爱生学校的发展规划”中有全面、细致地介绍。[①] 倪梅等在《参与式规划与学校发展》一书中也有详细的论述。[②]

第三，依法治校的能力。校长要善于根据办学要求和学校实际，逐渐完善内部的各项规章制度，以制度管理而不是人治，并最终提升为文化管理。同时，校长还要熟知国家和地区不同层面上的法律法规、政策和相关制度，在依法管理的同时，能利用这些条件争取到有利的学校发展机会。

第四，较强的沟通协调能力。这种能力不仅包括语言等具体的沟通技巧，更重要的是在争取外部资源时一种谦卑的态度和吃苦的精神。校长要从对学生负责的高度，放下身段去宣传、游说，以赢得家长和社区的理解和支持。

---

① 毛亚庆：《学校管理的改进与创新》，120～152页，北京，北京师范大学出版社，2013。

② 倪梅等：《参与式规划与学校发展》，67页，北京，北京大学出版社，2010。

第五，有效的执行力。在制定发展规划和规章制度后，校长还要有督促、落实和持续推进工作的能力。若无此，爱生学校将难以持续健康发展。

结 语

爱生教育是基于当前中国社会的主要特征而形成的符合中国特色社会主义的教育理念，这个教育理念是爱生教育理念中国化的深化和系统化。本书重点研究爱生教育的中国化。

爱生教育中国化与中国特色社会主义契合点主要表现在四个方面。

第一，以人为本是马克思主义核心理念。马克思主义始终将人的全面发展作为崇高的历史使命，把不断满足人的全面需求、促进人的全面发展作为发展的根本出发点。以人为本理念体现在教育上就是育人为本，核心地体现在教育发展中要以学生的全面发展为本，学校的教育活动、教师的教育行为都要围绕着促进学生的健康成长为目标。在科学技术工具性日益强大、物质欲望日益膨胀、精神生活日益低迷、价值体系日益分化的时代背景下，教育越来越成为经济社会发展的工具，教育功利主义愈演愈烈，教育的生命本性逐渐失去。因此，关注学生的生命安全与成长，是贯彻教育以人为本的根本条件。

第二，社会公平是社会主义的首要价值。十八大报告指出，公平正义是中国特色社会主义的内在要求。要逐步建立以权利公平、机会公平、规则公平为主要内容的社会公平保障体系，保证人民平等参与、平等发展权利。教育公平是社会公平的基础，只有实现教育公平，才能真正实现人的全面发展在起点上的公平。当今社会，教育资源配置不均衡问题难以短期彻底解决，广大人民群众对优质教育资源的诉求难以实现，教育公平问题不断彰显。因此，推进全纳与平等的教育理念，保障每一个学生平等地享受教育权利，是保障教育权利、维护教育公平的首要价值，也是维护社会公平的首要价值。

第三，社会和谐是社会主义的基本特征。马克思、恩格斯认为，未来理想社会就是社会生产力高度发达和人的精神生活高度发展的社会，是每个人自由而全面发展的社会，是人与人和谐相处、人与自然和谐共生的社会。社会主义和谐社会反映了建设富强、民主、文明、和谐的社会主义现代化国家的内在要求。当前，优质教育资源的提供越来越满足不了广大人民群众日益增长的教育需求，教育系统与广大人民群众之间的矛盾在很长一段时间里长期存在，这不仅严重影响了教育系统的合法性，也考验着党的执政能力。因此，完善教育管理机制，维护教育系统和谐，促进教育与社会其他系统的和谐是教育科学发展的基本要求。

第四，核心价值体系建设是社会主义的重要任务。十八大报告指出，社会主义核心价值体系是兴国之魂，决定着中国特色社会主义发展方向。要深入开展社会主义核心价值体系学习教育，推动中国特色社会主义理论体系进教材、进课堂、进头脑。受传统知识论与应试教育的影响，学校教育过多关注专业学科知识的教学，思想政治教育地位与价值难以真正实现，这与《国家中长期教育改革和发展规划纲要（2010—2020 年）》提出的育人为本、德育为先的社会主义教育理念是难以适应的。因此，要重新审视人才培养方式和教育质量评价体系，将学生的思想道德、心理健康、实践能力、创新能力等纳入质量评价体系，为促进人的全面发展提供质量保障基础。

基于爱生教育中国化与中国特色社会主义的契合，构建起来的中国特色社会主义爱生教育的基本内涵包括以下四个方面。

第一，生命发展是中国特色爱生教育的基本前提，体现马克思主义以人为本理念，在教育理念中具体体现为教育的首要目标在于促进学生生命发展，为学生的生命发展提供必要的能力与技术。

第二，全纳与平等是中国特色爱生教育首要原则，体现社会主义的公平正义，在教育理念中具体体现为在学校管理者意识中，“儿童视角”、“性别视角”的强化与提升，将使他们能够从保证不分民族、语言、文化背景、社会政治、经济地位的全体儿童参与学校生活以及学校管理的全纳视角管理学校。

第三，合作参与是中国特色爱生教育的基本方式，体现马克思主义的人的主体性，在教育理念中具体体现为以儿童为中心，关注所学知识和技能与儿童实际生存和生活需要密切相关的有效教学，发挥人的主体性，教师要充分尊重学生的主体精神，通过培养学生的合作参与意识，提升学生的主体精神，从而不断提升教学效率。

第四，民主和谐是中国特色爱生教育的基本保障，体现社会主义的基本特征，在教育理念中具体体现为学校发展要构建在民主管理基础之上，充分尊重教师、学生、家长的合理意见，促进学校与社会之间的和谐发展。

本研究借鉴了以往研究成果的精髓，但是与其他同领域的著述相比，主要有三个方面的创新。

第一，运用马克思辩证唯物主义和历史唯物主义基本方法，全面总结中国及云南十多年来爱生学校建设的基本经验，并将基本经验抽象为中国特色社会主义爱生教育理念，从生命发展、全纳平等、合作参与、民主和谐四个方面构建中国特色社会主义爱生教育的基本内容和基本理论框架，这在当前同领域的研究中是不多见的。

第二，坚持理论联系实际的根本原则，将理论研究与社会调查相结合，理论分析与实证材料相结合，爱生学校一般要求与云南特色模式相结合，所采用的数据是六年来两个试点县的第一手数据，所立足的经验是六年来两个试点县的特色经验，所运用的资料是六年来两个试点县的所有调研（座谈、问卷、田野调查）资料，研究成果具有理论创新基础和实践推广价值。

第三，立足于中国特色社会主义实际，结合爱生学校基本理念，提出了生命发展是中国特色爱生教育基本前提，体现了马克思主义以人为本理念；全纳平等是中国特色爱生教育首要原则，体现社会主义的公平正义；合作参与是中国特色爱生教育基本方式，体现马克思主义人的主体性等一些有一定创新的学术观点。

中国特色社会主义爱生教育研究紧密结合爱生学校建设中国化的具体实践，因此，研究结果具有一定的理论价值与实践价值。

第一，以马克思主义理论为立论基础，运用以人为本、社会公平、社会和谐、价值体系等相关理论，来总结分析中国爱生学校建设经验，并将爱生学校建设经验抽象为社会主义爱生教育理念，即从基本原则、基本方式、基本要求、基本保障四个维度定位社会主义爱生教育基本内涵，初步构建了中国特色社会主义爱生教育基本理论框架。这个理论框架对维护教育平等和公平、破解教育中人的异化、回归教育的生命本性、消解教育功利主义有重要的理论参考价值。

第二，研究所构建的中国特色社会主义爱生教育基本理论框架，所总结提炼出来的爱生学校建设中国化的经验，对转变政府的教育理念、完善教育管理机制、促进教育决策的科学性、提升人才培养质量，对学校管理者提升教学管理水平、转变教学理念行为、改革课堂教学方法、促进学校特色发展，对广大教师创新课堂教学方法、提升课堂教学效果、促进学生全面发展，对广大学生学会学习、培养积极参与的主体精神、提升实践能力与创新精神等都有现实意义。

当然，任何研究成果都有其局限性和不足。囿于文章的篇幅以及写作的着力点不同，对爱生学校实验项目、爱生学校建设、爱生学校教育理念、爱生教育理念、中国特色爱生教育理念、中国特色社会主义爱生教育之间的逻辑关系还需要进一步深化和理顺，对中国特色社会主义爱生教育的内涵还需要进一步深化；对中国以及云南爱生学校建设经验的总结和反思力度不够，在未来实践中大规模推进爱生学校建设的管理机制和模式构建还没有充分完善。

促进学生的全面发展，实现中国特色社会主义教育的本真价值，为中国特色社会主义社会发展奠定公平基础，中国特色社会主义爱生教育就是其中的一个重要基础工程。我们期待在以后的研究中不断深化研究，不断有新的成果问世，从而为实现教育公平，促进人的全面发展贡献微薄之力。也许人生的乐趣就在于不断发现新的问题，探索新的问题，开始新的征途。

参考文献

一、著作类

[1] 马克思.1844 年经济学哲学手稿. 北京：人民出版社，2000.

[2] 马克思，恩格斯. 德意志意识形态（节选本）. 北京：人民出版社，2003.

[3] 江泽民. 论“三个代表”. 北京：中央文献出版社，2001.

[4] 胡锦涛. 在“三个代表”重要思想理论研讨会上的讲话. 北京：人民出版社，2003.

[5] 胡锦涛. 在中国共产党第十八次全国代表大会上的报告：坚定不移沿着中国特色社会主义道路前进，为全面建成小康社会而奋斗. 本书编写组. 中国共产党第十八次全国代表大会文件汇编. 北京：人民出版社，2012.

[6] 中共中央文献研究室. 十六大以来重要文献选编（上）. 北京：中央文献出版社，2005.

[7] 中共中央文献研究室. 十六大以来重要文献选编（中）.

北京：中央文献出版社，2005.

［8］中共中央文献研究室．江泽民论有中国特色社会主义．北京：中央文献出版社，2002.

［9］中共中央文献研究室．毛泽东邓小平江泽民论世界观人生观价值观．北京：人民出版社，1997.

［10］中共中央宣传部．中国特色社会主义理论体系学习读本．北京：学习出版社，2009.

［11］中共中央宣传部．科学发展观学习读本．北京：学习出版社，2009.

［12］中共中央宣传部．社会主义核心价值体系学习读本．北京：学习出版社，2009.

［13］本书编写组．毛泽东思想和中国特色社会主义理论体系概论．北京：高等教育出版社，2010.

［14］马克思主义科学社会主义著作导读．北京：高等教育出版社，2001.

［15］教育部人事司．爱生学校与学校管理．北京：北京师范大学出版集团，2009.

［16］教育部基础教育司、联合国儿童基金会．中国爱生学校标准实施指南（2009）．北京：北京师范大学出版集团，2009.

［17］中国教育部—联合国儿童基金会．教育与儿童发展项目行动计划：2006—2010. 北京：北京师范大学出版集团，2010.

［18］中华人民共和国教育部师范司、联合国儿童基金会．爱生学校在中国：中国—联合国儿童基金会“爱生学校”项目．北京：北京师范大学出版集团，2010.

［19］教育部师范教育司．爱生学校的理论与实践．北京：

北京师范大学出版集团，2010.

[20] 素质教育调研组．共同的关注——素质教育系统调研．北京：教育科学出版社，2006.

[21] 陈国新．科学社会主义理论与实践．昆明：云南大学出版社，2004.

[22] 冯建军．生命与教育．北京：教育科学出版社，2004.

[23] 高清海等．人的“类生命”与“类哲学”．长春：吉林人民出版社，1998.

[24] 黄志成等．全纳教育．上海：上海教育出版社，2004.

[25] 赵中建．教育的使命：面向二十一世纪教育宣言和行动纲领．北京：教育科学出版社，1996.

[26] 王坤庆．教育哲学：一种哲学价值论视角的研究．武汉：华中师范大学出版社，2006.

[27] 毛亚庆．学校管理的改进与创新．北京：北京师范大学出版社，2013.

[28] 李金芬、沈旸．爱的追寻——爱生学校建设实践探索．昆明：云南教育出版社，2013.

[29] 王世忠：学校管理概论．北京：中国地质大学出版社，2004.

[30] 马和民．小学危机管理实务．北京：中国轻工业出版社，2009.

[31] 殷爱荪，周川．校长和教育家．福州：福建教育出版社，2004.

[32] 倪梅等．参与式规划与学校发展．北京：北京大学出版社，2010.

[33] 罗刚．基础教育均衡发展政策的价值分析．上海：华东师范大学出版社，2009.

[34] 高金峰．反思与抉择——中国基础教育改革价值取向探讨．上海：华东师范大学出版社，2012.

[35] 潘新民．基础教育改革渐变论．北京：北京师范大学出版社，2010.

[36] 刘欣．由教育政策走向教育公平——我国基础教育政策的公平机制研究．武汉：华中师范大学出版社，2008.

[37] 王怀兴．中国农村基础教育政策研究——基于人力资本投资的视角．长春：吉林大学出版社，2009.

[38] [苏] 苏霍姆林斯基．帕夫雷什中学．赵玮等译．北京：教育科学出版社，2007.

[39] [美] 约翰·杜威．学校与社会·明日之学校．赵祥麟等译．北京：人民教育出版社，1994.

[40] [美] 韦恩·霍伊，[美] 塞西尔·米斯克尔．教育管理学（第七版）．范国睿译．北京：教育科学出版社，2007.

[41] [美] 沃特森．多元文化主义．叶兴艺译．长春：吉林人民出版社，2005.

二、期刊类

[1] 中共中央关于构建社会主义和谐社会若干重大问题的决定．人民日报，2006－10－19.

[2] 王伟光．全面理解、深入实践科学发展观．马克思主义研究，2009（1）.

[3] 路甬祥．更新教育思想观念，全面实施素质教育．中国

教育报，2005－12－20.

［4］李志．马克思异化理论中的“人”．哲学研究，2007（1）．

［5］刘宗棠．和谐社会与和谐理论．贵阳师范高等专科学校学报（社会科学版），2005（1）．

［6］彭泽平，姚琳．和谐社会与课程的和谐伦理指向——“和谐社会”视域下我国基础教育课程改革的思考．教育理论与实践，2010（9）．

［7］邹循东．构建和谐校园要点概述．学校党建与思想教育，2012（6）．

［8］董泽芳，张国强．社会公平与教育机会均等．教育与经济，2007（2）．

［9］廖华平，黄春英．中学生参与学校管理的理论探析．教学与管理，2009（3）．

［10］傅淳．爱生学校与《儿童权利公约》——以学生为本尊重与保护学生权利的教育理念与实践．学术探索，2002（3）．

［11］万斌，董石桃．参与式民主和中国社会主义民主政治的发展．浙江社会科学，2011（11）．

［12］张玉坤．“学会学习”与教学改革．中小学教学研究，2000（3）．

［13］黄志成．试论全纳教育的价值取向．外国教育研究，2001（3）．

［14］马丽娟．云南边境民族地区基础教育中的主要问题和对策．云南基础教育研究，2009（6）．

［15］李诚涛，温金贵：谈“爱生、爱教、育人”的教育理念．卫生职业教育，2004（18）．

[16] 吕寿伟．排斥与全纳——全纳教育视野下的教育排斥研究．全球教育展望，2011（9）．

[17] 李小波．全纳教育对普通教育的挑战．全球教育展望，2003（5）．

[18] 楚江亭．学校发展规划：内涵、特征及模式转变．教育研究，2008（2）．

[19] 毛亚庆．爱生学校的校长应具有的素质．中小学校长，2009（2）．

[20] 龙登丽．基于“中国爱生学校标准”的实验研究．教育探索与实践，2010（5）．

[21] 朱益明．有效的教与学：爱生学校的核心．基础教育改革动态，2009（5）．

[22] 李雯．爱生学校“参与与和谐”维度的内容及其实施．中小学校长，2009（1）．

[23] 李雯．爱生学校标准与我国课程改革背景下的学校政策．中小学校长，2009（2）．

[24] 周家荣．三生教育的生命伦理本质．湖北社会科学，2012（6）．

[25] 聂虎成．“爱生如子”创造奇迹．陕西教育（教学版），2012（3）．

[26] 郭利红．爱生从转变师生关系开始．魅力中国，2011（15）．

[27] 徐乙修．爱生理念与实践的碰撞反思与整合．教育管理，2011（8）．

[28] 周久志．爱生之道　贵在“四有”．广西教育，2010

(4).

[29] 张玉涛，张秀华．班主任是一项不凡的事业．课程教育研究，2012（6）．

[30] 宋丰年．班主任怎样做到爱生．教育界，2012（26）．

[31] 毕增彦．办适合每一个学生发展的教育——爱生学校在井阱．党史博采，2012（2）．

[32] 伍红春．教师爱生之“爱”．课外阅读，2011（8）．

[33] 步晓燕．敬业爱生　博学善导：教风内涵的阐释．华章，2012（35）．

[34] 顾连梅．请不要因爱生“刺”．广东教育，2012（9）．

[35] 李巧芳．让爱生教育在语文课堂萌芽成长．东西南北，2011（8）．

[36] 张长梅．善教知爱生．科学咨询，2012（33）．

[37] 杨汉香，白如彩．身怀爱生之心　笃行育人之事．才智，2013（14）．

[38] 叶澜．千舟险过万重山——改革开放30年中国基础教育发展研究概述．基础教育，2009，6（1）．

[39] 关松林．基础教育均衡发展：理念与策略．中国教育学刊，2010（6）．

[40] 冯大鸣．三度回看：国外基础教育经验借鉴30年．中小学管理，2008（11）．

[41] 胡海建．基础教育特色均衡发展论．教育探索，2013（7）．

[42] 郭振有．教育家办学：时代的呼唤．中国教育学刊，

2012（10）.

［43］周仕敏．参与式教学推动基础教育改革．当代广西，2012（2）.

［44］伍琼华．分类指导政策在民族教育发展中的实证研究．云南民族大学学报，2011（3）.

［45］赵志勇，于铁夫．基础教育质量检测及评估标准的探讨．现代交际，2013（5）.

［46］赵新国，毛晓玲．现阶段云南发展民族基础教育面临的问题及原因探析．西南民族大学学报，2012（8）.

［47］王国强．云南边境民族地区基础教育的现状及思考．河北师范大学学报，2009（5）.

［48］Mel Ainscow & Ssusie Miles. 全民教育全纳化：下一步在哪里．教育展望，2008（1）.

［49］UnitedNations Educational，Scientific and Cultural Organization. *Final Report*：*World Conference on Special Needs Education*：*Access and Quality*. Paris：UNESCO，1994.

后　记

时光飞逝，前几日在玉溪大营街，与在玉溪市政协任要职的大学同窗偶遇，感慨许久未聚之余，突然发现从入学相识至今，已经20多年，同学们都五湖四海、各奔东西，在全省建筑界都很有建树，但也有许多同学学非所用，却也取得了非常好的业绩。蓦然回首，看看自己的人生轨迹，对“人生难测、世事难料”确实有了深刻的认识和莫名的感慨！

报考大学时，我原本的愿望首选是警察，其次是医生，填报志愿时阴错阳差，录取的却是云南工学院的建筑工程系。入学时自己经常懊恼，就在给家父的信中，时常抱怨老爷子指点填报志愿无方，要是读医学院就好了。老爷子是家乡唯一的民族服装厂的书记，是县城鼎鼎有名的首席大裁缝，他打小就孤身一人离家当学徒，清苦一生，虽无实业救国之抱负，但崇尚的是“身怀绝技、技不压人，一招鲜吃遍天”，历来对我的要求都是要学到真才实学，要有一技之长。老爷子在给我的回信中鼓励兼安慰到，目前国家百废待兴，大兴土木应是必然，建筑专业人才缺乏，吾儿将来必能大展宏图，最后还来一句让我终身难忘的话：“医生固然是一个崇高的职业，但是以你的个性，估计承受不了天天和痛苦打交道。”

于是，我在“大兴土木”四个字的鼓舞下，也算是刻苦、勤奋、圆满地完成了学业。我们毕业时属于国家统一包分配，确实被老爷子说中了，专业需求旺盛，来学校要人的单位是毕业生的三倍。我满心期待去各大建筑设计院大显身手，却因我在毕业答辩时口齿流畅，清华大学高材生、历经坎坷的系主任李成煜教授看我有“教师范”，就要求我留校任助教。我多次“抗争”无果，李成煜教授的回话是：“你禀性好强，社会远比你想象的复杂得多，就不要眼高手低，好好跟着我当老师，你会成为一名好教授的。”

警察梦、医生梦、工程师梦相继破灭，在大学分工之前，我从来没有想过当教师，而突如其来的变化，让我成为一名大学教师，从此与教育结缘，从未分离。当了三年大学教师之后，遇到一个偶然的机会，我被选调到云南省教育厅工作，而现在又是一个看似偶然的变数，再次让我转身，回到雨花湖畔，美丽的大学校园。

现今我国的教育在“应试教育”的导向影响下，学生在学校教育中并不都是一种快乐的体验，巨大的学习压力甚至扭曲了儿童的学业动机和人格发展，导致儿童认知需求缺乏，竞争需求强烈，人际关系不良，使儿童失去快乐，童年过于短暂。教育的目的是什么？教育对谁负责？如何培养出有用之才？可以说整个社会都陷入困惑、迷茫。

应试教育教会了学生死记硬背，教会了学生考试解题；望子成龙的单一成才论，功利地把学生沦为工具，这就是现在我国教育的终点和问题所在。教育的真正目的应该是受教育者本身——

学生，教育是一个完全个性化的事情，我们应该从单个学生的个体出发，教书育人、教真育爱！从真善美出发，去教会学生如何幸福生活，去教会学生如何实现美满人生。

作为云南省教育厅与联合国儿童基金会合作项目的负责人，我有幸参与了“爱生学校建设”项目。该项目在2001年起由教育部与联合国儿童基金会合作，西部10省4000多所学校参加。项目学校普遍树立了“以学生为本”的爱生办学理念，校长、教师、学生和父母各个层面的“儿童权利”、“民主管理”等意识得到了普遍增强，同时，教学质量、构建和谐校园等诸多方面都取得了长足的进步。云南的爱生项目经过6年的实践，也取得了非常好的成绩。2011年年底，联合国儿童基金会专家和教育部领导来滇调研时给予的评价是：云南的爱生学校建设在全国处于领先地位，并且已超越了菲律宾、泰国等国家的水平，初步形成了云南特色的爱生学校模式，已具备向外推广的价值。

我国的爱生学校，既不是单纯联合国儿童基金会项目，也不是中国的“素质教育”项目，而是联合国儿童基金会与教育部，通过精诚合作、反复实践，既体现最新的国际教育理念，又符合我国教育本土特点的教育创新实验项目。正是基于这样的创新，成为了我对爱生教育中国特色的教育模式进行实践总结和理论研究的源动力，希望形成的中国化的爱生教育理论模式有较好的可移植性和实用价值，希望可以对我国的基础教育改革与发展起到点滴的推动作用。

本书是在我的导师纳麒教授、陈国新教授的精心指导下完成的，他们渊博的知识、开阔的视野给了我深深的启迪，他们严谨的治学态度和敬业精神，对我的工作、学习和生活都将产生深远的影响。难忘我在云南大学马克思主义学院就读的这一段美好时光，难忘师生之间永恒不变的深情厚谊。衷心感谢云南大学周平教授、王文光教授、骆洪教授等我尊敬的师长们，在我的学习、研究和工作上给予的悉心指导、鼓励与关怀！感谢同门师姐陆云教授、师弟周家荣博士给予的倾心相助；感谢李若青教授、王东昕教授、伍琼华教授等同事、朋友给予的大力支持。

我要深深地感谢承担“云南省爱生学校建设”项目实践的云南教育干部培训中心，感谢龙登丽主任、沈旸主任、陈静教授、茶世俊博士、徐艳霞博士等专家学者给予我的真诚帮助和全力支持；感谢“爱生学校的学校管理”国家项目办公室；感谢联合国儿童基金会中国教育办事处；感谢大理白族自治州永平县教育局、丽江玉龙纳西族自治县教育局等部门的同志们付出的辛勤和努力。我还要感谢和铭记着爱生项目学校的校长、教师和孩子们，正是他们的努力、拼搏和创新，积累了宝贵的实践经验，更为本书的完成提供了丰富的实证资料。

本书在编撰过程中，得到了编辑、审阅老师的指教，使得此书的诸多不足之处得到了及时的修改和完善，在此一并致谢！由于本人才疏学浅、学术功底不深，诚恳希望得到同行专家、学者的赐教。

2014 年 5 月于昆明呈贡雨花湖畔